한손에는 논어를 한손에는 주판을

일러두기

▶ 이 책의 저본底本은 시부사와 에이치澁澤榮一의 〈論語と算盤〉(忠誠堂, 1927)이며, 국회간행회國書刊行會 출판본(1985년)과 가도카와角川 문고본(2008년)을 참고하여 번역했다.

▶ 본문 중에 등장하는 〈논어〉 원문은 김형찬 번역 〈논어〉(홍익출판사)를 참고했음을 밝힌다.

▶ 본문 중에 나오는 일본 이름과 설명은 〈日本人名事典〉(三省堂, 2001)을 참고했음을 밝힌다.

▶ 원본原本에는 총 91꼭지 글이 수록되어 있으나, 내용이 중복되거나 지나치게 현실감이 떨어지는 글은 삭제했음 밝힌다.

한손에는 논어를
한손에는 주판을

시부사와 에이치 지음 | 안수경 옮김

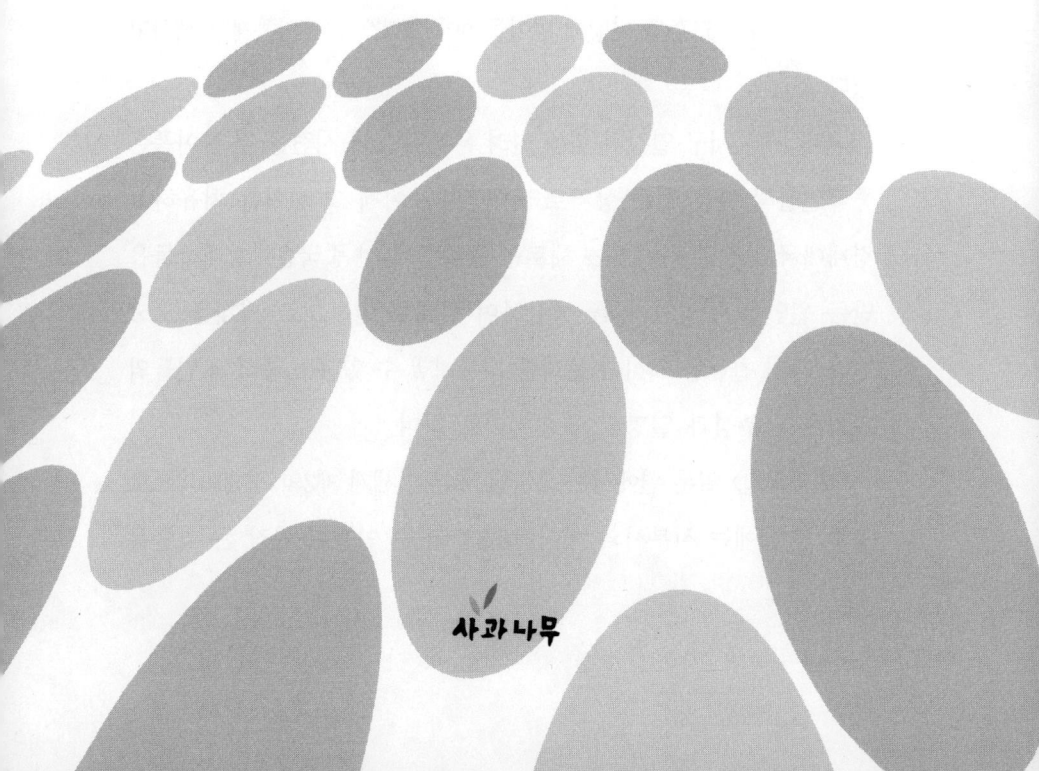

사과나무

머리말

세계 경제를 이끌 유상儒商들의 바이블

공자孔子가 부활했다.

중국 CCTV는 특별기획 다큐멘터리 〈대국굴기大國崛起〉를 통해 "진정한 대국이란 어떤 의미인가?", "진정한 강국이 되기 위해서는 다른 대국의 역사와 교훈을 어떻게 받아들여야 할까?"를 진지하게 모색하고 있다.

근대 이후 서구 열강의 힘에 밀려 온갖 수모와 시련을 겪은 아픔은 중국인들의 마음에 큰 상처로 남아 있다. 이제 그 상처를 치유하고 경제대국의 길로 나아가는 새로운 출발점에 선 중국은 "강대국들을 만든 원인은 무엇인가"를 생각하며 원대한 안목으로 세계를 보고 있다. 과거 찬란한 역사와 문화를 되살려낼 수 있다는 중국 국민들의 뜨거운 자부심과 열망의 표현이기도 하다.

〈대국굴기〉일본 편에서는 오늘날 일본이 세계 제2의 경제대국으로 우뚝 선 데에는 시부사와 에이치澁澤榮一라는 인물이 가장 큰 역할을 했다고 소개하고 있다. 시부사와는 메이지유신 이후 "한손에는 논어를 한손에는 주판을"이라고 외치며, 공자의 인의도덕仁義道德 사상을 자신의 경영철학으로 삼아 500여개의 기업을 세운 "일본 자본주의의 아버지"로 추앙받는 인물이다.

21세기 G2의 반열班列에 올라 세계 경제의 중심에 우뚝 선 중국이 자신들이 문화혁명文化革命 때 돌팔매질을 한 공자孔子를 부활시켜 중화사상中華思想의 뿌리가 바로 공자임을 전 세계에 알리면서 일본의 기업가이자 경세가經世家인 시부사와 에이치를 앞세운 셈이다.

시부사와 에이치는 일본 에도막부 말기인 1840년, 농업과 상업을 겸하는 집안에서 태어났다. 원료의 구매, 판매, 원가 계산 등을 위해서 어릴 적부터 항상 주판을 손에서 놓지 않았다. "학문이란 무사들이나 하는 것"이라는 인식이 팽배할 때, 5세 때부터 글 읽기를 배우고 7세 때부터는 사서오경四書五經을 배웠다. 어린 시절부터 그의 곁에는 늘 〈논어〉가 있었다. 그는 마음 수양과 함께 호연지기를 기르기 위해 각 도량을 찾아다니며 검술도 배웠다.

에도 말기의 시대상황은 극심한 혼란기였다. 누가 옳고 누가 그른지 아무도 단정할 수 없는 시대였다. 시부사와는 지사志士들의 영향을 받아 '근왕양이勤王攘夷'에 심취하기도 했지만, 자신이 모시던 주군이 일본의 마지막 쇼군이 되자 막부의 막신幕臣으로 들어가면서 그의 인생에서 일대 전기轉機를 맞게 된다. 이듬해에는 프랑스 파리에 열린 만국박람회에 사절단의 일원이 되어 난생 처음 선진국 문물을 접하게 되는데 이때 그의 나이 28세였다.

1867년 1월 프랑스의 우편선을 타고 요코하마 항을 출발하던 심경을 기록한 그의 글을 보면 시골 출신 지사志士에 불과한 한 청년의 생생한 감동을 느낄 수 있다.

"우리 일행은 요코하마에서 프랑스의 우편선을 타고 인도양 및 홍해를 거쳐 수에즈 지협에 이르렀다. 운하를 뚫는 대공사가 이미 시작된 상태였으나 아직 완공 전이라 일행은 배에서 내려 지협地峽으로 올라가 철도로 갈아탔다. 기차는 이집트를 횡단하여 카이로를 거쳐서 알렉산드리아에 도착했고, 거기서 다시 배를 타고 지중해를 항해하여 비로소 프랑스의 마르세유에 도착할 수 있었다. 요코하마를 떠난 지 55일 만의 일이었다."

시부사와는 자신이 수행했던 쇼군의 동생 도쿠가와 아키다케가 파리에 머무르게 되자, 함께 2년 가까이 파리에 머무르며 유럽 각국을 방문하였다. 그 당시 유럽의 자본주의 체제를 보고 그가 느꼈을 충격이 얼마나 컸을지 짐작이 간다. 그는 유럽에 체류하는 동안 금융이며 보험, 주식 같은 신천지를 경험했을 것이다. 당시 일본의 한 젊은이로서는 대단한 행운이었다.

또한 그는 당시에 풍미하던 '제국주의의 열풍'도 함께 보았을 것이다. 해가 지지 않는 나라 대영제국은 물론, 세계의 패자覇者가 되기 위해 각축을 벌이는 프랑스, 독일 같은 나라들의 열기를 보고 움찔했을 것이다. 나카사키長崎를 통해서만 서구문물을 접할 수 있었던 한 일본의 젊은 지사의 눈에 비친 선진 유럽의 모습은 우리의 상상을 뛰어넘는 충격이었을 것이다.

대정봉환(大政奉還, 1867년 11월 9일, 에도 막부가 권력을 천황에게 넘겨준 사건)으로 급거 귀국한 그는 29세의 나이로 1869년 10월 대장성의 관료로 들어가면서부터 자신이 경험하고 생각한 바대로 "서양 열강들과 어깨를 나란히 할 수 있도록" 사회 전반의 체제 개혁을 시도해 나간다. 도량형과 조세제도를 정비하고, 1871년에는 막부의 행정제도인 번을 폐지하고 중앙정부의 직접 관리하에 현을 두는 '폐번치현廢藩置縣'의 개혁안을 기초하는 일을 맡았다.

그러나 개혁 과정에서 마찰을 빚고 1873년 33세의 나이로 그는 관직에서 물러났다. 관료시절에 자신이 설립을 지도한 제일국립은행의 행장으로 취임하면서 기업가로 변신했다. 그는 유럽에서의 경험을 바탕으로 국가에 꼭 필요한 기업들을 설립하기 시작했다. 주로 금융업을 중심으로 하여 도쿄증권거래소 설립과 함께, 제지, 맥주 등 제조업은 물론 철도 회사 등 무려 500개 이상의 기업 설립에 관여했다. 그는 또 상업을 통한 경제 부흥 외에도 교육, 문화, 외교, 사회사업 등을 통해 사회에 많은 기여를 했다.

그는 또 미쓰이, 이와사키(미쓰비시 창업자), 스미토모 등 메이지 재벌 창업자들과는 다르게 '시부사와 재벌'을 만들지 않았다. "개인의 이익을 좇지 않고, 국가와 사회에 이익이 되겠다"는 일념 때문이었다. 후계자인 손자 시부사와 게이조에게도 "기업의 사회적 책임"대해 엄격하게 가르쳤다. 이것은 피터 드러커(Peter Drucker, 1909~2005)가 "경영의 본질은 책임"이라고 한 말과 일맥상통하며, 드러커 자신도 시부사와로부터 깊은 영향을 받았음을 보여주는 대목이다.

다른 재벌들이 모두 남작男爵의 작위를 받은 데 반해, 시부사와가 한 단계 높은 자작子爵의 작위를 받은 것도 경제인으로서 국민들의 깊은 존경을 받고 있음을 보여주는 예이다.

이처럼 시부사와 에이치가 자본주의 경제를 받아들이는 시점에서 "기업의 사회적 책임을 강조하고 천민자본주의의 발호를 막아낸 훌륭한 경제인"으로 추앙받을 수 있었던 이념적 배경에는 바로 그가 공자의 가르침을 몸소 실천했기 때문이다.

〈한손에는 논어를 한손에는 주판을〉은 1927년 초판이 발행된 이후 일본인들 사이에서는 '경영의 바이블'처럼 읽히고 있는 책이다. 시부사와는 이 책에서 '도덕 경제 합일설'이라는 이념을 밝혔다. 이윤 추구가 본질인 자본주의 사회에서 "도덕과 경제가 하나"라는 논리는 자칫 모순인 것처럼 보일 수도 있다. 그러나 시부사와는 〈논어〉의 구절들을 인용해 가면서 "진정한 부를 증진시키는 근원은 무엇인가? 나는 단호히 인의도덕仁義道德이라고 말하고 싶다. 올바른 도리로써 얻은 부가 아니면 그 부는 영원할 수 없다"라고 단호히 말하고 있다.

이러한 시부사와의 인의도덕 사상은 작금의 한국 현실에서도 절실히 짚어봐야 할 문제이다.

한국은 "2차대전 이후 원조를 받는 나라에서 다른 나라를 원조하는 유일한 국가"가 되었다. 실로 세계인들이 놀랄 만한 발전을 이룩했다. 그러나 압축성장 과정에서 자칫 천민자본주의賤民資本主義가 발호되지 않을까 염려스럽다는 우려와 경계의 목소리가 사회 곳곳에서 들려오고 있다. 바로 지금이 기업의 사회적 책임이 강조되고 있는 시점이기도 하다.

이미 세계 경제의 흐름은 동북아 쪽으로 옮겨오고 있다. 그 중심에 한韓·중中, 일日 세 나라가 있다. 이들 세 나라는 오랜 동안 알게 모르게 공자 사상의 젖을 먹고 자랐다는 공통점이 있음을 눈여겨봐야 한다.

이제 21세기의 세계 경제를 이끌 우리 유상儒商들은 시부사와 에이치가 그랬던 것처럼 "한손에는 논어를 한손에는 주판을" 들고 개인과 국가의 부를 이루기 위해 애써야 할 것이다.

그리고 "올바르게 번 돈을 올바르게 쓰는 것, 그것이 진정 국가와 사회에 공헌하는 길이다"라는 시부사와 에이치의 말을 깊이 새겨야 할 때이다.

2009년 10월,
편집인

| 차례 |

머리말 세계 경제를 이끌 유상(儒商)들의 바이블_4

제1장 처세와 신념

논어와 주판은 멀고도 가까운 관계_16
사혼상재(士魂商才)_18
하늘에 죄를 지으면 빌 곳이 없다_23
공자의 인물 관찰법_26
논어는 만인을 위한 자기계발서_29
때를 기다린다는 것_34
천하의 인재를 얻어 적재적소(適材適所)에 활용하라_37
온화한 상사가 옳은가 혹독한 상사가 옳은가_40
대장부의 시금석(試金石)_43
공자의 처세법_46
성공할 때와 실패할 때_50

제2장 입지와 학문

현재에 최선을 다하라_56
도요토미 히데요시의 장점과 단점_59
차려진 밥상에 젓가락을 쥐는 것은 각자의 몫_62
큰 입지(立志)와 작은 입지(立志)의 조화_65
정도(正道)를 걷는 데는 싸움도 피하지 마라_69
평생 걸어갈 길_73

제3장 상식과 습관

완전한 상식이란?_78
모든 화복(禍福)은 입에서 시작된다_82
악인이 반드시 나쁘지 않고 선인이 반드시 선하지 않다_84
습관의 감염성과 전파력_88
부동심(不動心)_91
진재진지(眞才眞智)란?_96
동기와 결과_100
노년에도 노력하라_103
올바름[正]에 가까워지고 그릇됨[邪]에서 멀어지는 길_106

제4장 인의(仁義)와 부귀(富貴)

진정한 이윤추구는 인의도덕에 바탕을 두어야 한다_110
돈에 대한 철학_114
공자의 화식부귀(貨殖富貴) 사상_118
돈은 죄가 없다_121
한 사람이 탐욕에 빠지면 나라가 혼란에 빠진다_126
의리합일(義理合一)의 신념_129
주공은 세 번 뱉어내고 패공은 세 번 머리 빗는다_133
돈은 귀하면서도 천한 것_137

제5장 이상과 미신

아는 것은 좋아하는 것만 못하고 좋아하는 것은 즐기는 것만 못하다_142
강자의 논리_145
내가 서고자 하면 남을 먼저 세워라_148
한손에는 논어를 한손에는 주판을_151
일일신 우일신(日日新又日新)_154
미신은 마음을 흐리게 한다_158
이익이 있는 곳에 박차를 가하라_162
도리를 지키며 이익을 창출한다_165

제6장 인격과 수양

인격의 기준_170
지사(志士)는 행동에 힘써서 올바른 도리를 지킨다_174
비범했던 인물 사이고 다카모리_177
사람의 일생이란 무거운 짐을 지고 먼 길을 가는 것_181
의지 단련에 관하여_186
강한 것만이 무사(武士)인가?_190
사리분별에 대하여_195
성공한 인생이란?_198

제7장 주판과 권리

인(仁)을 행하는 데는 스승에게도 양보하지 않는다_204
골든게이트 공원의 '일본인 출입금지' 푯말_208
왕도경영(王道經營)의 실천_212
선의(善意)의 경쟁 악의(惡意)의 경쟁_215
정직한 사업의 조건_219

제8장 경영과 무사도(武士道)

무사도(武士道)란 곧 기업가정신이다_224
유무상통(有無相通)_227
수에즈 지협에 오르다_230
프레더릭 테일러의 시간관리법_233
생선가게에 들어가면 비린내를 맡지 못한다_238
독서하는 경쟁, 덕망을 쌓는 경쟁_242

제9장 교육과 정의(情誼)

부모는 오직 자식이 병날 것만 걱정한다_246
좋은 스승을 만나는 즐거움_249
여성들에게 교육을 허(許)하라_254

공자의 사제지간_258
이론과 실천_262
참된 효(孝)란 자연스런 마음을 갖는 것_265
사장이 될 인물, 심부름꾼이 될 인물_269

제10장 성패(成敗)와 운명

세상에서 말하는 성공과 실패_274
진인사대천명(盡人事待天命)_278
악비(岳飛)와 진회(秦檜)_281
순경(順境)과 역경(逆境)_283
하늘은 공평무사(公平無私)하다_288

시부사와 에이치의 생애와 사상_292

제1장
처세와 신념

일이 척척 잘 풀린다고 해서 긴장을 늦추지 말고, 실패했다고 해서 낙담하지 말며, 신념을 지키면서 도리에 따르려는 마음가짐을 갖는 것이 중요하다… 하지만 성공할 때나 실패할 때와 상관없이 항상 큰일과 작은 일에 대한 마음가짐을 바로하지 않으면, 느닷없이 찾아온 재앙에 빠지기 쉽다는 것을 잊어서는 안 된다.

논어와 주판은
멀고도 가까운 관계
_도리를 지키면서 이익을 추구한다

　　　　　오늘날 도덕을 말할 때 가장 중요한 것은, 공자(孔子, 기원전 551~479)의 제자들이 스승의 언행을 기록한 〈논어論語〉라고 말할 수 있다. 〈논어〉는 누구나 한번쯤 읽어보았을 책으로, 나는 오래 전부터 이 논어와 주판의 관계를 생각하면서 살아왔다. 여기서 '논어'는 '도덕경영'을 말하고, '주판'은 '이윤추구'를 말한다. 두 가지는 서로 걸맞지 않고 동떨어진 것처럼 보이지만, 나는 주판이 〈논어〉를 통해 보다 완벽한 경지로 완성된 것이 아닌가 생각했다. 〈논어〉 또한 주판을 통해 "진정한 부富의 추구란 어떤 것인가"를 설명해주고 있다. 따라서 논어와 주판은 멀고도 가까운 관계임을 확신한다.

　　내 나이 70세가 되던 해, 한 친구가 화첩畵帖 하나를 만들어주었다. 그 화첩 속에는 〈논어〉와 주판이 그려져 있고, 한쪽에는 남자들이 쓰는 실크 모자와 붉은색 칼집에 들어 있는 큰칼, 작은칼의 그림이 그려져 있었다.

어느 날 학자인 미시마 키三島毅 선생이 우리 집을 방문하여 그 그림을 보더니 "무척 흥미롭군요. 당신은 주판을 집중적으로 연구한 사람이고, 그런 사람이 논어를 논한다면 더 이상 무슨 말이 필요하겠소. 나도 논어를 연구하는 한 사람으로서 주판 또한 중요하게 생각하기 때문에, 당신과 함께 논어와 주판의 연관성을 입증하는 데 주력하고 싶군요" 라고 했다. 나중에 미시마 선생은 논어와 주판에 대한 의견을 적은 장문의 글을 보내주었는데, 그 글에서 선생은 '도리와 이익' 즉 "논어와 주판은 반드시 일치해야 한다"는 것을 조목조목 짚어 증명해 주었다.

내 생각으로 물질의 진보를 이루려면 인간의 큰 욕망인 이식利殖, 즉 이익을 추구하는 마음이 없으면 결코 나아갈 수가 없다. 그저 공리공론에만 빠져 허덕이는 국민은 결코 발전하지 못한다는 게 진리이다. 따라서 나는 정치계, 군사계만 세력을 확장을 해나갈 것이 아니라, 되도록 경제계가 더 많은 힘을 뻗치기를 희망한다. 이것이 부富를 키우는 길이고, 나아가 국부國富를 기르는 길이다. 이것이 뒷받침되지 않으면 국가의 부는 전무全無하다고 할 수 있다.

그렇다면 부를 증진시키는 근원은 무엇인가? 나는 단호히 인의도덕仁義道德이라고 말하고 싶다. 올바른 도리로써 얻은 부가 아니면 그 부는 영원할 수 없다. 이러한 진리를 알기에 '논어'와 '주판'이라는 동떨어진 개념을 일치시키는 것이 오늘날 우리 기업인들에게 주어진 가장 중요한 임무라고 생각한다.

사혼상재 士魂商才
_선비정신으로 상인의 재능을 꽃피운다

옛날에 스가와라 미치자네(菅原道眞, 845~903, 헤이안 시대의 학자)는 화혼한재(和魂漢才)라는 표현을 사용했다. 중국 전통의 정신과 재능을 추구한다는 뜻이다. 참 재미있는 말이다. 일본인에게는 일본 특유의 일본정신을 밑바탕으로 해야 한다. 이에 대해 나는 항상 사혼상재(士魂商才)를 주창해왔다. 즉, 선비 정신으로 상인의 재능을 꽃피운다는 의미이다.

중국은 유구한 역사를 가진 나라이고, 일찍이 그 문화를 꽃피워 공자나 맹자 같은 성인과 현자를 많이 배출했기 때문에, 정치, 문학 방면에 있어서 일본보다 한층 발달했다. 그래서 오래 전부터 이러한 중국의 문물이나 학문을 받아들여 재능을 기르고 학문을 갈고 닦아야 한다는 것이 화혼한재이다.

우리는 중국의 수많은 서책을 통해 중국의 문물과 학문을 접할 수 있었는데, 특히 공자의 언행을 기록한 〈논어〉가 그 중심에 있다고 할 수 있다. 그 외에도 하夏나라 우왕禹王, 은殷나라 탕왕湯王, 주周나라의 무왕武王과 주공周公을 다룬 〈상서尙書〉〈시경詩經〉〈주례周禮〉〈의례儀禮〉 등도 있다. 하지만 그것들도 공자가 편찬한 것으로, 한학의 중심은 공자이며 한학의 진수라 할 수 있는 것이 바로 〈논어〉이다.

〈논어〉는 공자의 언행을 기록한 책이기 때문에, 스가와라도 논어를 가장 즐겨 읽었다. 오진 천황(應新天皇, 201~310, 재위 270~310) 시대에 백제의 왕인王仁 박사가 전해준 〈논어〉와 〈천자문〉을 스가와라가 직접 베껴 이세 신궁에 바친 것이 지금까지 전해지는 〈관본논어菅本論語〉이다.

'사혼상재'도 같은 의미이다. 세상을 살아가려면 무사정신이 필요한 것이 사실이지만, 무사정신에 치우쳐 '상인의 재능[商才]'을 무시하면 경제에서 자멸을 가져올 뿐이다. 그러므로 반드시 무사 정신에 덧붙여 상재가 있어야 한다. 그 무사 정신을 기르기 위한 책들은 많이 있지만, 역시 〈논어〉를 근본으로 하는 것이 가장 좋다고 생각한다.

그렇다면 상인의 재능은 어떻게 기를 수 있는가. 상재 또한 〈논어〉를 통해 충분히 기를 수 있다. 얼핏 생각하면 도덕을 말하는 논어와 상인의 재능이 서로 연관이 없는 것 같지만, 상재商才라는 것 또한 도덕에 바탕을 두고 있다. 도덕과 거리가 먼 부도덕, 기만, 허영, 경박한 상인의 재능은 단지 잔재주일 뿐, 결코 진정한 상재가 아니다. 그러므로 상재는 도덕과 떼려야 뗄 수 없으며, 상재와 도덕이 멀어지지 않기 위해서는 논어를 통해 상재를 길러야 한다.

물론 세상사에 대처하려면 많은 어려움이 따른다. 하지만 〈논어〉를 숙독하고 음미하다 보면 크게 깨닫는 것이 있다. 그래서 나는 평생 공자의 가르침을 믿고 받들어 왔을 뿐만 아니라, 특히 〈논어〉를 처세의 금과옥조로 여기며 늘 가까이 하고 있다.

일본에도 현인과 호걸이 많이 있다. 그 중에서도 전쟁에 가장 능수능란하며 처세에 뛰어난 인물이 도쿠가와 이에야스德川家康이다. 그는 처세에 뛰어났을 뿐 아니라, 수많은 영웅호걸을 굴복시키고 15대에 이르는 막부 시대를 열었다. 그렇게 300년 동안 백성들을 편안하게 만들어준 것은 실로 위대하다고 할 만하다.

또한 이에야스는 처세에도 능해 여러가지 훈언訓言을 남기기도 했다. 그가 남긴 〈신군유훈神君遺訓〉은 처세의 길에 대해 잘 설명해주고 있다. 신군유훈을 〈논어〉와 대조하여 살펴보았더니 구절구절 들어맞아, 역시 대부분 논어를 인용했다는 사실을 알 수 있었다. 예를 들어 "사람의 일생은 무거운 짐을 지고 먼 길을 가는 것과 같다"고 한 부분은 〈논어〉에서 증자(曾子, 기원전 506~436, 공자의 제자)가 말한 "선비는 뜻이 크고 의지가 강해야 하니, 책임은 무겁고 갈 길은 멀기 때문이다. 인仁을 자신의 임무로 삼으니 또한 책임이 무겁지 않겠는가? 죽은 뒤에야 그만두는 것이니 또한 갈 길이 멀지 않은가?士不可以不弘毅, 任重而道遠, 仁以爲己任, 不亦重乎, 死而後已, 不亦遠乎"[1]라는 구절과 꼭 들어맞는다.

또 "자신을 탓할 것이며 남을 탓하지 말라"는 구절도 "본래 인仁이란 자신이 서고자 할 때 남부터 서게 하고, 자신이 뜻을 이루고 싶을 때 남부터 뜻을 이루게 해주는 것이다己欲立而立人, 己欲達而達人"[2]라는 구절을 인용한 것이다. "부족함이 지나친 것보다 더 낫다"라고 한

---

1) 〈논어〉 태백 7장
2) 〈논어〉 옹야 28장

부분은 과유불급過猶不及이라는 공자의 가르침과 일치한다.[1]

또한 "인내는 무사장구無事長久의 근본이고, 분노는 적으로 생각하라"는 구절은 〈논어〉의 극기복례(克己復禮, 자신을 이겨내고 예禮로 돌아간다)의 의미와 같다.[2]

그리고 "사람은 단지 풀 같은 것이며, 풀잎의 이슬도 무게로다"라는 말은 안분지족(安分知足, 분수에 만족해야 함)을 뜻한다.

이 밖에도 "불편할 때를 생각하면 오히려 부족하지 않고, 마음에 욕심이 생길 때는 궁핍할 때를 생각하라" "승리만 알고 패배를 모르면 몸에 해가 미친다"라는 문장들 역시 논어의 각 장에서 반복하여 설명하고 있다.

이에야스가 처세에 능하고, 막부 300년 위업의 토대를 마련한 것도 대체로 〈논어〉의 영향이 컸다고 할 수 있다.

사람들은 한학의 가르침에서 선양방벌(禪讓放伐, 덕을 잃고 악정을 행하는 임금은 내쳐도 거리낄 바 없다는 중국의 역성 혁명관)을 인정하기 때문에, 천황이 존재하는 일본의 정서와는 맞지 않다고 생각한다. 그것은 하나만 알고 둘은 모르는 생각이다.

"공자께서 소韶에 대해서는 소리의 아름다움이 지극할 뿐 아니라 그 내용의 선함도 지극하다고 하셨다. 그러나 무武에 대해서는 소리의 아름다움은 지극하지만 그 내용의 선함은 지극하지 못하다고 하셨다謂韶, 盡善矣, 又盡美也, 謂武, 盡美矣, 未盡善也."[3]

---

[1] 자공이 물었다. "자장과 자하는 누가 더 현명합니까?" 공자께서 말씀하셨다. "자장은 지나치고 자하는 부족하지." "그러면 자장이 낫습니까?" 공자께서 말씀하셨다. "지나친 것은 모자란 것과 마찬가지이네."—〈논어〉 선진 15장

[2] 〈논어〉 안연 1장

소韶라는 음악은 요순시대를 노래한 것인데, 요임금은 순임금의 덕망을 높이 여겨 왕위를 넘겨주었다. 그러므로 태평한 그 시대를 칭송한 음악은 지극히 아름답고 좋다. 반면 주나라 무왕武王은 덕이 있었지만, 은나라의 폭군 주紂를 무력으로 몰아내고 왕위에 올랐기 때문에, 무왕 시대를 노래한 무武라는 음악은 지극히 아름답지만 지극히 좋지는 않다고 했다. 이 말 속에서 혁명은 옳지 못하다는 공자의 뜻을 충분히 간파할 수 있다.

사람을 논할 때는 그 시대 상황을 고려하지 않을 수 없다. 공자는 동주東周시대, 즉 춘추전국시대 사람이기 때문에, 주 왕조의 나쁜 점을 노골적으로 거론할 수 없었다. 그래서 "지극히 아름답지만 지극히 좋지는 않다"고 완곡하게 표현한 것이다.

세상 사람들이 공자의 학문을 논할 때는, 공자의 정신을 탐구하되 날카롭고 깊은 안목을 가지고 관찰해야 한다. 그렇지 않으면 피상적으로만 이해할 우려가 있다.

나는 현대를 살아가는 사람들이 올바른 처세를 하기 위해서는 먼저 〈논어〉를 숙독해야 한다고 생각한다.

오늘날 세상은 나날이 진보하면서 서양의 각 나라에서 끊임없이 새로운 학설이 들어오고 있다. 하지만 그 새로움이라는 것도 우리의 견지에서 볼 때는 낡은 것이며, 이미 동양에서 수천 년 전에 거론되었던 사상을 말만 바꾸어 내놓은 것에 불과하다. 그래서 서구의 진보적인 학설을 연구하는 것도 필요하지만, 동양의 옛 사상 가운데에서 지켜야 하는 것도 있다는 사실을 잊어서는 안 된다.

---

3) 〈논어〉 팔일 25장

하늘에 죄를 지으면
빌 곳이 없다
_하늘이란 천명(天命)을 뜻한다

　　　　　공자는 "하늘에 죄를 지으면, 빌 곳이 없다獲罪於天
無所禱也"고 했다.[1]
　여기에서 하늘이란 무엇일까. 나는 하늘이란 천명天命을 뜻한다고
생각한다. 공자 또한 그런 의미에서 하늘이라는 말로 표현했으리라
여겨진다.
　인간이 세상에 나와 살고 있는 것은 천명이다. 초목에는 초목의
천명이 있고, 짐승에게는 짐승의 천명이 있다. 천명은 오묘하게 배합되
어, 어떤 사람은 술을 팔기도 하고 어떤 사람은 떡을 팔기도 한다.
그 어떤 성인현자라도 반드시 천명을 따를 수밖에 없다.
　요임금이라 해도 자신의 아들 단주丹朱에게 제위를 물려줄 수 없었고,
순임금이라 해도 태자 상균商均에게 뒤를 잇게 할 수 없었다. 이 모든
것이 천명에 따른 것이며, 인간의 힘으로는 어떻게 해볼 도리가 없는

---
1) 〈논어〉 팔일 13장

것이다.

초목은 초목으로 살 수밖에 없다. 짐승이 되려고 해도 부질없는 일이다. 짐승 역시 초목으로 살 수 없기는 마찬가지이다. 결국 모든 것이 천명이다. 그러므로 인간은 천명에 따라 행동해야 된다는 것을 분명히 알 수 있다.

그렇다면 공자가 말한 "하늘에 죄를 짓는다"는 것은 무슨 의미일까. 순리를 거스르거나 무리한 행동을 한다는 의미가 아닐까 싶다. 이러한 행동은 반드시 나쁜 결과를 초래한다. 일이 벌어진 후에 뒤처리를 하려고 해도, 애초부터 부자연스럽고 무리한 행동으로 스스로 자초한 응보이기 때문에 돌파구를 찾기 어렵다. 이것이 즉 '빌 곳이 없다'는 의미이다.

공자는 논어 양화편陽貨篇에서 "하늘이 무슨 말을 하더냐? 사계절이 운행하고 온갖 것들이 생겨나지만, 하늘이 무슨 말을 하더냐?天何言哉 四時行焉, 百物生焉, 天何言哉"라고 했다. 맹자 또한 〈맹자〉 만장장구상万章章句 上에서 "하늘은 말하지 않는다. 다만 만물의 움직임과 사물로써 이를 보여줄 뿐이다天不言, 以行與事示之而已"라고 말했다.

이처럼 인간이 자연을 거스르고 무리한 행동으로 하늘에 죄를 지었다고 해서, 하늘이 직접적으로 그 사람에게 말을 하거나 벌을 내리지는 않는다. 인간 세상의 만사를 통해 그 사람이 고통을 느끼도록 할 뿐이다. 이것이 바로 '천벌'이라는 것이다. 인간이 아무리 천벌을 피하려고 해도 결코 피할 수 없다. 자연의 사계절이 바뀌고 천지만물이 생성하는 것처럼, 천명은 사람의 운명에 작용하는 것이다.

그래서 공자도 〈중용中庸〉의 첫머리에 "천명을 본성이라고 한다天命

之謂性"라고 말하고 있다. 사람이 아무리 신에게 기도를 하고 부처에게 기원을 해도, 이치에 맞지 않는 무리한 행동을 하면 반드시 인과응보가 따른다. 도저히 이를 피할 방법이 없다. 그러므로 자연의 큰 이치를 따르고 조금이라도 무리한 행동을 하지 말아야 한다.

공자가 "하늘이 내게 덕을 부여해주었는데, 환퇴桓魋[1]가 나를 어찌 하겠는가?天生德於予, 桓魋其如予何"라고 말한 것처럼, 스스로를 돌아보고 반성하는 것이야말로 진정으로 자신감을 얻고 마음의 평안함을 찾는 길이다.

---

1) 환퇴는 송나라에서 사마(司馬) 벼슬을 하던 사람이다. 〈사기〉 '공자세가'에 의하면 공자가 송나라에 들렀을 때 공자를 죽이려 했다. 이에 공자는 그곳을 떠났고, 길을 재촉하는 제자들에게 이 같은 말을 했다고 한다.

공자의 인물 관찰법
_보고[視], 살피고[觀], 관찰한다[察]

　　　　　　　사토 잇사이(佐藤一齋, 1772~1859) 선생은 저서 〈언지록言志錄〉에서 '첫인상은 틀리지 않는다'라고 말한 바 있다. 이는 사람을 처음 만났을 때 얻은 첫인상으로 그 사람이 어떤 사람인지 판단하는 것이 가장 정확한 인물관찰법이라는 의미이다. 처음 만났을 때 그 사람을 잘 관찰하면, 잇사이 선생이 말한 대로 대부분 틀림없다. 하지만 자주 만나 관찰하게 되면 그 사람에 대한 생각이 너무 많아져 오히려 잘못 판단을 범하기 십상이다.

　처음 만났을 때 '이 사람은 이렇구나' 하는 느낌에는 여러 가지 선입견이나 개인 감정이 섞여 있지 않아 지극히 순수하게 상대를 평가할 수 있다. 만일 상대방이 거짓된 행동을 하고 있다면, 첫눈에 그 거짓된 부분이 관찰하는 사람의 마음속 거울에 비춰진다. 하지만 자주 만나다 보면 그 사람에 대해 이런 저런 소문을 듣거나, 상대방 입장을 지나치게 이해하게 되어, 오히려 인물을 냉철하게 관찰할 기회를 놓치고 만다.

맹자는 "사람을 살피는 데 있어서 눈동자보다 더 좋은 것은 없다. 눈동자는 능히 잘못을 감추지 못한다. 마음이 바르면 눈동자가 맑고, 마음이 바르지 않으면 눈동자가 흐리다存乎人者, 莫良於眸子, 眸子不能掩其惡, 胸中正, 則眸子瞭焉, 胸中不正, 則眸子眊焉"라고 인물관찰법을 설명하고 있다. 즉, 맹자의 인물관찰법은 사람의 눈동자를 보고 그 사람의 됨됨이를 판별하는 것이다. 마음이 바르지 않으면 눈동자가 흐리고, 마음이 바르면 눈동자가 맑고 그늘이 없기 때문에, 이것으로 그 사람의 인격을 판단한다. 이 인물관찰법도 나름대로 정확한 방법이라 할 수 있다. 사람의 눈동자를 잘 살피면 그 사람의 선악善惡과, 정사正邪를 대략 알 수 있다.

〈논어〉 위정편爲政篇에 "공자가 말하기를, 그 사람이 하는 것을 보고, 그 동기를 살펴보고, 그가 편안하게 여기는 것을 잘 관찰해 보아라. 사람이 어떻게 자신을 숨기겠는가?子曰, 視其所以, 觀其所由, 察其所安, 人焉廋哉"라는 가르침이 있다.

첫눈에 상대방을 판단해야 한다는 사토 잇사이 선생의 관찰법과, 사람의 눈동자를 살피어 상대방을 판단한다는 맹자의 관찰법은 모두 간단하고 빠르게 사람을 살피는 방법으로 큰 실수 없이 인물을 판별할 수 있을 것이다. 하지만 사람을 진실로 파악하기에는 부족한 면이 있다. 따라서 논어에 나오는 위의 글귀처럼 보고[視], 살피고[觀], 관찰하는[察] 이 세 가지로 사람을 식별해야 한다는 것이 공자의 가르침이다.

'보는 것'과 '살피는 것'은 같은 의미로 여겨지지만, 시視는 단순히 육안으로 겉모습을 보는 것이며, 관觀은 외형에서 깊이 파고들어 그

안을 육안뿐 아니라 마음의 눈[心眼]으로 들여다보는 것이다.

그러므로 공자가 말하는 인물관찰법은 첫째, 그 사람의 겉으로 드러나는 행위의 선악을 보고[視], 그 사람은 무엇 때문에 그런 행위를 하는지 자세히 살피며[觀], 한발 더 나아가 그 사람은 무엇을 편안해 하고 무엇에 만족하며 살아가는지 등을 관찰하면[察] 반드시 그 사람의 실체를 명료하게 판단할 수 있다는 말이다. 아무리 그 사람이 숨기려 해도 숨길 수 없는 일이라는 것이다.

겉으로 나타난 행위가 아무리 올바를지라도, 그 행위의 동기가 되는 정신이 바르지 않다면, 그 사람은 결코 바른 사람이라고 할 수 없다. 악惡을 숨기고 있는 경우도 있기 때문이다. 또 겉으로 나타난 행위가 바르고, 그 동기가 되는 정신 또한 바른 사람일지라도 만일 풍족한 생활에 취해 있다면, 때로는 유혹에 빠져 생각지도 못한 악에 봉착할 수도 있다. 따라서 '행위'와 '동기'와 '만족하는 부분'이 삼박자를 갖춰 올바르지 않으면, 그 사람은 완벽하게 올바른 사람이라고 할 수 없다.

논어는 만인을 위한 자기계발서

_반 권의 논어로 재상을 보좌했고, 반 권의 논어로 자신을 수양한다

나는 메이지 6년(1873년)에 관직에서 물러나, 뜻을 품고 경제계에 뛰어든 후, 〈논어〉와 특별한 관계를 맺어왔다. 처음 상인이 되어야겠다고 마음먹었을 때, 세상살이를 하려면 숫자에 더욱 밝아져야 하는 것은 당연하지만, 무엇보다 어떤 뜻을 품어야 하는가에 대해 깊이 생각했다. 그때 예전에 배운 〈논어〉를 떠올렸다.

〈논어〉에는 수양에 도움이 되는 일상의 가르침이 들어 있다. 〈논어〉는 가장 결점이 적은 교훈이므로, 이 〈논어〉를 통해 상인으로서의 수양을 쌓을 수 있지 않을까 생각했다. 그래서 나는 〈논어〉의 교훈에 따라 장사를 하면 상업 활동의 이치를 깨우칠 수 있고, 이득도 얻을 수 있을 것이라고 확신했다.

당시 나는 이와쿠니 지역 출신인 다마노 세이리(玉乃世履, 1825~1886)라는 사람과 친하게 지내고 있었다. 그는 문재文才가 뛰어나고 매우 진실한 사람으로, 훗날 대심원장(대법원장)이 되었다. 그는 관리 중에서

도 원리원칙을 잘 지키는 사람으로 정평이 나 있었다.

우리 두 사람은 매우 절친한 사이로, 관직에도 나란히 진출하여 고급 관료인 칙임관勅任官에 임명되었고, 둘 다 "장래에는 국무대신까지 돼보자"라는 희망을 품고 노력하고 있었다. 그런데 내가 갑자기 관직에서 물러나 장사꾼이 되겠다고 하자 몹시 애석해 하며 거듭 만류했다.

당시 나는 이노우에 가오루(井上馨, 1636~1915)[1]씨 밑에서 차관을 지내고 있었다. 이노우에 씨는 정부의 재정정책에 대해 내각과 의견을 달리하여 거의 싸움을 하다시피하다가 결국 물러나고 말았다. 나 또한 이노우에 씨와 함께 퇴임했기 때문에, 남들 보기에 나도 내각과의 싸움에서 밀려난 것으로 보였을 것이다.

물론 나도 이노우에 씨와 마찬가지로 내각과 의견을 달리하기는 했지만, 내가 물러난 것은 싸움에서 밀렸기 때문이 아니다. 내가 사직한 이유는 다른 데 있었다.

당시 일본은 정치적으로나 교육적으로나 하나하나 개혁할 필요가 있었다. 하지만 가장 개혁하기 힘든 분야가 경제 분야였다. 이것을 개혁하지 않으면 일본의 국부를 증진시킬 수 없다. 그래서 나는 어떻게든 경제를 부흥시켜야 한다고 생각했다.

그러나 당시만 해도 "장사에는 학문이 필요하지 않다" "학문을 익히면 오히려 손해를 입는다"라는 생각이 팽배해 있었다. "매가賣家라고 한자로 근사하게 적어놓은 3대째"[2]라는 말도 있듯이, 큰 부자도

---

[1] 메이지유신 이후 신정부에서 여러 요직을 거쳐 1871년 대장대보(大藏大輔)가 되었으나, 1873년 정부의 재정정책에 불만을 품고 물러나 실업계로 들어갔다.
[2] 선대가 모은 재산을 다 탕진하고 3대째에 가서는 글씨만 잘 쓰는 손자가 '매물로 내놓은 집 [賣家]'이라고 써 붙인다는 의미

3대째에 가서는 장사는 소홀히 하고 학문에만 몰두하다가 재산을 지키지 못해 결국 위험에 빠진다고 생각하던 시대였다.

그런 세상 사람들의 생각과는 달리 나는 어리석게도 학문을 가지고 돈을 벌어야겠다고 결심하여 장사꾼의 길로 들어선 것이다. 절친한 친구인 다마노조차 당시의 나를 이해하지 못했다. 내가 사직한 것이 결국 내각과의 싸움에서 밀린 탓이라고 여겨 심하게 오해하고 질타했다. "자네도 머지않아 장관이 될 텐데, 함께 관직에 남아 국가를 위해 최선을 다해야 하지 않은가. 그런데 경멸해야 마땅할 금전에 현혹되어, 관직을 버리고 장사꾼이 되겠다니 참으로 어이가 없네. 지금까지 자네를 그런 사람으로 생각지 않았네…"라고 충고해주었다.

그때 나는 다마노를 반박하고 설득하면서 〈논어〉를 인용해 설명했다. 조보趙普가 '반 권의 논어'를 가지고 재상을 보좌했고, '반 권의 논어'로 자신을 수양했음[半部論語][1]을 예로 들며 친구를 설득했다.

당시에 다마노에게 "나는 평생 〈논어〉와 함께 일생을 살 것이다"라고 강조하며 다음과 같은 말을 했던 것으로 기억한다.

"금전을 다루는 것이 어찌 천한 일인가. 자네처럼 금전을 비천한 것으로 여긴다면 국가의 부를 이룰 수 없네. 관직이나 벼슬이 높아지는 것은 그렇게 중요한 일이 아니야. 나는 무엇을 하든 자신이 이루고자 하는 곳에 중요한 가치가 있다고 생각하네. 관직만이 중요한 것은 아니네."

---

[1] 승상 조보는 송나라 태조를 도와 송나라를 건국하는데 일조하였다. 태조가 죽고 태종이 계승하여 조보가 승상에 오르자, 어떤 이가 "조보는 논어밖에 읽지 않아 중책을 맡기기 어렵다"고 비판했다. 조보는 "저의 평생의 지식은 논어밖에 없지만, 반 권의 논어로는 태조를 보필했고, 나머지 반 권의 논어로는 폐하를 보필할 것입니다"라고 했다.

나는 〈논어〉의 여러 구절을 인용해가며 그의 설득에 반박하고 설명했다. 그리고 〈논어〉야말로 가장 완벽한 책이라고 생각하며, 〈논어〉의 가르침을 표준으로 삼아 평생 상인의 길을 가겠다고 다시 한번 결심을 굳혔다. 그것이 메이지 6년(1873년) 5월의 일이었다.

그후 나는 더 깊이 〈논어〉를 공부해야 한다고 생각하여 나카무라 케이우(中村敬宇, 1832~1891, 메이지 시대의 계몽학자) 선생과 시노부 조켄(信夫恕軒, 1835~1910, 막부말~메이지 시대의 한학자) 선생을 찾아가 강의를 들었다. 그러나 일이 너무 바쁜 탓에 끝까지 마치지는 못했다. 그러다가 최근에 다시 대학에 강의를 나가는 우노 씨에게 〈논어〉를 공부하고 있다. 우노 선생 강의에는 주로 어린 학생들이 배우고 있지만, 나도 꼬박꼬박 출석하여 듣고 있다. 가끔 질문도 던지고, 해석에 대해 의견을 나누며 재미있고 유익한 시간을 보내고 있다. 우노 선생의 강의는 한 장 한 장 강의를 할 때마다, 학생들이 다들 이해하고 있는지, 의미는 잘 파악했는지 짚고 넘어가기 때문에 진도는 느리지만, 모두들 흥미롭게 공부하고 있다.

나는 지금까지 다섯 분께 〈논어〉를 배웠다. 학문적으로 접근하는 것이 아니기 때문에 때로는 깊은 의미를 모른 채 넘어가는 경우도 있었다. 가령 〈논어〉 태백편泰伯篇 13장에 "나라에 도가 행해지는데 가난하고 천하게 산다면 부끄러운 일이며, 나라에 도가 행해지지 않는데 부귀를 누린다면 이 또한 부끄러운 일이다邦有道, 貧且賤焉, 恥也, 邦無道, 富且貴焉, 恥也"라는 말은 지금에 와서야 그 깊은 의미를 깨닫게 되었다.

최근에는 〈논어〉를 깊이 연구하고 궁리하다 보면, 여러 가지 점에서 새롭게 깨닫는 부분이 적지 않다. 하지만 〈논어〉는 결코 어려운 학문이 아니다. 학자라야만 해석하고 이해할 수 있는 학술서가 아니다.

〈논어〉의 가르침은 널리 세상에 이로운 것인데, 원래 이해하기 쉬운 것을 학자들이 어렵게 풀이해 자기들만의 학문으로 만들어놓았다. 그러는 바람에 농민, 수공업인, 상인들은 알아서는 안 되는 학문으로 변질되어 버렸다. 상인이나 농부가 〈논어〉를 가까이 해서는 안 되는 것으로 인식하게 된 것은 학자들의 잘못이 크다.

이렇듯 학자는 까다로운 문지기 같은 존재이며, 공자의 입장에서는 자신의 학문을 세상에 전달하는 데 방해꾼이나 다름없다. 이런 문지기 같은 학자에게 공부를 맡겨놓으면 진짜 공자를 만나기 힘들다. 실제로 공자는 결코 어려운 존재가 아니라, 의외로 친근감 있고, 상인이든 농사꾼이든 누구에게든 친절하게 가르침을 주는 인물이다. 그래서 그의 가르침인 〈논어〉야말로 매우 쉽고 실용적인 고전이라고 할 수 있다.

때를 기다린다는 것
_인과(因果)의 법칙

　　　　　　　적어도 사람으로 태어났다면, 특히 청년시절에 싸움을 피하려고만 하는 비굴한 근성으로는 앞으로 나아가거나 발전을 기대할 수가 없다. 사회에서 살아남으려면 때때로 다른 사람과 피할 수 없는 싸움에 맞닥뜨리는 경우도 있다. 하지만 싸움을 절대 피하지 않으면서 동시에 끈기있게 때를 기다리는 것도 처세의 한 방법이다.
　물론 나는 싸워야 하는 상황이라면 싸움을 피하지 않지만, 반평생 넘게 살아온 경험에 의해 깨달은 바가 있다. 세상일은 "계획을 잘 세우면 반드시 마음먹은 대로 이루어진다"는 인과因果의 법칙을 잘 이해한 것이다.
　나는 젊은 시절부터 어떤 동기를 가지고 어떤 결과를 내고자 할 때, 전혀 다른 구실을 대며 발목을 잡으려는 자들과 많이 싸워봤다. 싸운다고 해서 원인과 결과 관계에 갑자기 변화가 생기는 것은 아니다. 어떤 일정한 때가 오기 전까지는 사람의 힘으로 도저히 국면을 전환할 수 없다는 것을 깨달았다.

험한 세상을 헤쳐 나가려면 형세를 관망하고, 끈기 있게 때를 기다려야 한다는 것을 절대 잊지 말아야 한다. 정의를 왜곡하고, 신뢰를 저버리는 자들과는 결단코 싸우지 않으면 안 된다. 그러나 다시 한번 말하지만, 아무쪼록 끈기있게 때를 기다릴 줄 아는 인내 또한 중요하다는 사실을 염두에 두어야 한다.

나는 오늘날 일본의 현 상황에 대해서 온힘을 다해 싸워보고 싶은 마음이 없는 것도 아니다. 그중에서도 특히 내가 가장 유감스럽게 생각하는 것은 관존민비官尊民卑의 관습이 아직 남아 있다는 사실이다. 관직에 있는 자들은 아무리 불법적인 일을 저질러도 대부분 면책특권을 부여받는다. 종종 불량한 제품을 만들어 세상에 물의를 일으키고 재판에 회부되거나, 모든 것을 정리하고 은둔하는 경우도 없지 않다. 하지만 이렇게 죗값을 치르는 관료는 면책을 받는 관료에 비하면 그야말로 '아홉 마리 소에서 한 가닥 털[九牛一毛]'이며, '바다에 떨어뜨린 물 한 방울[大海一滴]에 불과하다. 국가가 관료들의 이러한 불법 행위를 어느 정도까지는 묵인해주고 있다고 해도 과언이 아니다.

반면 서민들은 어떠한가. 조금이라도 불법을 저지르는 경우 즉시 고발당해 곧바로 구속으로 이어진다. 불법행위에 대해서는 모두 벌을 받아야 한다면, 높은 자리에 있는 사람이든 낮은 자리에 있는 사람이든 차별을 두지 말아야 한다. 한쪽은 눈감아주고 한쪽은 벌을 주는 행태는 사라져야 한다. 만일 너그럽게 용서한다면, 서민도 관료와 마찬가지로 용서해주어야 할 것이다. 그런데 지금의 일본은 아직도 관료와 국민을 차별하며 법의 잣대를 달리하고 있다.

또한 서민이 국가의 이익에 공헌하는 큰 공적을 세워도 그 공을 쉽게 인정받을 수 없는 반면, 관료는 손톱만큼의 공<small>(功)</small>만 있어도 금방 인정을 받고 그에 준하는 포상을 받는다. 이런 부조리한 점이 내가 지금 온힘을 다해 싸워보고 싶은 부분이다.

하지만 아무리 내가 싸운들 어느 시기가 될 때까지는 이 같은 잘못된 현상을 도저히 뒤집을 수 없다는 것을 알기 때문에, 지금 당장은 불평을 토로하는 정도로 그친다. 그리고 싸우지 않고 때를 기다릴 것이다.

천하의 인재를 얻어
적재적소適材適所에 활용하라
_능수능란한 용인술

　　　　　　사람을 고용하는 입장에서 볼 때, 인재를 뽑아 그의 재능을 파악하여 적재적소에 배치하기란 매우 어려운 일이다. 게다가 짐작컨대, 인재를 적재적소에 배치했다 하더라도 그 이면에는 권모술수의 입김이 작용하는 경우도 종종 있을 것이다.
　자신의 세력을 확장하려면 무엇보다 적당한 인재를 적당한 자리에 배치하여야 점차적으로 자신의 세력을 점점 더 심어놓을 수 있고, 그래야 자신의 입지도 확고해진다. 이러한 과정을 통해 자신의 계파 세력을 키워놓아야 정계나 경제계, 또는 사회의 어느 조직에서든 당당히 승자의 위용을 떨칠 수 있다. 하지만 나는 결단코 그런 권모술수식의 행동방식을 배우고 싶지 않다.
　예나 지금이나 일본에서 도쿠가와 이에야스만큼 절묘하게 사람을 적재적소에 배치하여 자신의 권세를 떨친 권모술수의 달인은 찾아볼 수가 없다. 이에야스가 자신이 거처하는 에도 성江戶城의 경비를 강화하기 위해, 간토關東 지방 대부분에 후다이다이묘(譜代大名, 대대로 도쿠가와 가문을 섬겨온 신하)를 배치하고 요충지인 하코네箱根의 관문을 통제하기 위해 오다와라小田原에 배치했던 것이 좋은 예이다. 즉, 미토 가水戶家에게는 동쪽 지방의 문호를 막게 하고, 비슈 가尾州家에게는 동쪽 바다의 요충을 장악하도록 했으며, 기슈 가紀州家에게는 기나이(畿內, 일본 교토에 가까운 다섯 지방) 지역의 배후를 경계하도록 했다.

또한 이이 가몬노카미井伊掃部頭를 히코네彦根에 두어 헤이안(平安, 지금의 교토) 성을 압박하게 하는 등, 절묘하게 인물들을 배치한 것으로 유명하다. 그 밖에 에치고越後에는 사카키바라, 아이즈會津에는 호시미, 데와出羽에는 사카이, 이가伊賀에는 도도를 배치하는 등, 일본 전역 요소 요소를 반드시 집안 대대로 섬겨온 무가 출신의 심복들로 하여금 지키게 했다. 그렇게 하여 조금이라도 반발하려는 지방 영주들의 손과 발을 꽁꽁 묶는 데 성공했다. 이렇게 능수능란한 용인술로써 300년 동안이나 도쿠가와 막부의 위업을 지켜낼 수 있었다.

이처럼 인재를 적재적소에 배치하는 수완에 있어서는 일본 역사상 이에야스를 따라올 만한 인물이 없는 것은 사실이다.

나는 인재를 적재적소에 배치하는 데 탁월한 능력을 갖춘 이에야스의 지략을 닮고 싶어 늘 고심하지만, 그 목적에 있어서는 이에야스를 따라갈 생각이 전혀 없다. 나 시부사와는 어디까지나 시부사와의 마음으로 사람들을 대할 것이다. 인재를 어떤 도구로 삼아 세력을 확장할 생각은 털끝만큼도 없다.

내가 평소에 품고 있는 뜻은 '인재를 얻어, 잘 쓰는 데'에 있다.

인물을 적재적소에 잘 활용하여, 그 인물이 실적을 쌓는 것이 국가와 사회에 공헌하는 길이며, 이는 결국 내가 국가와 사회에 공헌하는 길이기도 하다. 나는 이러한 신념을 가지고 인재를 기다린다. 권모술수로 다른 사람을 모략하고, '자기 집 약상자에 든 알약'처럼 그 사람을 이용하려는 술수는 절대 부리지 않을 것이다.

세상은 넓다. 그리고 모든 사람은 자유롭게 활동할 권리를 갖고 있다. 나와 함께 하는 무대가 좁다면, 곧 즉시 나와의 인연을 끊고, 자유롭게 탁 트인 큰 무대로 진출해 마음껏 활동하여 원하는 성과를 이루기를 나는 진심으로 바란다. 나보다 나이가 많은 사람이 내 밑으로 와서 일한다고 해도, 나는 그 사람을 아랫사람 부리듯이 업신여기지 않을 것이다.

사람은 평등해야 한다. 더불어 절제와 예의를 갖춘 평등이어야 한다. 또한 나는 다른 사람의 인격을 소중히 여기려고 노력한다. 결국 세상은 서로 공유하는 것이다. 스스로 교만해서도 안 되며, 남을 업신여겨서도 안 된다. 추호라도 서로 등을 지는 일이 없도록 해야 한다는 것이 나의 신념이다.

온화한 상사가 옳은가
혹독한 상사가 옳은가
_적국의 침입이 없다면, 그 나라는 언젠가 망한다

　　　　　세상에는 싸움을 절대 배척하고, 어떠한 경우라도 싸움은 옳지 않다고 생각하는 사람이 있다. 심지어 "누가 당신의 오른쪽 뺨을 때리면, 왼쪽 뺨도 내밀어라"고 말하는 사람도 있다. 그렇다면 과연 다른 사람과 싸우는 것이 처세에 이로운 것일까, 아니면 불리한 것일까.

　이런 문제를 던져주면 여러 가지 다른 의견이 나올 것이다. 싸움은 결코 피해서는 안 된다고 말하는 사람도 있을 것이고, 반드시 피해야 한다고 생각하는 사람도 있을 것이다.

　내 개인적인 의견으로는, 싸움은 반드시 피해야 할 것이 아니며, 처세에 있어서 어느 정도는 필요한 것이라고 생각한다. 나에 대해 세간에서는 지나치게 원만한 사람이라고 비난 섞인 평가를 한다는 것도 알고 있다. 하지만 나는 함부로 싸움을 하지 않을 뿐이지, 세상 사람들이 생각하는 것처럼 싸움을 절대적으로 피하는 것을 신념으로 여길 만큼 원만한 인간이 아니다.

맹자도 '고자 하告子下' 편에서 "적국의 침입이 없다면, 그 나라는 언젠가 망한다無敵國外患者, 國恒亡"고 말했다. 한 나라가 건전하게 발전하려면, 상공업에 있어서든 문학, 예술, 외교에 있어서든 항상 다른 나라와 싸워 반드시 이기겠다는 기세가 있어야 한다. 개인도 마찬가지이다. 사방에 깔린 경쟁자들과 싸워 반드시 이기겠다는 투지가 없다면 결코 발전하고 앞으로 나아갈 수 없다.

부하를 이끄는 상사 중에는 크게 두 종류의 인물이 있다. 하나는, 무슨 일이든 부하를 친절하게 대하는 사람으로, 부하를 꾸짖거나 괴롭히는 일이 결코 없다. 어디까지나 온화하고 친절하게 부하를 이끌어주며, 결코 부하의 적이 되는 행동을 하지 않는다. 또한 아무리 결점과 실수가 있더라도 부하의 편에 서는 것을 마다하지 않으며, 끝까지 부하를 감싸주는 성품을 지닌 경우이다. 이런 상사는 부하로부터 상당한 신뢰를 받으며, 마치 인자한 어머니처럼 푸근하고 존경의 대상이 된다. 하지만 이런 상사가 과연 부하에게 진정한 이익을 가져다주는지는 좀 생각해 볼 문제이다.

이와 정반대 스타일로, 항상 부하들에게 마치 적국의 장수처럼 행동하는 상사가 있다. 사사건건 부하의 말꼬투리를 잡고 트집을 잡는 것에 희열을 느끼는 것 같다. 부하에게서 결점이라도 발견하면 곧바로 잔소리를 늘어놓으며 엄하게 꾸짖는다. 완벽해질 때까지 비난을 하며, 실수를 하면 절대 아는 체하지 않을 정도로 부하를 혹독하게 대하는 사람이다. 언뜻 보면 잔혹하다 싶을 만한 태도로 일관한다. 이런 상사는 부하들에게 좋은 점수를 얻지 못하고, 오히려 부하들로부터 원한을

시는 경우도 종종 있다. 그렇다면 이런 상사는 과연 부하에게 아무런 도움이 되지 않는 존재일까. 이 점은 좀더 깊이 생각해볼 부분이다.

아무리 단점이 있고 실수를 해도 끝까지 감싸주고 친절하게 대해주는 상사의 마음은 진정 고마운 것임에 틀림없다. 하지만 주위에 이런 상사밖에 없다면 부하는 분발하려는 의지를 잃기 십상이다. 실수를 해도 상사가 용서해준다. 어떠한 실수를 저질러도 그때마다 상사가 구해주기 때문에 크게 긴장하거나, 신경 쓸 염려가 없다고 생각하게 된다. 그러다보면 부하는 지나치게 낙관적이고 느슨해져, 어떤 일이 주어졌을 때 세심하게 주의를 기울이지 않고 경솔한 태도를 취하고 만다. 결국 부하에게서 노력하려는 분발심을 찾아볼 수 없다.

반면, 부하를 질책하며 늘 잔소리를 하는 상사 밑에서의 부하는 한시도 게으름을 피우지 않고 조금이라도 틈을 보이지 않으려고 애쓰게 된다. 저 사람에게 트집 잡힐 행동을 해서는 안 된다는 생각에 행동 하나하나에 신경을 쓰며, 나태해지지 않도록 조심을 하게 된다.

부하를 닦달하기 좋아하는 상사는 부하의 결점과 실수를 비난하고 조롱하는 것으로 만족하지 않고, 그 부모의 이름까지 들먹이며 "도대체 자네 부모는 뭘 가르친 거야!"라며 악담을 퍼붓는다. 따라서 이런 상사 밑에서 일하는 부하는 자신의 실수로 인해 부모의 이름까지 욕 먹여 집안의 수치라고 여겨, 어떻게 해서든 분발하려는 투지가 생기게 되는 것이다.

대장부의 시금석試金石
_역경은 어떻게 극복되는가

진정한 역경逆境이란 어떤 경우를 말하는가? 세상은 순리를 따르며 평온하게 흘러가는 것이 제 이치이다. 하지만 잔잔한 호수에도 물결이 일고 하늘에 바람이 일어나는 것처럼, 평온한 국가에서도 때로는 혁명이나 반란이 생길 수 있다. 그러므로 무사태평한 때에 비하면 분명 역경이라 할 수 있다.

그런데 사람 또한 이런 변란의 시대에 태어나면 어쩔 수 없이 그 혼란의 소용돌이에 휘말리게 되고, 그러면 불행을 겪게 마련이다.

이런 것이 진정한 역경이라면, 나 또한 역경 속에서 살아온 사람이라고 할 수 있다. 나는 메이지유신 전후 세상이 가장 혼란스러웠던 시대에 사회에 나와, 온갖 변화를 겪으며 오늘에 이르렀다. 돌이켜보면 유신 때처럼 세상이 변화무쌍한 시기에는 제아무리 재능이 출중한 사람이라도 뜻밖의 역경에 부딪힐 수밖에 없다.

나는 처음에는 존왕토막(尊王討幕, 천황을 다시 세우고, 막부를 타도함),

양이쇄항(攘夷鎖港, 서양 오랑캐를 배척하고 나라의 문을 걸어잠금)을 주장하며 동분서주하게 활동했다. 그후 히토쓰바시 가(橋家)의 가신이 되었다가, 나중에는 막신(幕臣, 막부의 관리)이 되었다. 또 훗날에는 히토쓰바시가 후계자의 동생을 수행하여 프랑스를 비롯하여 유럽을 순방하기도 했다.

하지만 귀국해 보니 막부는 이미 무너지고 세상은 천황이 통치하는 왕정복고의 바람이 일고 있었다.

나는 재능이 부족한 면은 있지만, 공부에 있어서는 최선을 다해 노력해왔다고 자부한다. 하지만 이러한 급격한 사회 변화와 정치 혁명 앞에서는 아무런 능력을 발휘하지 못하고 그야말로 역경에 빠져버리고만 것이다. 그때가 내게 있어서 가장 견디기 힘들었던 순간이며, 그때의 일을 아직도 생생히 기억하고 있다.

물론 곤란을 겪은 것이 나 한 사람만은 아니었다. 당시 수많은 인재 중에 나처럼 역경에 처한 사람이 많았다. 이러한 대변혁기에는 역경을 피할 도리가 없었던 결과이다. 다만 이러한 큰 혼란은 흔치 않다고 해도, 시대의 흐름에 따라 인생에서 크고 작은 혼란은 늘 있게 마련이다. 세상에 역경은 늘 존재하고, 그 소용돌이에 휘말려서도 역경을 극복한 사람도 늘 있다. 만약 역경에 처했다면, 그 역경의 원인을 찾아내야 한다. 그것이 내 탓인지, 다른 사람 탓인지 살펴야 하고, 아니라면 자연적인 역경인지 구별한 뒤에 이에 따른 대책을 세워야 한다.

자연적인 역경은 대장부의 시금석(試金石)이라 할 수 있다. 자신의 의지를 시험해볼 수 있는 기회인 것이다. 그러나 역경을 과연 어떻게 극복해야 할까? 신이 아닌 이상 특별한 비결을 갖기란 사실 어려운 일이다. 하지만 내가 역경을 처했을 때의 경험과 이치를 따져보면, 자연적 역경에 봉착한 경우에는 우선 자기의 본분을 깨닫는 것이 유일한 대책이라고 생각한다. 부족함을 알아 분수를 지키고 초조해 하지 말며, 자연적인 역경은 천명天命이기 때문에 어쩔 수 없다고 받아들이면, 제아무리 힘든 역경일지라도 마음은 평온해진다.

그런데 모든 것을 인위적으로 해석하여 인간의 힘으로 역경을 뒤바꾸려고 버둥거려봤자 쓸데없이 고통만 늘어날 뿐이다. 헛된 결과를 낳고 결국에는 역경에 지쳐 훗날의 대책조차 강구할 수 없는 최악의 지경에 이르고 만다. 그러므로 자연적 역경에 처했을 때는 우선 천명이라 여기고, 서서히 다가올 운명을 기다리면서, 끈질기게 굴하지 않고 견뎌나가는 것이 중요하다.

이와 반대로 인위적 역경에 처한 경우에는 어떻게 해야 할까. 이는 대부분 스스로 자초하는 경우가 많기 때문에 우선 자신을 반성하여 나쁜 점을 고치는 수밖에 없다.

사실 세상사란 대개 자신의 노력 여하에 따라 결과가 나오게 마련이다. 스스로에게 "이렇게 하고 싶다" 혹은 "저렇게 하고 싶다" 격려하고 분발하면 대부분 그 뜻대로 이루어진다. 그런데 사람들은 흔히 스스로 운명을 개척하여 행복해지려 하지 않고, 오히려 남의 탓만 하거나 다른 사람을 이용해 역경을 극복하려고 한다. 스스로의 이런 노력이 없다면 순조로운 생활도, 행복한 생애도 기대할 수 없다.

공자의 처세법
_게는 자기 몸에 꼭 맞게 구멍을 판다

세상을 살아가는 처세의 방침으로 나는 오늘날까지 일관되게 충서忠恕 사상을 견지해오고 있다. 예로부터 종교가, 도덕가라 불리는 대학자들이 도를 가르치면서 수신修身, 즉 몸을 갈고 닦으라는 한 가지 가르침에 전념해왔다. 수신이란 젓가락을 잡는 사소한 일에도 충분히 그 의미가 담겨 있다. 나는 그 의미를 항상 염두에 두며, 가족에게나 손님에게나, 혹은 편지를 읽을 때나 무엇을 하든 '성심을 다해' 행동하려고 한다. 공자는 이 의미를 다음같이 역설하고 있다.

"궁궐의 큰 문에 들어가실 적에도 몸을 굽히시어, 마치 작아 들어가기에 넉넉하지 못한 듯이 하셨다. 문 한가운데는 서 있지 않으셨고, 다니실 때에는 문지방을 밟지 않으셨다. (임금께서 계시지 않을 때라도) 임금의 자리 앞을 지나실 때에는 낯빛을 바로잡으시고 발걸음을 공경스럽게 하셨으며, 말씀은 말을 잘하지 못하는 사람처럼 하셨다. 옷자락을 잡고 당堂에 오르실 때에는 몸을 움츠려 굽히셨고, 숨소리를 죽이시어 마치 숨을 쉬지 않는 사람 같으셨다. 나오시어 한 계단을 내려서시면서 낯빛의 긴장을 푸시어 빠른 걸음으로 나아가시는데, 마치 새가 날개를 편 듯이 단정하셨다. 자신의 자리에 돌아오셔서는 공손하고 조심스러우셨다."公門 鞠躬如也, 如不容, 立不中門, 行不履閾, 過位, 色勃如也, 足躩如也, 其言似不足者, 攝齊升堂, 鞠躬如也, 屛氣 似不息者, 出降一等, 逞顔色, 怡怡如也, 沒階趨翼如也, 復其位, 踧踖如也.[1]

또한 제를 올리는 예법인 향례享禮, 예를 갖춰 초대하는 빙초聘招, 의복衣服, 눕고 앉는 예법에 대해서도 차근차근 설명하며, 음식에 대해서는 다음같이 말하고 있다.

"밥은 고운 쌀이라야 싫어하지 않으셨고, 회는 가늘게 썬 것이어야 싫어하지 않으셨다. 밥이 쉬어 맛이 변한 것과 생선이나 고기가 상한 것은 드시지 않으셨다. 빛깔이 나쁜 것도 안 드셨고, 냄새가 나쁜 것도 안 드셨다. 잘못 익힌 것도 안 드셨고, 제철에 아닌 음식도 안 드셨다. 썬 것이 반듯하지 않으면 안 드셨고, 간이 적절하게 들지 않은 것도 안 드셨다."食不厭精, 膾不厭細, 食饐而餲, 魚餒而肉敗不食, 色惡不食, 臭惡不食, 失飪不食, 不時不食, 割不正不食, 不得其醬, 不食.[2]

이것은 우리 주위에서 흔히 볼 수 있는 사례이지만, 도덕과 윤리는 이처럼 우리 주변의 비근한 것 가운데 깃들어 있다고 생각한다. 젓가락 드는 일을 주의 깊게 할 수 있다면, 다음으로 명심해야 할 것은 자신을 깨닫는 일이다.

세상에는 자신의 능력을 과신하여 분수에 넘는 희망을 갖는 사람도

---

1) 〈논어〉 향당 4장
2) 〈논어〉 향당 8장

있다. 그런 사람은 무턱대고 일을 벌일 줄만 알고 분수를 지킬 줄 몰라, 실패를 향해 달려가는 우를 범할 수 있다. 나는 평소 "게는 자기 몸에 꼭 알맞게 구멍을 판다"고 생각하는 사람으로, 항상 자신의 분수를 지키려고 노력해왔다.

지금으로부터 대략 10년 전, 대장대신(大藏大臣, 재정부 장관)이 되어 달라, 일본은행의 총재가 되어 달라는 청을 받은 적이 있다. 하지만 나 스스로 메이지 6년(1873년)에 뜻한 바가 있어 경제계에 들어와 '나만의 구멍'을 파기 시작했다. 다시 그 구멍을 빠져나올 수 없다는 생각에 단호히 거절했다. 공자는 "나아가야 할 때는 나아가고, 멈춰야 할 때는 멈추며, 물러나야 할 때는 물러난다"고 말하고 있는데, 사실 사람에게 있어서 출처진퇴出處進退는 매우 중요하다.

그러나 현재의 분수를 지킨다고 해서 진취적인 기상을 잊어버리라는 말은 절대 아니다. "품은 뜻을 이루지 못하면 죽어서도 돌아오지 않겠다." "큰 공을 세우기 위해서는 사소한 실수에 연연하지 않겠다." "남자가 한번 뜻을 결심하면, 목숨을 걸고 승부를 건다." 이런 다짐으로 도전하는 것도 중요하지만, 반드시 자신의 본분을 망각해서는 안 된다. 공자는 "마음의 욕심을 채우고자 법을 무시하면 안 된다"고 가르치고 있는데, 이는 곧 분수에 맞춰 나아가야 한다는 의미이다.

그 다음으로 가장 주의해야 할 것은 희로애락이다. 대부분의 사람들이 처세에서 실수하는 것은 주로 사람의 일곱 가지 감정[七情], 즉 기쁨, 노여움, 슬픔, 두려움, 사랑, 미움, 욕심을 조절하지 못하는 데서 기인한다. 공자도 "부부 금슬이 좋아 가정이 화목하되 음탕하지 말며, 슬프되 고통스러워하지 말라"고, 희로애락을 조절할 필요가 있음을 가르치고 있다. 나 역시 술을 마시면 즐겁지만, 정도를 지나치지 않으려고 애쓰고 있다.

말하자면 나의 좌우명은 성의성심誠意誠心, 즉 무엇이든 성의를 다하되 본분에 어긋나지 않도록 하는 것이다.

성공할 때와 실패할 때
_시비(是非)와 곡직(曲直)을 가린다는 것

　　　　　　사람의 재앙은 대개 성공을 이루는 시기에 싹튼다. 일이 잘 풀릴 때는 누구나 승승장구하는 기분에서 헤어나기 어렵기 때문에, 재앙은 이런 허점을 파고 들어온다. 그러므로 처세에 있어서 이 점을 주의하여, 일이 척척 잘 풀린다고 해서 긴장을 늦추지 말고, 실패했다고 해서 낙담하지 말며, 초심을 잃지 않고 순리에 따르려는 마음가짐이 중요하다.

　이와 함께 생각해야 할 것이 큰일과 작은 일을 구별하는 것이다. 대부분의 사람들은 실패에 빠져 있을 때는 사소한 것에도 신중을 기하지만, 성공의 시기에는 반대로 "뭐 이 정도쯤이야…"라며 작은 일에 대해서는 무시해버리는 경향이 있다. 하지만 성공기나 실패기에 관계없이 항상 큰일과 작은 일에 대해 치밀하게 접근하지 않으면, 느닷없이 찾아오는 재앙에 빠지기 쉽다는 것을 항상 명심해야 한다.

　사람은 누구나 눈앞에 큰일이 닥치면 그것을 해결하기 위해 정신을 집중하고 치밀하게 계획을 세우지만, 작은 일은 소홀히 처리해버리는 경우가 많다. 물론 사소한 젓가락질에도 성의를 다할 정도로 작은 일에 얽매이는 것은 쓸데없이 정신적 에너지를 소모시키므로, 그렇게까지 마음 쓸 필요가 없는 경우도 있다. 또한 큰일이라 해도 크게 걱정하지 않고도 해결되는 경우도 있다.

그러므로 일의 크고 작음을 겉으로만 보고 속단해서는 안 된다. 상황에 따라서는 작은 일이 오히려 큰일이 되거나, 큰일이 의외로 작은 일로 바뀌는 경우도 있다. 때문에, 크고 작음에 연연하지 말고, 그 본질을 잘 파악한 후에 적합한 방법으로 처리하는 것이 바람직하다.

그렇다면 큰일에 맞닥뜨리면 어떻게 해야 할까? 우선 그 일에 대해 선후완급先後緩急을 생각해야 한다. 어떤 일을 먼저 처리하고 나중에 할지, 어떤 일을 급히 하고 천천히 해야 할지를 신중하게 생각해야 한다.

그렇지만 사람마다 생각이 다르다. 어떤 사람은 자신의 득실은 뒷전에 미뤄두고 오직 그 일에 대해 최선의 방법을 강구한다. 또 어떤 사람은 자신의 득실을 우선적으로 생각한다. 혹은 어떠한 희생을 감수하고라도 오로지 그 일의 성취만을 생각하는 사람도 있고, 이와 반대로 자신만을 생각하고 사회적인 영향 같은 것은 안중에도 없는 지극히 이기적인 사람도 있을 것이다.

사람의 생김새가 제각기 다르듯이 그 마음도 저마다 달라 똑같은 방식으로 일을 처리할 수는 없다. 하지만 만일 누가 나에게 어떻게 처리하는 게 좋을까를 물어오면 이렇게 대답할 것이다. "큰일이 닥쳤을 때, 어떻게 하면 도리에 맞는지를 먼저 생각하고, 그 도리에 맞춰 어떤 방법을 취하면 국가와 사회에 이익이 될까 생각한다. 그런 후 이 방법이 나를 위해서도 바람직할까를 생각할 것이다. 그랬을 때, 만일 나를 위한 방법은 아니지만, 도리에도 맞고 국가와 사회에도 이익이 된다면, 나는 당연히 나를 버리고 도리에 따를 것이다."

이처럼 어떠한 일에 대해 옳고 그름, 득과 실, 도리에 맞는 일인가, 도리를 거스르는 일인가를 깊이 생각한 후에 시작하는 것이 일을 처리하는 데 있어서 좋은 방법이다. 하지만 신중히 판단해야 된다. "이것은 도리에 맞으니까 따르는 것이 좋다"라든가, "이것은 공익에 어긋나므로 버리는 것이 바람직하다" 같은 식으로 속단해서는 안 된다.

도리에 맞아 보이는 것이라도 불합리한 점은 없는지 전체적으로 살피는 것이 좋다. 또한 공익에 위배되는 것처럼 보여도 나중에 사회에 유익한 결과를 가져오지는 않는지 꿰뚫어볼 줄 알아야 한다. 즉, 시비是非와 곡직曲直을 가리고, 도리道理와 역리易理를 따지는 데 있어서 속단하지 말고, 적절한 판단을 해야 한다. 만일 잘못된 조치를 했다가는 모든 일이 수포로 돌아가고 아무런 성과도 내지 못할 수 있다.

사람이란 작은 일에는 충분히 생각하지 않고 자칫 경솔하게 결정해버리기 쉽다. 그것은 아주 좋지 않은 습관이다. 작은 일이기 때문에 눈앞에 보이는 부분이 매우 사소해 보여 세심하게 살피지 않는 것인데, 작은 일도 쌓이면 큰일이 된다는 것을 명심해야 한다. 또한 작은 일이라 해도 그 순간 매듭지어버리는 것이 있는 반면, 때로는 작은 일이 큰일의 발단이 되어, 사소하게 지나친 일이 나중에 큰 문제를 일으키는 경우가 있다. 혹은 사소한 잘못이 점차 나쁜 일로 진행되어 결국 악인으로 전락하는 경우도 있다.

그와 반대로 작은 일이 좋은 결과를 낳기도 한다. 처음에는 사소한 것이라고 생각했지만, 작은 일로 인해 자신과 가정에 행복을 가져다주기도 한다. 이들 모두 작은 것이 쌓여 얻어진 결과이다. 다른 사람에게 해를 끼치거나 무례한 행동도 작은 것이 쌓여 점차 커지는데, 계속 쌓이다 보면 정치가는 정치계에 악영향을 끼치고, 경영인은 사업상의 부진을 초래하며, 교육자는 제자를 그릇된 길로 안내하게 된다. 이 정도라면 작은 일을 더 이상 작다고만 볼 수 없다.

때문에 사회에서 무조건 큰일과 작은 일을 차별하지 않아야 한다. 크고 작은 일에 차별을 두는 것은 분명 군자의 도리가 아니라고 나는 판단한다. 큰일이든 작은 일이든 같은 태도로 고려하고 임하여 처리하는 것이 바람직하다.

한 마디 덧붙이자면, 성공을 이루었을 때 지나치게 의기양양하지 말라는 것이다. "이름을 높이는 것은 늘 곤궁할 때이며, 일을 그르치는 것은 대개 성공 시기에 일어난다"는 옛말이 있다. 정말로 맞는 말이다. 곤란한 시기에는 무슨 일이든 큰일에 부닥친 것과 같은 각오로 대처하기 때문에, 이름을 높이는 것은 그런 경우에 많다. 성공한 사람들은 "그 어려운 시기를 잘 견뎌냈다" "그 고통에서 무사히 벗어났다"고 말하고는 한다. 이는 곧 마음에 긴장의 끈을 놓지 않았다는 증거이다.

그런데 실패는 대개 성공을 이루었을 때 그 조짐이 나타난다. 사람은 성공의 시기에는 무슨 일이 닥쳤을 때 작은 일을 대하듯 방심하기 쉽다. "설마 천하에 무슨 일이 생기겠어…"하는 안이한 생각을 하기 때문에, 어느 순간 예상이 빗나가 실패를 초래하고 만다. 그것은 작은 일로 큰일을 빚어내는 것과 같다. 그러므로 사람은 성공 시기에도 의기양양해 있을 것만이 아니라, 큰일과 작은 일을 똑같이 주의깊게 생각해 잘 분별해야 한다.

도쿠가와 미쓰쿠니(德川光國 도쿠가와 이에야스의 손자. 〈대일본사〉를 편찬했다)의 벽서壁書 중에 "작은 일을 분별하라, 큰일이 닥쳤을 때 당황하지 않으려거든"이라는 글귀가 있다. 참으로 이치에 맞는 말로, 나의 생각을 함축적으로 표현하고 있다.

제2장

입지(立志)와 학문

뜻을 세울 때는 처음에 신중하게 신경써야 한다. 그러려면 먼저 머릿속을 냉정히 하고, 그 후 자신의 장점과 단점을 세밀하게 비교 관찰하여, 장점에 집중하여 뜻을 세우는 것이 바람직하다. 또한 자신의 상황이 그 뜻을 펼칠 만한 여건이 되는지를 고려할 필요가 있다. 그리고 큰 입지와 작은 입지가 모순관계에 있지 않고 항상 조화를 이루도록 일치시키는 것이 중요하다.

현재에 최선을 다하라
_강한 신념의 필요성

　　　　　도쿠가와 막부 후반까지도 일반 상공업자에 대한 교육과 사무라이에 대한 교육을 완전히 구별하는 나쁜 인습이 남아 있었다. 무사는 수신제가修身齊家를 근본으로 하며, 자신에 대한 수양뿐만 아니라, 다른 사람 또한 잘 다스려야 한다는 가르침을 받았다. 이른바 경세제민經世濟民이 무사 교육의 핵심이었다. 반면 농민, 상공업자에 대한 교육은 세상을 다스리고 백성을 구제하는 교육이 아니라, 지극히 낮은 수준의 교육이었다.

　당시 사람들 중에는 무사 교육을 받는 사람이 매우 드물었고, 모든 교육이 데라코야寺子屋라고 하는 일종의 서당식으로, 주로 사찰의 스님이나 부잣집의 노인들이 가르쳐주는 방식이었다. 당시의 농, 공, 상은 외국과 접촉하는 업종이 아니었기 때문에, 이 업종에 종사하는 사람들에게는 아주 기초적인 교육만으로 충분했던 것이다. 게다가 주요 상품은 모두 중앙정부인 막부와 지방정부인 번藩이 운송 및 판매 등의 핵심 부분을 장악하고 있었기 때문에 농, 공, 상민이 관여할 수 있는 영역은 매우 적었다.

당시의 평민은 무사계급의 일종의 도구에 불과했다. 더욱 심했던 것은 사무라이는 부정과 살인 등 잔혹하고 야만적인 온갖 만행을 저질러도 아무렇지 않다는 사실이었다.

그러다가 얼마 지나지 않아 가에이(嘉永, 1844~1854, 대지진과 해일이 발생) 연간과, 안세이(安政, 1854~1859, 대지진 발생) 연간에 발생한 큰 자연 재해로 인해, 경세제민의 교육을 받은 무사들이 존왕양이尊王攘夷를 내세우며 마침내 메이지유신이라는 대변혁을 도모하기에 이른 것이다.

나는 메이지유신 이후 대장성大藏省의 관료가 되었는데, 당시에는 물질적, 과학적 교육은 거의 없었다고 해도 과언이 아니다. 무사들의 교육에는 정신적인 면을 추구하는 고상한 면이 있었지만 농민, 상공인들은 그런 학문을 접할 기회가 거의 없었다. 뿐만 아니라 교육이라고 해야 지극히 낮은 수준이고 대부분 정치교육 형태여서, 해외교역의 문이 열려도 그에 대한 지식을 얻을 수가 없었다.

히토쓰바시의 고등상업학교는 메이지 7년(1874년)에 문을 열었지만 몇 차례나 폐교와 개교를 거듭했다. 이는 당시의 사회 분위기가 상인에게는 높은 지식이 필요 없다는 인식이 강했다고 볼 수 있다.

나를 비롯한 일부 관료들은 해외와의 교역을 위해서는 과학적 지식이 뒷받침되어야 한다고 소리 높여 주장해왔다. 다행히도 점차 그러한 분위기가 형성되어, 메이지 17년(1884년), 18년(1885년)에는 재능과 학식을 겸비한 인재가 배출되기에 이르렀다. 그후로부터 오늘날까지 불과 30~40년의 짧은 기간 동안 일본은 외국에 뒤지지 않는 물질문명의 발달을 이루었다. 그러나 그 동안에 큰 폐해 또한 나타났다. 도쿠가와 막부 300년 동안 태평세월을 누렸던 무단정치가 폐해를 낳는데 한몫을 한 것이 분명하다.

에도 시대에는 교육을 받은 무사 중에는 고귀하고 위대한 인물도 적지 않았다. 하지만 오늘날에는 그런 인물을 찾아볼 수가 없다. 부富는 쌓았을지언정 무사도武士道 정신이라든가 인의도덕仁義道德 같은 것이 송두리째 사라져버렸다. 즉 정신교육의 부재라고 할 수밖에 없다.

메이지 6년(1873년) 무렵부터 물질문명의 발전에 혼신을 쏟아부어 오늘에 이르렀다. 그 결과 큰 부를 쌓은 경제인들을 전국 각지에서 볼 수 있고, 국가의 재력도 매우 강해졌지만, 어찌된 일인지 인격 수양은 유신 전보다 퇴보했다는 생각이 든다. 아니 퇴보가 아니라 아예 소멸한 것이 아닐까 염려스럽다. 결국 물질문명의 발달이 정신적인 퇴보를 가져왔다는 생각이 들 정도이다.

나는 늘 부의 향상뿐만 아니라 정신의 향상 또한 필요하다고 믿고 있다. 이런 점에서 생각해볼 때, 역시 사람은 강한 신념을 가져야 한다. 나는 농촌에서 태어났기 때문에 교육도 많이 받지 못했지만, 다행히 한자를 배울 수 있어서 나름대로 신앙적인 가치관을 형성할 수 있었다. 나는 지옥이나 극락 같은 것은 염두에 두지 않는다. 오로지 현재에 올바르게 행동하면 사람으로서 훌륭하다고 믿고 있다.

도요토미 히데요시의
장점과 단점
_경략(經略)의 부족을 지략(智略)으로 보완하다

난세의 호걸이 예禮를 어기고, 가도家道를 거스르는 예는 단순히 메이지유신을 겪은 지금의 원로에게만 해당되는 것은 아니다. 어느 시대나 난세에는 모두 그러했다. 나도 가도를 잘 지켰다고 장담할 수 없는 사람 중의 한 사람이지만, 난세의 영웅 도요토미 히데요시(豊臣秀吉, 1537~1598) 역시 예를 어기고 가도를 거스른 사람이다. 난세에 살아남으려면 어쩔 수 없는 일이기에 지나치게 비난할 것만은 아니라고 생각한다.

히데요시에게도 큰 단점이 있었는데, 그것은 가도를 지키지 않았다는 점, 임기응변의 계략은 있었어도 천하를 잘 경영할 경략經略은 없었다는 점이다. 하지만 히데요시의 장점이라고 한다면 두말할 것도 없이 그 지략, 용기, 기지, 그리고 기개를 들 수 있다.

위에 열거한 히데요시의 장점 중에서도 가장 큰 장점이라면 역시 뛰어난 지략을 들 수 있다. 나는 히데요시의 그 지략에 대해 진심으로 경의를 표하며, 젊은이들도 모쪼록 히데요시의 지략을 배우라고 권하고 싶다. 그가 어떤 위업을 달성했든, 히데요시가 역사의 영웅이 될 수 있었던 것은 바로 그 지략에 있었다.

히데요시는 오다 노부나가(織田信長, 1534~1582) 수하에 머물며 주인의 짚신을 들고 따라다니던 하인이었다. 겨울이 오면 히데요시는 항상 주군의 짚신을 늘 품에 품어 따뜻하게 해놓았다. 이런 세심한 주의력은 지략이 없고서는 도저히 행동으로 나올 수 없는 것이다.

또한 노부나가가 아침 일찍 외출하려고 할 때, 아직 다들 준비를 갖추지 않은 시각인데도 히데요시만은 항상 노부나가의 움직임에 맞추어 외출할 채비를 마치고 대기하고 있었다. 이 또한 히데요시의 남다른 지략을 말해준다.

덴쇼天正 10년(1582년), 오다 노부나가가 혼노지本能寺에서 아케치 미쓰히데明智光秀에게 죽임을 당했을 때 히데요시는 비슈(備中, 지금의 오카야마 현 서부)에서 모리 데루모토毛利輝元를 공격하던 중 주군의 서거 소식을 들었다. 히데요시는 곧바로 모리와 강화를 맺은 뒤, 활과 총 각 500정, 깃발 30개, 기마騎馬 무사 한 부대를 모리에게 빌려 병사를 이끌고 돌아와, 교토에서 불과 10리 떨어져 있는 야마자키山崎에서 미쓰히데의 군사와 격전을 벌여 마침내 승전고를 울렸다. 미쓰히데를 참수하고 그 머리를 혼노지本能寺에 매달아두기까지 걸린 시간은, 노부나가가 '혼노지의 변變'으로 살해당한 후 불과 13일에 불과했다.

당시는 철도도 없고 차도 없었던 만큼 교통이 몹시 불편했을 것이다. 하지만 교토에서 반란이 일어났다는 소식을 전해듣자마자 히데요시는 곧 화의를 청하고, 병기와 군사까지 빌려 교토를 진압하기까지 불과

2주도 채 안 걸린 것이다. 이것은 히데요시가 탁월한 지략가였음을 보여주는 증거이다. 지략이 없으면 제아무리 기지가 뛰어나고 복수심에 불타는 열정이 있었다고 해도 재빠르게 행동으로 옮길 수 없다. 틀림없이 비슈에서 야마자키까지 밤낮으로 행군했을 것이다.

다음해 덴쇼 11년(1583년) 히데요시는 시즈가타케 싸움에서 시바타 가쓰이에柴田勝家를 멸망시키고 마침내 천하를 통일하기에 이르렀다. 그리하여 덴쇼 13년(1585년)에 히데요시는 멋지게 일인자의 자리에 오르게 되었다. 히데요시가 이렇게 천하를 통일하기까지 걸린 시간은 혼노지의 변 이후 불과 만 3년에 지나지 않았다. 히데요시는 원래 승부욕이 강한 성품을 타고났지만, 그의 뛰어난 지략과 노력이 이 모든 것을 가능하게 했다.

히데요시가 노부나가의 수하에 든 지 얼마 지나지 않았을 때, 기요스 성벽을 이틀 만에 수리하여 노부나가를 놀라게 했다는 일화가 전해지기도 하는데, 히데요시 정도의 전략가라면 얼마든지 가능한 일이었을 것이다.

차려진 밥상에
젓가락을 쥐는 것은 각자의 몫
_큰일은 작은 일이 쌓여서 이루어진다

젊은이들 가운데는 큰일을 하고 싶지만 믿고 따를 만한 사람이 없다거나, 이끌어주는 사람이 없다거나, 혹은 주위에 본보기로 삼을 만한 사람이 없다고 불평하는 경우가 많다. 물론 제아무리 재주가 뛰어나도 주위에 그 재능을 발굴해줄 사람이 없다면 마음껏 능력을 펼칠 기회조차 없다. 그래서 유능한 선배를 알고 있다거나 친척 중에 힘 있는 사람이 있는 경우에는 그 기량을 인정받을 기회가 많기 때문에 비교적 행운이랄 수 있다. 하지만 그것은 보통 이하의 재능을 가진 사람의 이야기다.

만일 그 젊은이가 뛰어난 수완과 우수한 두뇌를 가지고 있다면, 주위에 유력한 지인이나 선배가 없더라도 세상이 그를 내버려두지 않는다.

예나 지금이나 세상에는 인구도 많고, 관직이든 회사든 은행이든 어디에나 사람이 모여든다. 하지만 안심하고 임무를 맡길 만한 인물은 드물다. 그러므로 뛰어난 인재라면 어디에서든 얼마든지 환영받는다. 이렇듯 세상은 밥상을 차려놓고 기다리고 있지만, 이것을 먹을지 말지는 젓가락을 쥔 사람에게 달려 있다. 제아무리 근사한 메뉴라 해도, 음식을 먹여줄 만큼 세상은 한가롭지 않다.

도요토미 히데요시는 일개 평범한 사람에서 나중에 관백(關白, 천황을 보좌하는 중요 직책)이라는 훌륭한 음식을 차지했다. 하지만 그 누구도 그에게 음식을 먹여주지는 않았다. 스스로 젓가락을 쥐고 찾아먹은 것이다. 큰일을 하고자 하는 사람은 스스로 젓가락을 쥐겠다는 의지가 있어야 한다.

아무리 우수한 인재라 해도 경험이 없는 젊은이에게 처음부터 중요한 업무를 맡기지는 않는다. 히데요시라는 큰 인물 또한 처음 노부나가 밑에서 일할 때는 짚신을 들고 따라다니는 하인에 불과했다.

"나는 고등교육까지 받았는데 풋내기처럼 주판알을 튕기거나 장부에 숫자나 적는 일을 하는 것은 어리석다." "상사가 인물을 알아보지 못한다." 이렇게 불평하는 사람도 있다. 나중에 한몫 단단히 할 인물에게 자질구레한 일을 시키는 것은 경제적으로 따져볼 때 분명 손실이라고 할 수 있다. 하지만 상사가 이런 손실을 감수하는 데는 큰 이유가 있다. 결코 부당한 처사가 아니다. 그 이유는 잠시 상사의 의중에 맡겨두고, 부하는 그저 주어진 일에 온힘을 쏟아 열심히 하는 것이 올바른 자세이다.

주어진 일에 불만을 품고 충실하게 임하지 않는 사람, 하찮은 일이라며 경멸하고 최선을 다하지 않는 사람은 앞날이 밝지 못하다. 어떤 사소한 일이라도 그것은 큰일의 일부분이 될 것이기 때문에, 이에

만족하지 않는다면 좋은 결말을 얻을 수 없다. 가령 시계의 초침과 분침이 게으름을 피우며 돌아가지 않으면 시침은 더 이상 움직일 수 없다. 마찬가지로 거액의 돈이 오가는 은행이라도 한번 계산이 틀리면 그날의 장부를 마감하지 못하고 처음부터 다시 계산해야 한다.

젊은이들은 혈기왕성하여 사소한 일을 무시하는 습관을 가질 수가 있다. 하지만 단지 어떤 한 가지 상황에 국한하는 경우라 해도 훗날 큰 문제를 일으키지 않는다고 장담할 수는 없다. 큰 문제를 일으키지 않는다고 해도, 작은 일을 소홀히 여기는 사람은 결코 큰일을 성공시킬 수 없다. 도쿠가와 미쓰쿠니의 벽서에 이런 글이 있다.

"작은 일을 분별하라, 큰일이 닥쳤을 때 당황하지 않으려거든."

장사를 하는 사람이건 나라를 지키는 사람이건 무슨 일을 하든지 이를 명심하지 않으면, 나중에 큰 낭패를 볼 수 있다.

옛말에 "천리 길도 한 걸음부터"라고 했다. 자신은 큰일을 할 사람이라고 자신감에 넘치더라도, 그 큰일은 작은 일들이 쌓여 이루어진다는 것이 진리이다. 때문에 아무리 작고 하찮은 일이 주어져도 무시하지 말고 근면하고 충실하게 성의를 다해 완수해야 한다.

히데요시가 노부나가에게 발탁된 이유도 이러했다. 짚신을 들고 다니는 하인이었을 때는 그 일에 충실했고, 작은 부대의 병사를 맡겼을 때는 장수의 역할을 완벽하게 해냈기 때문에, 파격적으로 발탁되어 다른 쟁쟁한 장수들과 어깨를 나란히 하는 신분에까지 오른 것이다. 그러므로 아무리 사소한 일이라도 주어진 일에 목숨을 걸고 최선을 다하지 않는 사람은 결코 공명(功名, 공을 세워 이름을 널리 알림)의 운을 열 수가 없다.

큰 입지立志와
작은 입지立志의 조화
_자신이 가장 잘할 수 있는 장점에 집중하라

　　　　　　　성인聖人으로 태어난 사람이라면 모를까, 우리처럼 평범한 인간은 뜻을 세우는 데 있어서 일반적으로 갈팡질팡하기 쉽다. 사회 풍조에 흔들리고, 주변 상황에 얽매이며, 얼떨결에 원치 않은 방향으로 휩쓸리기도 한다. 하지만 이래서는 진정한 입지立志라고 할 수 없다.

　세상은 일정한 질서에 의해 움직이기 때문에, 자신이 세운 뜻을 끝까지 이뤄내지 못하고 중도에 포기하면 상당한 불이익이 따른다. 그러므로 처음 뜻을 세울 때 신중을 기할 필요가 있다. 그러기 위해서는 먼저 자신의 머리를 냉철히 해야 하며, 다음으로 자신의 장점과 단점을 상세히 파악하고, 자신이 가장 잘할 수 있는 장점에 집중하여 뜻을 세우는 것이 관건이다. 동시에 자신이 처한 상황이 뜻을 펼쳐나가는 데 보조를 맞춰줄 수 있는가도 깊이 고려할 필요가 있다.

　예를 들어 평생 학문을 연구하려는 뜻을 세운 사람이라면 신체가 건강한지, 두뇌가 명석한지 스스로 판단해보아야 한다. 아무리 뜻을 세워도 자금력이 따라주지 않으면 뜻을 이루는데 곤란한 경우도 있기 때문에, 자신이 가진 능력 중에서 일생을 통해 반드시 성취할 수 있는 확실한 전망을 가지고 목표를 정하는 것이 바람직하다.

그런데 깊이 생각하지 않고 일시적인 세상의 유행에 편승하여 뜻을 세우고 내달리는 사람도 있다. 이래서는 도저히 끝까지 뜻을 이뤄내기가 쉽지 않을 것이다.

밑바탕이 되는 큰 뜻을 세웠다면, 이번에는 그 가지가 될 만한 작은 입지立志에 대해 생각할 필요가 있다. 누구나 그때그때의 상황에 따라 희망을 품게 마련인데, 그 희망을 이루고 싶다는 생각을 갖는 것도 일종의 입지이다. 이것이 내가 말하는 작은 입지이다.

한 가지 예를 들어 설명하면, 내 지인 중 한 사람은 자신의 어떤 업적으로 인해 사람들로부터 존경을 받게 되었다. 그는 자신의 희망을 이루려고 세세한 부분까지 "이럴 땐 이렇게 해야겠다"는 식으로 계획을 세우곤 했다. 이 또한 하나의 작은 입지라 할 수 있다.

그렇다면 작은 뜻은 어떻게 세워야 할까. 먼저 어디까지나 일생에 걸친 큰 뜻에 어긋나지 않는 범위 내에서 세우는 것이 관건이다. 또한 작은 입지는 특성상 자주 변화하기 쉽기 때문에, 작은 입지의 변화로 인해 큰 뜻이 흔들리지 않도록 해야 한다. 즉 큰 입지와 작은 입지가 서로 모순 관계에 있어서는 안 된다. 이 둘은 항상 조화하고 일치해야 한다.

지금까지 자신의 뜻을 어떻게 세울 것인가에 관해 설명했는데, 옛날 사람은 어떻게 뜻을 세웠을까. 참고로 공자의 입지에 대해 살펴보겠다.

　내가 평소에 처세의 규범으로 여기는 〈논어〉를 통해 공자의 입지를 살펴보면 "열다섯에 학문에 뜻을 두고[志學], 서른 살에는 뜻을 세웠고[而立], 마흔 살에는 미혹되지 않고[不惑], 쉰 살에는 천명을 알게 됐고[知天命], 예순 살에는 무슨 일이든 듣는 대로 순조로이 이해했다[耳順]"[1] 라고 했다.

　이 구절로 추측해 보건대, 공자는 15세에 이미 뜻을 세웠다는 걸 알 수 있다. 그렇지만 "학문에 뜻을 두고"라는 부분이, 학문을 평생의 업으로 삼겠다는 의미인지는 아직 의문이 남는다. 단지 앞으로 학문에 중점을 두겠다는 정도로 생각한 것이 아닐까. 더욱이 "서른 살에는 이립"했다는데, 공자는 이미 30세에 세상에 우뚝 선 인물이라는 의미이다. 그러니까 30세의 공자는 이미 수신, 제가, 치국, 평천하의 기량을 세상에 자신있게 떨치는 경지에 이르렀을 것이다.

　또한 "40세에 불혹"했다는 데서 상상해보면, 자신이 세운 뜻을 가지고 세상에 나아갈 때 외부의 자극에 흔들리지 않고 자신감 있는 행동을 취함으로써 비로소 그 뜻이 결실을 맺을 수 있었을 것이다.

　그러고 보면 공자는 15세에서 30세 사이에 뜻을 세웠다고 짐작할 수 있다. 학문에 뜻을 두었던 15세에는 아직 주변 상황에 흔들리기도 하였으나, 30세에 이르러 마침내 뜻이 굳어졌고, 40세에 비로소 입지를 완성하기에 이르렀다.

　즉, 큰 입지는 인생이라는 건축의 골자이며 작은 입지는 그 건축물의 세부적인 모양새라고 할 수 있다. 처음에 그것들을 제대로 설계하고

---

[1] 〈논어〉 위정 4장

세우지 않으면 나중에 인생이라는 건축물을 통째로 헐어야 할지도 모른다. 이처럼 입지는 인생에 있어서 중요한 출발점이기 때문에 가벼이 여겨서는 안 된다.

이렇듯 입지의 핵심은 "자신을 잘 알고, 자신의 본분과 능력을 고려해, 그에 합당한 방침을 정하는 것"이라고 할 수 있다. 누구나 이 점을 깊게 생각하여 뜻을 세운다면 인생의 행로에서 그릇된 길로 접어드는 일은 없으리라 생각한다.

정도正道를 걷는 데는
싸움도 피하지 마라
_원만하지 않은 면이 있어야 시비(是非)를 가릴 수 있다

    나는 절대로 싸움을 하지 않을 사람처럼 보인다고 말하는 사람이 꽤 있다. 물론 나는 싸움을 좋아하지 않지만 어떻게 전혀 싸우지 않고 세상을 헤쳐 나갈 수 있겠는가. 올바른 길을 가려면 절대로 싸움을 피할 수는 없다. 싸움을 피하면서 세상을 살아가다 보면, 선이 악에게 지배를 당해 정의가 사라지고 만다.

    나는 정도正道를 걸어가는 데 있어서 악과 맞서지 않고 길을 양보할 정도로 원만한 사람이 아니다. 사람이 아무리 원만하게 처세한다 해도 어딘가 모난 구석이 있게 마련이다. 옛말에도 "지나치게 둥글면 오히려 구르기 쉽다"고 했잖은가.

    나는 세상 사람들이 보는 것처럼 그렇게 원만한 인간이 아니다. 언뜻 보아 원만한 듯이 보여도 실제로는 어딘가 둥글지 못한 부분이 분명히 있다. 젊었을 때는 더욱 그러했지만, 일흔을 넘긴 지금도 나의 신념을 뒤집으려는 자가 나타나면, 그 사람과의 싸움도 마다하지 않는

다. 내가 옳다고 믿는 길은 어떠한 경우라도 결코 남에게 양보하지 않는다.

나이가 많든 적든 사람에게는 원만하지 않은 면이 있어야 시비是非를 가릴 수 있다. 그렇지 않으면 전혀 가치 없고 무의미한 인생이 되고 말 것이다. 사람의 성품은 원만하게 발달하는 것이 중요하지만, 〈논어〉의 선진편先進篇에 나오는 공자의 가르침대로 "지나치면 부족함만 못하다過猶不及"고 했다. 지나치게 원만한 사람은 쉽게 왔다갔다해서 전혀 품위 없는 사람이 되고 만다.

내가 적당히 모나고 원만하지 않은 사람이라는 것을 증명할 만한 일화가 있다. 내가 젊었을 때 상대와 완력으로 힘을 겨루었던 기억은 없다. 하지만 젊어서는 지금과 달리 건장했기 때문에 다른 사람이 보기에는 싸움깨나 했을 것으로 보였을 수도 있다. 하지만 내가 싸운 것은 모두 논쟁하는 과정에서 생기는 경우이지 힘으로 상대를 제압하고자 했던 경험은 단 한 번도 없다.

31세가 되던 1871년, 나는 대장성에서 총무국장을 지내고 있었다. 당시 대장성의 출납제도에 일대 개혁이 단행되어, 서양식 부기법을 채용하고 전표傳票로 금전을 출납하게 되었다. 그런데 당시 출납국장 자리에 있던 사람이 이 개정법을 반대하는 사람이었다. 전표 제도가 실시된 이후 종종 실수가 발견되어 내가 실무자에게 그 책임을 묻기에 이르렀다. 원래 이 개정법에 반대의견을 갖고 있던 출납국장이 어느 날 화가 잔뜩 난 기세로 내 집무실인 총무국장실로 찾아왔다.

그가 노기를 품은 얼굴로 나를 다그치기 시작했고 나는 조용히 그의 말을 듣고 있었다. 그는 부하의 잘못에 대해서는 한 마디 사과도 없이, 내가 개정법으로 실시한 서구식 부기제도에 대해서만 끊임없이 불평을 늘어놓는 것이었다.

"도대체 당신이 미국에 푹 빠져서 하나부터 열까지 그 나라 흉내만 내려고 하니 원… 개정법이니 뭐니 하는 것을 내세우면서 부기법에 따라 출납을 하기 때문에 이런 실수가 생긴 거 아닙니까. 책임은 잘못을 저지른 당사자가 아니라, 개정법을 들여온 당신에게 있소. 부기법 같은 걸 도입하지 않았더라면 우리도 이런 실수를 하지 않았을 것이고, 당신에게 이렇게 와서 따질 일도 없었을 거요!"

출납국장은 말도 안 되는 폭언을 내뱉을 뿐, 전혀 자신들의 잘못을 반성하는 기미를 보이지 않았다. 나는 그 억지스러움에 다소 놀랐지만 화를 삭이고 찬찬히 설명해 주었다.

"출납의 정확성을 기하기 위해서는 서구식 부기법에 의해 전표를 사용해야 합니다."

하지만 그 출납국장은 내 말에는 귀 기울일 생각도 않고 얼굴이 벌겋게 달아올라 다짜고짜 나를 향해 주먹을 휘둘렀다.

그는 나보다 키가 컸지만 화를 주체 못한 탓인지, 허우적대고만 있었다. 나는 젊었을 때 상당히 무예를 익혀 몸을 단련했기 때문에 상대를 두려워하지 않았다. 겁 없이 폭력을 행사하며 무례를 범한다면 상대의 몸을 제압하는 것쯤이야 아무것도 아니었다. 그는 의자 위로 올라가 주먹을 휘두르며 사무실을 온통 아수라장으로 만들었고, 미친 듯이 날뛰며 내게 달려들었다. 나는 재빠르게 몸을 돌려 태연자약하게 두세 걸음 비켜섰다. 그는 헛주먹질을 해대며 어찌할 바를 몰라했다.

"이곳은 공무를 수행하는 집무실이오. 미친 말처럼 행동하는 것은 용서할 수 없소. 조심하시오!"라고 내가 호통을 치자, 출납국장도 자신이 무례했음을 깨달았는지 그대로 주먹을 거두었다. 그리고는 이내 의기소침해져서 사무실을 나갔다.

그렇지 않아도 그 사람에 대해 여러 가지 말들이 많았는데, 상관에게 폭력을 휘두른 그때의 사건으로 인해 더욱 시끄럽게 되었다. 나는 본인이 잘못을 뉘우친다면 계속 근무해도 상관없다고 생각했는데, 나보다 오히려 다른 사람들이 분개하여 중앙 정부에 보고하는 바람에 그는 자리를 물러날 수밖에 없었다. 그 일은 지금도 애석하게 생각하고 있다.

평생 걸어갈 길
_재능과 부합하는 입지(立志)를 세워라

　나는 17세에 무사武士가 되겠다는 뜻을 세웠다. 당시 상인은 매우 비천하게 여겨져 거의 인간 이하의 취급을 받으며 무시당했기 때문이었다. 그런데 가문이 좋은 무사 집안에서 태어나면 설령 머리가 나빠도 상류계급으로서 모든 권세를 누릴 수 있었다. 나는 이런 신분제도에 분노를 느껴, 같은 인간으로 태어난 이상 어떻게든 무사가 되어야겠다고 생각했다.
　어렸을 때 한자를 배웠는데 〈일본외사日本外史〉 등을 읽으며 일본의 정권이 어떻게 천황의 조정朝廷에서 무사들의 막부로 넘어가게 됐는지 그 경위를 자세히 알게 된 후에는 더욱 비분강개悲憤慷慨하지 않을 수 없었다. 농민이나 상인으로 살아보았자 비천한 인간으로 취급받으며 일생을 마감할 것이 너무나 서럽게 느껴져서 무사가 되겠다는 각오를 한층 다지게 되었다.
　하지만 그 목적이 단순히 무사가 되고 싶다는 데 그치지 않았다.

무사가 됨과 동시에 정치판을 개혁하고 싶었다. 요즘 말로 표현하자면, 정치가로서 국정에 참여해보고 싶은 큰 야망을 품었던 것이다. 이것이 고향을 떠나 전국을 유랑하는 실수를 낳은 근본적인 원인이 되었다. 이렇게 해서 훗날 대장성에 들어가기까지 십여 년이 흘러가 버렸다. 지금의 내 입장에서 돌이켜보면 무의미하게 허비한 세월이 너무 안타까워 통탄스러운 뿐이다.

고백하건대, 청년시절 나의 꿈은 수시로 바뀌었다. 최종적으로 결심을 굳히고 경제계에 몸담기로 결심한 것이 메이지 4년(1871년)경, 내 나이 갓 서른을 넘길 무렵이었다. 지금 생각해보면 그것이 내 일생에서 가장 올바른 선택이었다. 내 성격이나 재능을 살펴봐도 정치판에 뛰어드는 것은 오히려 단점을 향해 돌진하는 것임을 이때야 깨달은 것이다. 그와 동시에 느낀 것은, 당시 서구 여러 나라가 번창할 수 있었던 것은 상공업의 발달 때문이며, 일본도 언젠가는 그들과 어깨를 나란히 할 시대가 올 것이라는 점이다. 그러므로 국가를 위해 상공업 발달을 도모해야겠다고 다짐하여 경제계에 발을 들여놓기로 결심한 것이다. 이때의 뜻이 40여 년간 변함없이 이어져 왔기 때문에, 내게 있어서 진정한 입지立志는 이때 이루어졌다고 할 수 있다.

돌이켜 생각해 보면 그 이전의 입지는 나의 재능과 부합하지 않았기 때문에 자주 변할 수밖에 없었다. 마찬가지로 그때의 입지가 40여 년을 통해 전혀 변하지 않은 것을 보면, 경제계야말로 진정으로 나의 소질에도 맞고 재능에도 어울리는 곳이었다는 것을 알 수 있다.

만일 내게 미래를 내다보는 눈이 있어서 15~6세에 뜻을 세워 처음부터 상공업에 뛰어들었다면, 경제계에 본격적으로 발을 들여놓은 30세 무렵까지의 14~5년 동안 틀림없이 상공업에 관한 소양도 충분히 쌓았을 것이다. 정말 그랬다면 경제계에 있어서 지금의 시부사와 이상의 인물로 성장했을지도 모르겠다.

애석하게도 나는 청년시절의 객기로 인해 중요한 시기를 나와 전혀 맞지 않는 다른 길로 들어서면서 허비하고 말았다. 뜻을 세우려는 젊은이들은 이런 나의 전철을 반면교사反面教師로 삼아 같은 잘못을 되풀이하지 않는 경계警戒로 삼아주기를 바란다.

제3장
상식과 습관

견고한 의지(意志) 위에 총명한 지혜를 더하고, 이것을 조절하는 정애(情愛)의 마음을 가지며, 이 세 가지를 적절히 조합하여 크게 발달시켜 나가는 것이 비로소 완전한 '상식'이라 할 수 있다.

완전한 상식이란?
_지혜[智], 따뜻한 마음[情], 의지[意]를 갖추는 것

세상을 살아가려면 어느 위치에 있든 어떤 상황에 놓이든 반드시 상식이 필요하다. 그렇다면 상식이란 무엇인가? 나는 다음과 같이 해석하고자 한다. "언행이 기이하지 않고 고집스럽지 않으며, 시비是非와 선악을 분별하고 이해득실을 식별하며, 말과 행동이 중용을 지키는 것이 바로 상식이다"라고 말이다.

이것을 학문적으로 해석하면 '지혜[智], 따뜻한 마음[情], 의지[意]' 세 가지가 각각 균형을 이루며 고르게 발달한 것이 완전한 상식이라고 생각한다. 바꿔 말하면 "보통 사람의 생각을 가지고 세상의 통념적인 이치를 이해하면서, 적절한 조치를 취하는 능력"이 상식인 것이다.

인간의 마음을 들여다보아 '지智·정情·의意'로 나눈 것은 심리학자의 분석에 따른 것이지만, 이 세 가지 덕목이 조화를 이루어야 한다는 데는 누구라도 동의할 것이다. 지혜와 정애情愛, 그리고 의지意志, 이 세 가지야말로 인간 사회의 활동에서 그 힘을 발휘한다. 그래서 나는

상식의 근본 원칙인 지·정·의에 대해 좀더 상세히 설명하고자 한다.

먼저 '지智'는 사람에게 어떠한 기능을 할까. 사람으로서 지혜가 모자라면 사물을 식별하는 능력이 부족해진다. 선악시비를 식별하지 못하고, 이해득실을 분별하지 못하는 사람이라면, 제아무리 학식이 높아도 옳고 그름, 이로움과 해로움을 구분하여 행동하지 못해, 학문을 제대로 활용하지 못하고 썩히고 만다. 이런 것을 생각해보면 지혜가 인생에 얼마나 중요한 덕목인지 알 수 있다.

그런데 송나라의 대유학자 정이程頤와 주희朱熹는 안타깝게도 지智를 경시했다. '지'가 사람을 자칫 술수에 빠지게 하고 기만을 초래할 수 있다는 것이다. 게다가 공명과 이익[功利] 방면에 지혜가 사용되면 사람으로 하여금 인의도덕과 멀어지게 한다는 이유에서였다.

이처럼 다방면에 활용해야 할 학문이 무용지물이 되고, 오로지 자기 한몸만 수양하여 무탈하면 그만이라는 잘못된 인식이 팽배해지고 말았다. 이것은 크나 큰 오류이다.

가령 이 세상에 자신만 무사하면 된다는 식으로 뒷짐을 지고 있는 사람으로 가득 차 있다면 사회는 과연 어떻게 될까. 그런 사람은 사회에 공헌하는 일도 없다. 인생의 궁극적인 목적이 어디에 있는지도 모른다. 사람이 고의로 악행을 저지르면 안 되겠지만, 사람이란 나쁜 일을 겪으면서 극복해 나가는 과정이 없다면 진정한 인간이라고 할 수 없다.

만일 '지'의 기능을 강하게 구속한다면 그 결과는 어떻게 될까. 나쁜 일을 저지르지는 않겠지만, 사람의 마음이 점점 소극적으로 변해 진정 선행善行을 하는 사람이 적어질 것이다. 주자는 '지'가 속임수와 연관된다며 멀리하고 인의충효仁義忠孝를 강조했다. 그로 인해 세상 사람들로 하여금 공자와 맹자의 가르침을 편협하게 만들고 유교의 큰 정신을 왜곡시킨 면이 적지 않다. '지'는 실로 사람이 갖추어야 할 중요한 덕목으로 결코 경시해서는 안 된다.

이처럼 '지'는 아주 소중하다. 하지만 '지' 자체만으로 모든 활동이 가능한 것은 아니다. 여기에 정情을 적절히 안배하지 않으면 '지'의 능력을 충분히 발휘할 수 없다. 예를 들어 지혜는 충분하지만 '따뜻한 인정'이 부족해 차갑고 박정한 사람은 어떤 사람일까. 이런 사람은 자신의 이익을 위해서는 타인을 짓밟아도 전혀 개의치 않는다.

원래 지혜가 많은 사람은 무슨 일이든 한눈에 척 보고 그 원인과 결과를 파악하는 통찰력이 뛰어나다. 만약 이런 사람에게 지혜만 있고 '정'이 없다면 배려심이 부족해진다. 자신이 생각한 결과가 나올 때까지 순리를 역행하며 자기 위주로 일을 강행하려 한다. 이때 타인에게 어려움이 생겨도 모른 체하며 극단적으로 밀어붙이려고만 한다. 이런 불균형을 조화롭게 이끄는 것이 바로 '정'이다. '정'은 일종의 완화제로서 무슨 일이든 균형을 지켜주고 원만한 해결을 이끌어낸다.

만일 인간 세상에서 '정'을 없앤다면 어떻게 될까. 모든 것이 극단에서 극단으로 치달아 결국에는 파국에 이르고 말 것이다. 이 때문에 인간에게 있어서 '정'은 빼놓을 수 없는 기능이다. 하지만 '정'의 단점이라면 감정에 치우치기 쉽다는 것이다. 마음을 다잡지 못하고 결심마저 흔들리게 만든다. 사람은 7정七情 즉 기쁨喜, 분노怒, 슬픔哀, 즐거움樂, 사랑愛, 미움惡, 욕망慾 등에 의해 생겨나는 변화무쌍한 감정 때문에 수시로 변화하는 존재이다. 사람의 마음에서 '정'을 조절하는 기능이 없다면 지나치게 감정에 휩쓸린다. 그래서 '의지'가 필요한 것이다.

감정에 흔들리기 쉬운 '정'을 조절하는 것은 확고한 의지밖에 없다. 분명 '의意'는 정신작용의 근본이다. 확고한 의지가 있다면 인생에서 가장 강한 사람이 될 수 있다. 하지만 의지만 강하고 '정'과 '지혜'가 따르지 않는다면 그저 '완고한 사람'에 지나지 않는다. 자신만 강하여 자기 생각이 틀려도 그것을 고치려 하지 않으며, 끝까지 자기 주장만 고집스럽게 내세우려 한다.

물론 이런 사람도 어떤 의미에서는 존경할 만한 점이 없는 것은 아니다. 하지만 사회에 어울릴 만한 자격으로는 부족하며, 정신적으로 불균형하기 때문에 완전한 사람이라고는 할 수 없다.

강한 의지에 총명한 지혜를 더하고, 이것을 조절하는 정情을 지니며, 이 세 가지를 적절히 조합하여 발전시켜 나가는 것이야말로 비로소 완전한 '상식'이라고 할 수 있다.

현대인들은 입버릇처럼 의지를 강하게 가져야 한다고 말하지만, 의지만 강해 '무턱대고 돌진만 하는 사람'은 제아무리 의지가 강해도 사회에 그다지 쓸모있는 인물이 될 수는 없다.

모든 화복禍福은 입에서 시작된다
_"무언가 말을 하는 입술, 싸늘한 가을바람과 같아"

　　　　　나는 평소 말을 많이 하는 편이다. 언제나 여러 자리에서 자주 내 의견을 말하게 되고, 강연 의뢰를 받아도 거절하지 않기 때문에, 알게 모르게 말을 많이 한다. 그러다보니 본의 아니게 종종 말꼬투리를 잡힌다든가, 실언을 한다든가, 비난을 받는다든가, 비웃음을 받는다든가 하는 경우도 생긴다.

　하지만 남들이 아무리 비난해도 나는 마음에 없는 말은 하지 않는다. 세상 사람들이 내 말에 거부감을 느끼는 경우도 있겠지만, 적어도 내 자신은 확신을 갖고 말하는 것이다.

　말은 화禍의 근원이라고 한다. 하지만 화가 닥칠 것이 두려워 입을 다물면 그 결과는 어떠할까. 필요한 때에 필요한 말을 하는 것은 아주 중요하다. 가능한 한 의사 전달이 확실히 되도록 표현하지 않으면 하나마나 한 소리가 되고 만다.

　남이 듣기에 좋은 말만 하는 사람이 있다. 그런 사람은 화를 면할지언정 복을 가져오기는 어렵다. 그렇다면 어떻게 해야 복을 가져올 수 있을까.

말을 잘 이용하면 복을 가져올 수도 있다. 말을 하지 않으면 모처럼의 좋은 기회도 흐지부지 놓칠 수 있다. 만일 말로써 감동을 이끌어낼 수 없다면, 말하지 않는 것 또한 무감동이기는 마찬가지다.

내 경우에는 말이 많아 화도 있었지만, 이로 인해 복이 따르기도 했다. 침묵하고 있을 때는 해결되지 않던 일이 말 한 마디로 곤경에 처한 사람을 구하거나, 누군가의 부탁으로 일을 중재하고 조정하거나, 말로 인해 종종 일거리를 구하기도 하는 등, 말이 없었다면 이런 복은 찾아오지 않았을 것이다. 따라서 이 모든 것은 말로 인해 얻은 이익이다. 입은 화의 근원임과 동시에 복의 근원이기도 하다.

바쇼(芭蕉, 1644~1694)의 하이쿠(俳句) 가운데 "무언가 말을 하는 입술, 싸늘한 가을바람과 같아"라는 구절이 있다. 이것은 말이 화의 근원임을 문학적으로 표현한 것이다. 하지만 화가 두려워 말을 피한다면 사람이 소극적으로 변하고 만다. 결국에는 아무것도 자기 의사표시를 할 수 없는 지경에 이르게 될 것이다.

말은 화를 일으키는 근원이지만, 또한 복을 불러오는 근원이기도 하다. 말이 많은 것이 반드시 나쁘다고는 할 수 없지만, 복을 불러오기 위해서는 말을 뱉기 전에는 먼저 화를 불러올 상황인가 아닌가를 살펴, 만의 하나 화가 생길 만한 상황에서는 신중을 기해야 한다. 한 마디 말이라도 함부로 내뱉지 말 것이며, 화복을 구별하여 말할 줄 아는 소양을 가져야 한다.

악인이 반드시 나쁘지 않고 선인이 반드시 선하지 않다
_사람을 접찍어두지 않는다

나는 세상 사람들로부터 오해를 꽤 받는 편이다. "시부사와는 청탁 받기를 좋아한다, 시비선악을 구별할 줄 모르는 사람이다" 라는 비판을 종종 듣는다. 얼마 전에도 어떤 사람이 찾아와 나를 정면으로 따져 물은 적이 있다.

"당신은 〈논어〉를 처세의 근본으로 삼고, 스스로 실천하려는 사람입니다. 그런데 당신이 도움을 주고 있는 사람 중에는 당신의 사상과는 반대로 비윤리적인 자도 있고, 사회로부터 지탄을 받는 인물도 있더군요. 그런데도 당신은 아무렇지 않게 이들과 가까이 지내면서 세상의 이목에는 신경 쓰지 않는데, 이것은 당신의 고결한 인격에 흠집을 내는 게 아닙니까. 당신의 진짜 생각을 듣고 싶어요."

그러고 보면 틀린 말도 아닌 것 같다. 하지만 나는 내 생각에 강한 신념을 갖고 있는 편이다. 나는 세상을 살아가려면 자신의 입신도 중요하지만 동시에 사회에 공헌할 수 있는 일을 많이 해서 사회의 발전과 번영을 꾀하고 싶다는 생각을 늘 품고 있다.

따라서 내 자신의 부와 명성을 쌓는 일이나, 자손들의 번영은 뒷전이고, 오로지 국가와 사회를 위해 헌신하고 매진하자는 생각으로 살아왔다. 그렇기 때문에 남에게 도움을 주고 싶은 마음이 항상 넘쳐난다. 그래서 그 사람의 능력이 적재적소에 쓰이도록 이곳저곳 일자리도 알아봐주고 추천도 해주는 일이 많다. 이런 행동 때문에 세상 사람들의 오해를 사는 것이 아닐까.

내가 경제계에 발을 들여놓은 이후 접촉하는 사람도 해마다 그 수가 늘어나는 게 사실이다. 그 사람들 역시 나와 같은 신념으로 각자의 분야에서 매진하며 사회에 크게 기여하고 있다. 설령 자신의 이익을 꾀하는 일이라 해도 나쁜 일에 종사하지 않는 이상 그 결과는 국가의 부富를 일으키는 것이다. 그래서 나는 늘 그들을 돕고 그들의 목적이 달성될 수 있도록 도와주고 싶은 것이다.

이는 단순히 이익 추구를 목적으로 하는 기업가들에게만 국한된 것이 아니다. 문필에 종사하는 사람에 대해서도 역시 같은 생각으로 접해왔다. 예를 들면 신문사나 잡지사 사람이 찾아와 원고 청탁을 할 때도, 내 글을 게재하여 조금이라도 회사의 가치를 높일 수 있고, 또 청탁하는 사람의 진실이 담겨 있다면 나는 거절하지 않는다.

그들의 희망을 받아들이는 것은 단지 그들만을 위해서가 아니라, 사회에도 일부분 이익이 되지 않을까 하는 생각에 바쁜 시간을 쪼개어 그 요구에 응하는 것이다.

이러한 내 신념 때문인지 나에게는 만나기를 청하는 사람이 유난히 많다. 나는 면담을 요청하는 사람들은 반드시 만나려고 한다. 지인이든 초면이든 시간이 허락하는 한 반드시 만나 상대방의 생각과 희망사항에 대해 귀 기울인다. 그리고 상대가 원하는 것이 도덕적으로 어긋나지 않다면 상대가 누구든 그 사람을 도와주려고 애쓴다.

그런데 나의 이런 열린 마음을 잘못 이해하고 간혹 무리한 요구를 하는 사람이 있어 당황할 때도 있다. 알지도 못하는 사람이 생활비를 빌려 달라거나, 부모가 가난하여 학비를 대줄 수 없으니 앞으로 몇 년 간 학비를 보조해 달라거나, 혹은 새로운 발명을 했는데 사업이 자리잡을 수 있도록 협력해 달라거나, 심하게는 이러이러한 사업을 시작하고 싶은데 자금을 조달해 달라거나 하는 식의 편지가 매달 몇 십 통씩 날아든다. 이런 종류의 편지라도 반드시 내용을 읽어보고, 겉봉투에 쓰여 있는 보낸 사람의 이름을 반드시 기억해둔다.

또한 직접 집으로 찾아와 이런 종류의 희망을 이야기하는 사람도 있다. 나는 일일이 다 만나 그 이야기를 들어주지만, 그들의 희망이나 요구가 도리에 맞지 않기 때문에 거절하고, 도리에 맞지 않는 이유를 설명해준다.

다른 사람들이 보기에는 그런 쓸데없는 편지를 일일이 읽거나 찾아오는 사람을 다 만나줄 필요는 없지 않느냐고 생각할 것이다. 하지만 면회를 거절하거나 편지를 읽지 않는 것은 매사에 신의성실信義誠實하고자 하는 나의 신념을 거스르는 행동이다. 그러므로 업무가 많아 시간적인 여유가 없는데도 불구하고, 나의 신념을 위해 수고를 아끼지 않는 것이다.

하지만 아는 사람이건 모르는 사람이건 상대의 요구가 도리에 맞는다고 판단하면 그 사람을 위해, 그리고 국가 사회를 위해 힘닿는 데까지

도와주고 있다. 그러다보면 도리에 합당하다고 생각해서 의욕적으로 도와주었는데, 나중에 그 사람이 나쁜 일에 연루되거나 잘못을 저지르는 경우도 없지 않아 생긴다.

하지만 악인이 반드시 나쁜 결말을 맞는 것도 아니고, 선인이라고 해서 반드시 끝까지 선을 지키는 것도 아니다. 나는 악인을 악인이라 점찍어두고 증오하지 않는다. 그래서 그 사람을 선한 쪽으로 이끌고 싶은 생각에 처음부터 악인임을 알고서도 도와주는 경우도 있는 것이다.

습관의 감염성과 전파력
_습관은 그 사람의 인격에도 영향을 미친다

　　　　　　　　　　습관이란 사람의 평생에 걸쳐 반복되는 행위가 하나의 고유성固有性을 가지고 몸에 밴 것이다. 그러므로 습관 자체가 마음과 행동에 영향을 미쳐, 나쁜 습관을 많이 가진 사람은 악인이 되기 쉬우며, 좋은 습관을 가진 사람은 선한 사람으로 살게 된다. 이는 곧 그 사람의 인격에도 영향을 미친다. 따라서 누구든 평소 좋은 습관을 기르는 것은 사람으로서 세상을 살아가는 데 매우 중요하다.

　또한 습관은 그저 한 사람의 행동에만 국한된 것이 아니라, 다른 사람에게도 전파된다. 인간에게는 다른 사람의 습관을 모방하려는 습성이 있기 때문이다. 좋은 습관뿐만 아니라 나쁜 습관 역시 그 전파력이 있어서 매사에 언행을 조심스럽게 경계해야 한다.

　A라는 사람의 말과 행동, 즉 습관이 B에게 옮겨지고, B의 습관이 C에게 옮겨지는 예를 자주 볼 수 있다. 한 가지 예를 들면, 최근 신문에

낯선 신조어新造語들이 등장하기 시작했다. 어느 날 A신문에 신조어가 실린 것을 보았는데, 금세 B와 C, 그리고 D신문에서도 그 새 용어를 따라 싣기 시작했다. 급기야 사회의 일반적인 언어가 되어 아무도 이상하게 여기는 사람이 없게 되었다. '하이칼라'나 '벼락부자' 같은 말이 그 예이다.

여자들이 주로 사용하는 말도 마찬가지인데, 최근 여학생들이 "조아조아" 또는 "그래쩌?"라고 말하는 것도 언어 습관이 유행어처럼 전파된 것이라고 해야 할 것이다. 또한 옛날에는 없었던 '실업實業'이라는 말도 오늘날에는 곧바로 상공업을 떠올릴 수 있게 정착되었다. 이처럼 습관이라는 것은 참으로 감염성과 전파력이 강하다. 이러한 사실로 봐서, 한 사람의 사소한 습관은 결국 세상의 관습이 될 만한 위력을 가지고 있다. 그래서 각자 자신의 습관에 대해서는 깊은 주의를 기울이며 신중해야 한다.

특히 청소년시절의 습관은 매우 중요하다. 기억력만 보더라도 청소년 시절의 젊은 뇌에 기억한 것은 노년이 되어서도 상당 부분 머릿속에 생생한 기억으로 남아 있다. 내 경우에도, 경서經書든 역사서든 소년 시절에 읽은 것을 가장 잘 기억하고 있다. 하지만 나이 먹은 지금은 방금 읽은 것도 금세 잊고 만다. 그렇기 때문에 습관도 청소년 시절이 가장 중요하며, 이 시기에 한번 습관이 몸에 배면 평생 동안 변하지 않는다. 이 시기를 놓치지 말고 좋은 습관을 들이고, 그것을 개성으로 발전시키기를 바란다.

나는 청년 시절에 집을 떠나 천하를 유랑한 탓에 비교적 방종한 생활을 한 것이 몸에 배어버렸는데, 나이 들어서까지 그 나쁜 습관이

고쳐지지 않아 한참 동안 애를 먹었다. 하지만 나쁜 습관을 고쳐야겠다고 결심하고 매일매일 노력했더니 대부분 교정할 수 있었다.

나쁜 줄 알면서도 고치지 못하는 것은 극기심이 부족하기 때문이다. 내 경험으로 미루어봤을 때, 습관은 나이가 들어서도 역시 중요하게 여겨야 한다. 청년시절의 나쁜 습관도 노력하면 이렇게 노년이 되어서라도 고쳐질 수 있다. 그래서 날마다 새롭게 변하는 세상을 살아나가기 위해서는 더욱 더 마음을 다잡고 자중해야만 한다.

이처럼 습관은 자신도 모르는 사이에 몸에 배는 것이기 때문에, 얼마든지 자신의 노력으로 고쳐나갈 수 있다. 예를 들어 아침잠이 많은 습관이 있는 사람의 경우, 평상시에는 일찍 일어나지 않지만 전쟁이 터지거나 화재가 발생한 경우에는 천하의 잠꾸러기라도 반드시 일찍 일어나게 된다.

이런 마음가짐을 가지면 나쁜 습관도 고칠 수 있다. 습관을 사소하게 여겨 지나쳐버리는 경우가 많은데, 남녀노소 불문하고 마음에 새겨 좋은 습관을 기르도록 해야 한다.

부동심 不動心
_마음의 선악보다 행위의 선악이 판별하기 쉽다

　　　　　세상사에는 인간이 이해할 수 없는 부분이 있다. 냉혹하고 냉정하며 진실한 마음도 없고, 거짓 행동을 일삼는 자가 오히려 사회에서 신뢰를 얻고 성공의 면류관을 쓴다. 그런가 하면 지극히 성실하고 성의가 있어 이른바 충실한 길을 가는 사람이 오히려 세상에 소외당하여 낙오자가 되는 경우가 많다. 이것이 하늘의 뜻[天道] 이라면 과연 옳은 일인가, 그른 일인가? 이 모순을 연구하는 것은 참으로 흥미로운 일이다.

　인간 행위의 옳고 그름을 판단할 때는 동기가 되는 그 뜻[志]과 행동을 함께 고려해야 한다. 뜻이 아무리 진실하고 충서忠恕의 길에 걸맞다 해도, 그 행동이 굼뜨고 둔하거나 혹은 경박하고 제멋대로라면 그 뜻은 아무런 의미가 없다. 또한 행위가 선의善意였다고 해도, 그 행동이 남에게 해가 된다면 선행이라 할 수 없다.

　옛 소학독본에 '친절, 오히려 불친절이 되는 이야기'라는 제목의 이야기가 있다. 병아리가 부화하여 밖으로 나오려 하는데, 알껍데기에서 제대로 나오지 못해 애쓰는 것을 보고 친절한 아이가 껍데기를 벗겨주자 병아리가 그만 죽고 말았다는 이야기이다.

〈맹자〉에도 이와 비슷한 예가 자주 등장한다. 문구는 자세히 기억나지 않지만 전달하는 의미는 잘 기억하고 있다. 어떤 사람이 상대를 도울 좋은 생각이 떠올라 그 집에 함부로 뛰어들다가 문을 부서뜨린다는 내용이다.

양梁나라 혜왕惠王이 맹자에게 정치에 대해 묻자, "왕의 부엌에는 고깃덩어리가 그득하고 마구간에는 살찐 말이 있는데, 백성들의 얼굴에는 굶주린 기색이 역력하고, 들판에는 굶어죽은 시체가 나뒹굴고 있다면, 이것은 짐승을 몰고 와 사람을 잡아먹게 하는 것과 다를 바 없지요"[1]라고 대답했다.

맹자는 '칼로 사람을 죽이는 것이나 정치를 잘못하여 사람을 죽이는 것이나 마찬가지다'라고 단정하고 있다.

공손추公孫丑가 맹자의 부동심不動心과 고자(告子, 전국시대의 사상가. 이름은 불해不害)의 부동심不動心에 대해 묻자 맹자는 이렇게 말했다.

"고자는 '말[言]에서 상대방을 이해할 수 없을 때, 마음[心]의 도움을 구하지 말라. 그 마음에서 상대방을 이해할 수 없을 때 기[氣,감정]의 도움을 구하지 말라'고 했다. 자신의 마음에 거스르는 것이 있더라도 감정을 발동시키지 말라는 말은 맞으나, 마음의 도움을 구하지 말라는 말은 옳지 않다. 우리의 마음[意志]은 기[氣]를 통솔하고, 기는 우리 몸에 가득 차 있는 힘이다. 마음이 가는 곳으로 기 또한 따라간다.

---

1) 〈맹자〉 양혜왕 상

그래서 자신의 의지를 단단히 세우며 자신의 기를 함부로 발동시키지 말아야 한다."[1]

이것은 '의지가 곧 마음의 근본이며, 기는 행위로 드러난 마음의 표출'이라는 뜻이다.

선의善意의 마음에서 충서(忠恕, 충실하고 인정 많은)의 길을 가고자 해도, 충동적으로 생기는 기氣로 인해 본심을 거스르는 일이 종종 있다. 그러므로 그 본래의 마음을 가지고 나쁜 마음을 억눌러야 한다. 즉 잘못된 행동을 하지 않도록 부동심을 수양하는 것이 중요하다. 맹자 자신은 호연지기浩然之氣를 길러 이러한 수양에 도움이 되었지만, 보통 사람은 감정이 동요해 실수를 일으키기 십상이다.

맹자는 다음 같은 예로 설명하고 있다.

"송나라에 벼의 싹이 빨리 자라지 않는 것을 안타깝게 여겨, 싹을 뽑아 올렸던 사람이 있었다. 지친 모습으로 돌아가서 가족들에게 '오늘은 몹시 고단하다. 내가 벼의 싹이 자라도록 도와주었다'고 했다. 그 아들이 놀라 달려가서 보니 싹은 이미 말라 죽었다宋人有閔其苗之不長而揠之者, 芒芒然歸, 謂其人曰, 今日病矣, 予助苗長矣, 其子趨而往視之, 苗則槁矣云云."[2]

벼를 잘 자라게 하려면 물과 비료를 조절하고, 때맞춰 잡초를 뽑아주어야 한다. 그런데 벼를 빨리 자라게 하려고 뽑아 올리는 것은 분명 잘못된 행동이다. 맹자의 부동심은 논외로 치더라도, 세상에는 이처럼 벼를 뽑아 올려 길게 만드는 행위가 적잖이 발생한다. 비록 벼를 빨리 자라게 하고 싶다는 선의에서 비롯된 일이지만, 이것을 뽑아 올려

---

1) 〈맹자〉 공손추 상
2) 〈맹자〉 공손추 상

죽게 만드는 행위는 나쁘다. 이 의미를 확대 해석하면, 아무리 선량한 의도로 충서의 길에 합당하다 해도, 그 행동이 본래의 선의에 부합하지 않는다면 세상의 신뢰를 얻을 수 없다.

반대로, 본래의 의도가 다소 선하지 않았더라도 그 행위가 기민하고 충실하여 신뢰를 얻기에 충분하다면 그 사람은 성공한 것이다. '행위의 근본인 의도가 나빴더라도 행위가 올바르다'는 논리는 엄격히 말하면 어불성설인 것처럼 보인다. 하지만 성인聖人이라 해도 속이려고 마음만 먹으면 얼마든지 남을 속일 수 있듯이, 사회에서도 사람의 마음의 선악보다는 그 행위의 선악에 무게를 두는 경향이 있다. 그것은 마음의 선악보다 겉으로 드러난 행위의 선악이 판별하기 쉬운 데다, 아무래도 행동이 민첩하고 선한 자가 쉽게 신뢰를 얻기 때문이다. 예를 하나 들어보겠다.

도쿠가와 요시무네(德川吉宗, 1684~1751, 에도 막부의 8대 쇼군)가 전국을 순회했을 때의 일이다. 어느 마을의 한 청년이 몸이 불편한 노모를 등에 업고 쇼군의 순시 행렬을 구경나왔다. 그 모습을 본 요시무네가 그 효자에게 상을 내렸다. 그런데 평소 불량한 행동을 일삼던 자가 이 소식을 듣고 상을 받고 싶은 욕심에 모르는 노인을 빌려 등에 업고 구경을 나갔다. 요시무네가 그에게도 상을 내리려 하자, 한 신하가 '상을 받기 위해 거짓 효행을 한 것'이라고 고했다. 그러자 요시무네는 '이런 흉내는 좋은 것'이라며 그 행위를 칭찬했다.

맹자의 가르침 중에 이런 말이 있다.

"서시西施 같은 절세미인도 오물을 뒤집어쓰고 있으면 사람들은 모두 코를 막고 지나갈 것이며, 아무리 추하게 생긴 사람일지라도 목욕재계하여 몸과 마음을 깨끗이 하면 하늘의 상제上帝께 제를 지낼 수 있을 것이다."[1]

아무리 빼어난 미인도 겉이 더럽다면 옆에 오려는 사람이 없을 것이다. 또한 음흉한 속마음을 가진 여자라도 하느적거리며 요염한 모습을 보이면 알게 모르게 흔들리는 것이 인지상정이다.

그렇기 때문에 본의本意의 선악보다 행위의 선악이 쉽게 사람의 눈에 들기 쉬운 것이다.

세상에 아첨이 만연하고 충언忠言이 귀에 거슬린다면, 충실하고 성실한 사람이 폄하되어 밀려나기 쉽다. 그렇게 되면 "만약 이러한 것이 하늘의 뜻[天道]이라면, 과연 옳은가, 그른가" 하는 탄식이 새어나올 수밖에 없다. 그런 세상에서는 교활한 사람이 오히려 성공하여 신용을 얻는 것이다.

---

[1] 〈맹자〉 이루 하

진재진지眞才眞智란?
_진정한 재능과 진정한 지혜는 풍부한 상식에서 나온다

사람이 세상에 바로 서려면 가장 중요한 것이 지혜를 늘려가는 일이다. 개인의 발전이든 국가의 이익을 위해서든 지식의 힘이 필요하겠지만, 그 이상으로 중요한 것이 인격 수양이다.

다만 "인격이란 무엇인가"에 대해 어떻게 정의 내려야 하는지는 쉽사리 단정 지을 수 없다. 그러나 비범하다고 할 만한 영웅호걸 가운데 인격적으로 숭고한 인물이 있는 것을 보면 "과연 인격과 상식은 반드시 일치하는구나!"라는 생각도 해본다. 사람이 완전히 제 소임을 다하여 공적에서든 사적에서든 필요로 하는 이른바 '진정한 재능과 진정한 지혜[眞材眞智]'는 대개 풍부한 상식에서 나온다고 해도 과언이 아니다.

그렇지만 그 상식의 발달에 있어서 가장 필요한 것은 자신의 '상황'에 주의를 기울이는 것이다. 다시 말하면 "사람은 자기의 상황을 잘 파악하고 세심한 주의를 기울여야 한다"는 의미이다. 〈논어〉에 보면 크고 작은 경우를 예로 들어 자기의 상황에 대해 주의를 당부하는 가르침이 자주 등장한다.

공자도 역시 자기의 상황에 맞는 처신을 하려고 무척 애를 썼다. 또한 다른 사람이 자신의 경우에 어긋날 때에는 반드시 반대 입장을 밝혔다. 한 가지 예를 들어 보겠다.

공자가 말하기를 "도道가 행해지지 않아 뗏목을 타고 바다로 떠나가면, 나를 따라올 사람은 바로 자로일 것이다." 자로(子路, 기원전 543~481, 공자의 제자로 무용武勇이 뛰어났고 거침없는 성품이었다)는 이 말을 듣고 기뻐했다. 고집 센 공자가 자신을 선택했기 때문이다. 공자도 기뻤지만 자로가 자신의 상황을 잘 모르기 때문이라고 여겨 "자로는 용맹을 좋아하는 것은 나보다 더하지만, 사리를 잘 헤아려 보지 못한다好勇過我無所取材"라고 했다.[1]

공자는 자로가 어떤 일에 대한 상황판단을 잘 못하고 있다고 여겨 그것을 경계한 것이다. 오히려 "너는 용감하기가 나보다 낫구나. 그런데 뗏목 재료는 어떻게 구하지?"하고 반대로 일침을 가했다.

뗏목을 타고 바다로 나가자는 말을 들었을 때 자로는 기뻐했지만, 만일 자신의 상황을 잘 판단하고 "뗏목을 만들 재료는 어떻게 구해야 할까요?"라고 말했다면 공자가 비로소 뜻을 알아차렸다고 생각하여, "조선으로 가든 일본으로 가든 하자꾸나"라고 했을지도 모른다.

또 한 번은 공자가 2~3명의 제자들과 함께 앉아, 본심을 알고자 질문했을 때 맨 먼저 자로가 의견을 말했다.

"제후의 나라가 큰 나라들 사이에 끼어 있어서 군대의 침략을 당하고 거기에 기근까지 이어진다 하더라도, 제가 그 나라를 다스린다면 대략

---

1) 〈논어〉 공야장 6장

3년 만에 백성들을 용감하게 하고 또한 살아갈 방향을 알아내도록 하겠습니다."

공자는 웃으며 다른 제자들에게도 각기 자신의 뜻을 말해보라고 했다. 그런데 증점曾点이라는 자가 비파 연주를 멈추더니 자신은 다른 사람과 생각이 다르다고 했다.

"저는 늦은 봄에 봄옷을 지어 입은 뒤, 어른 5~6명, 어린 아이 6~7명과 함께 기수沂水에서 목욕을 하고 무우(舞雩, 기우제를 지내던 곳)에서 바람을 쐬고는 노래를 읊조리다가 돌아오겠습니다."

공자는 크게 감탄하여 말하기를 "나도 그렇게 하고 싶다"고 했다.

제자들이 돌아간 후에 증점이 남아 공자에게 묻기를 "어째서 처음 자로의 대답에 웃으셨습니까?"하고 물었다. 그러자 공자는 "한 나라를 다스리는 것은 예禮로써 해야 하는데, 그의 말이 겸손하지 않았기 때문에 미소지은 것이다"라고 말했다.[1]

공자는 자로가 자신의 상황과 신분을 분별하지 못한 것을 나무랐던 것으로 보인다.

그런데 공자 또한 자신을 자랑삼아 이야기할 때가 있다. 예를 들어 환퇴桓魋가 공자를 죽이려고 했을 때 공포에 떨고 있는 제자들을 보고 "하늘이 내게 덕을 주었는데, 환퇴가 나를 어찌하겠느냐"라며 태평스러운 모습을 보였다.

또 한 번은 공자가 송나라에서 돌아오는 길에 큰 무리에 에워싸여 위험에 빠지게 되었다. 이때도 제자들은 두려움에 떨었지만 공자가 말하기를 "하늘이 도를 없애버렸다면 나 같은 후세 사람은 도를 알지

---

1) 〈논어〉 선진 25장

못했을 것이다. 하늘이 도를 없애지 않으니 이들이 나를 어찌하겠느냐"라며 위험을 두려워하지 않는 태연함을 보였다.

어느 때에는 태묘(太廟, 종묘)에 들어가 예를 행할 때 일일이 물어서 행하자, 한 사람이 이를 이상히 여겨 말했다. "누가 추鄒 땅의 아들(공자를 말함)이 예를 안다고 하였는가? 태묘에 들어가 매사를 묻더라." 이 말을 듣고 공자가 말하기를 "그것이 바로 예禮이다"라고 했다.[1]

예를 알기 때문에 공자는 그런 행동을 했다. 자신의 경우를 잘 알고 도리에 맞게 처세하는 것이 공자만의 유일한 수양법이었던 것으로 보인다.

공자 같은 사람도 사소한 일이라도 상황에 따라 늘 주의를 게을리하지 않았다. 이것이 바로 성인聖人이 될 만한 소양이다.

모든 사람이 공자처럼 대성인이 된다는 것은 불가능할지 모르지만, 자신의 경우와 본분을 망각하지 않는다면 적어도 보통 사람 이상이 되는 것은 어렵지 않을 것이다.

그런데 세상은 이와는 반대로 움직이기 때문에, 조금 상황이 좋아지면 금세 자신의 경우를 망각하여 분에 맞지 않은 욕심을 낸다. 또한 곤경에 부딪히면 중심을 잃고 낙담하고 만다.

이렇듯 하늘 높을 줄 모르게 교만을 부리다가 재난을 당하고, 금세 이를 슬퍼하는 것이 범인凡人들의 일상사가 아닌가 싶다.

---

[1] 〈논어〉팔일 15장

동기와 결과
_뜻이 선해도 행위가 나쁜 경우, 행위가 선해도 뜻이 나쁜 경우

　　　　　나는 제아무리 재주가 뛰어나도 그릇된 생각을 가진 경박한 사람은 싫어한다. 그리고 호의적인 행동으로 자신을 포장한다 해도 진정성眞正性이 없다면 그 사람과 한 자리에 있지 않으려고 한다. 하지만 신이 아닌 이상 사람의 속마음까지 꿰뚫기란 쉬운 일이 아니다. 그래서 자연히 본심의 옳고 그름과는 무관하게 겉으로 드러난 행동이 선하게 보이는 사람에게 이용당할 수밖에 없다.
　　왕양명(王陽明, 1472~1529)의 양명설陽明說에 의하면 지행합일知行合一 혹은 양지양능(良知良能, 선과 악을 구별하는 선천적 능력)이라고 하여, 마음속의 뜻 자체가 그 사람의 행위로 나타난다고 보았다. 말하자면 뜻이 선하면 행위도 선하고, 행위가 나쁘면 뜻도 나쁘다는 것이다.
　　하지만 나 같은 소인배의 생각으로는 뜻이 선해도 행위가 나쁜 경우가 있고, 행위가 선해도 뜻이 나쁜 경우도 종종 있다고 본다.
　　나는 서양의 윤리학이나 철학 등은 잘 모른다. 오로지 사서四書나

송나라 유학을 통해 인간의 본성과 처세의 도를 연구할 뿐이다. 이런 내 의견이 뜻밖에 파울젠(Friedrich Pausen, 1846~1908)의 윤리설과 일치한다는 평가를 받기도 한다.

영국의 뮤어헤드(J.H. Muirhead, 1855~1940)라는 윤리학자는 "동기가 선하면 결과는 나빠도 상관없다"라는 이른바 동기설動機說을 주장했다. 그 예로써 크롬웰(Cromwell, 1599~1658)이 영국의 위기를 구하기 위해 어리석은 군주를 살해하고 스스로 제왕의 자리에 오른 것은 윤리적으로 나쁘지 않다고 했다. 그러나 오늘날 최고의 진리로 환영받고 있는 파울젠의 윤리설로 해석하면 동기와 결과, 즉 마음과 행동을 자세히 비교하고 헤아려 선악을 판단할 필요가 있다.

예를 들어, 나라를 위한 전쟁일지라도 단순한 영토확장 전쟁도 있고 국가의 존망을 걸고 반드시 싸워야 하는 전쟁도 있다. 군주의 입장에서는 반드시 영토를 확장할 필요도 없는데 국가와 국민을 위한 전쟁이랍시고, 시기에 맞지 않게 전쟁을 벌인다면 그 군주의 행위는 나쁘다고 할 수 있다. 그러나 다소 무모해 보이는 전쟁이라도 시기에 적절하고 연전연승하여 국가와 국민의 이익에 크게 도움이 되는 경우에는 그 행위가 선하다고 할 수밖에 없다.

앞서 말한 크롬웰의 경우에도 다행히 영국의 위기를 구했기 때문에 결과는 선했지만, 만일 뜻만 열렬했을 뿐 결과적으로 국가를 위기에 빠뜨렸다면 그 역시 나쁜 행위라고 평가받았을 것이다.

나는 파울젠의 설이 과연 진리인지 아닌지 확실하게 말할 수는 없지만 "의도가 선하면 그 행위도 선하다"는 뮤어헤드의 설보다는 "뜻과 행위를 비교하여 헤아려서 선악을 결정해야 한다"는 파울젠의 설에 손을 들어주고 싶다.

　나에게는 늘 방문객이 찾아온다. 내가 방문객을 맞아 질문에 정중하게 답하는 것을 나의 의무로 여기는 것과, 상대의 질문이나 부탁에 마지못해 답변하는 것은 행위의 결과는 같을지언정 그 뜻은 매우 다르다.

　그리고 같은 뜻이라도 때와 장소에 따라 다른 행위로 나타나는 경우도 있다. 비옥한 땅과 메마른 땅이 있고, 날씨에도 차가움과 따뜻함이 있듯이, 다섯 명이 있으면 다섯 명의 생각과 감정도 모두 다르다. 그렇기 때문에 같은 뜻을 가지고도 상대에 따라 그 결과가 달리 나타나는 것이다. 그러므로 사람의 행위의 선악을 판단하려면 그 뜻과 행위의 성질을 잘 참작해서 생각하지 않으면 안 된다.

노년에도 노력하라
_인생은 노력하기에 달렸다

나는 올해로(1913년) 일흔네 살이 되었다. 수년 동안 되도록 복잡한 업무를 피하려고 애써왔지만 도저히 한가해질 틈이 없다. 내가 세운 은행의 업무만큼은 남의 손에 맡기고 싶지 않아, 적지 않은 나이임에도 여전히 활동을 멈추지 않고 있다.

사람이란 나이가 많든 적든 앞으로 나아가고자 노력하는 마음이 없으면 더 이상 발전할 수가 없다. 동시에 노력하지 않는 지도자가 다스리는 국가는 더 이상 번영할 수 없다. 나는 평생을 노력하는 자세로 살아왔는데, 실제로 단 하루도 직무를 게을리한 적이 없다. 매일 아침 7시 직전에 일어나 방문객 면회를 시작한다. 그 수가 아무리 많아도 시간이 허락하는 한 빠짐없이 면회한다.

나처럼 일흔이 넘은 노인도 한순간도 게을리 보내지 않는데, 젊은 사람들은 더욱 더 공부하고 노력해야 한다. 나태는 어디까지나 나태로 끝이 난다. 나태에서 좋은 결과가 생기는 경우는 결코 없다. 즉, 앉아 있으면 서서 일하는 것보다 편하지만, 시간이 지나면 무릎이 아파온다. 그래서 편안하게 누워 있으려 하지만, 이 또한 오랜 시간이 지나면 허리에 통증이 온다. 나태의 결과는 역시 나태이며, 갈수록 나락으로 떨어질 뿐이다. 그러므로 사람은 좋은 습관을 길러야 한다. 즉, 성실하게 일하고 노력하는 습관을 기르는 것이 중요하다.

사람들은 흔히 지력智力을 길러야 한다거나, 때를 잘 타야 한다고 말한다. 때를 잘 파악하여 일을 선택하려면 지력을 기르는 일, 즉 학문을 닦는 것이 필요하다. 하지만 충분한 지력을 길러도 이를 활용하지 않으면 아무런 소용이 없다. 그래서 이것을 활용하기 위한 노력이 뒤따르지 않으면 수천 가지의 지식도 무용지물이다. 하지만 그 노력도 어느 한순간의 노력으로는 충분하지 않다. 평생을 노력해야 비로소 만족할 수 있다. 노력에 대한 열정이 강한 나라일수록 국력이 발전한다. 이에 반해 게으른 나라일수록 국력이 쇠약해진다. 그 하나로 일본의 이웃인 중국은 노력하지 않는 나라의 대표적인 사례이다.

한 사람이 노력하여 한 마을에 바람을 불러오고, 한 마을이 노력하여 한 나라에 바람을 일으키며, 한 나라가 노력하여 천하에 아름다운 바람을 불러일으키듯이, 오로지 한 사람을 위해서만이 아니라, 한 마을 한 나라 및 천하를 위해 끝까지 노력하겠다는 마음가짐이 중요하다.

세상에서 성공하기 위한 요소로서 지력은 반드시 필요하다. 즉, 학문이 필요하다는 것은 두말할 것도 없다. 하지만 그것만으로 성공할 수 있다고 생각하는 것은 큰 오해이다. 〈논어〉에 "자로가 말하기를, 백성을 다스리고 사직을 받드는 일도 책을 읽는 것과 같이 배움의 하나입니다"라는 구절이 나온다. 이에 공자는 "아첨하는 자 치고 어진 인간 없다"고 응했다. 이 말은 '말뿐이고 행동하지 않으면 아무 소용이 없다'는 의미이다. 나는 자로의 말이 옳다고 생각한다. 책상에 앉아 독서만 하는 것이 학문이라고 생각하는 것은 옳지 않다.

즉, 일은 평생 있는 것이다. 예를 들면 의사와 환자의 관계처럼 말이다. 평소 몸 관리를 게을리 하여 병이 생기면 곧바로 의사에게 달려간다. 의사는 환자를 치유하는 것이 일이기 때문에, 몇 시가 되었든 환자를 돌보려는 생각을 갖고 있다. 의사는 반드시 평소의 건강 관리에 대해 주의를 당부할 것이다. 따라서 나는 모든 사람에게 부단히 노력할 것을 권유함과 동시에, 모든 일에 있어서 평생 주의를 게을리 하지 않는 소양을 기르도록 당부하고 싶다.

올바름[正]에 가까워지고
그릇됨[邪]에서 멀어지는 길
_정사곡직(正邪曲直)이 분명한 사람

　　　　　　　매사에 대해 '정확히' 계획하고, '사리의 옳고 그름 [正邪曲直]'이 분명한 사람은 재빨리 상식적인 판단을 내릴 수 있다. 하지만 경우에 따라서는 그것마저도 불가능할 때가 있다.

　예를 들면 어떤 이가 "도리상 이렇게 해야 한다"며 도리를 방패삼아 교묘한 말로 끌여들이면, 알게 모르게 자신의 생각을 주장하기보다 반대 방향으로 끌려갈 수밖에 없는 경우도 있다. 이처럼 무의식중에 자기의 본심을 저버리기도 한다. 그러나 어떠한 경우에라도 두뇌를 냉철히 하여 자신을 망각하지 않도록 주의해야 한다. 이것이 바로 의지를 단련하는 데 있어 중요한 방법이다.

　만일 그러한 상황이 발생한다면, 상대의 말이 상식적으로 맞는 말인가 자문자답해보는 것이 좋다. 그 결과 상대의 말을 따르면 일시적으로는 이익이 되지만 나중에 불이익을 본다든지, 혹은 이 일에 대해 이런 결단을 내리면 당장은 이익이 없더라도 장래를 위해서는 좋다거나 하는 것이 선명하게 판단이 선다. 이처럼 눈앞의 상황에 대해 스스로 돌아보는 자성自省을 할 수 있다면, 자신의 본심으로 되돌아가는 일도 쉬워지고, 그럼으로써 올바름에 가까워지고 그릇됨에서 멀어질 수 있다. 나는 이런 방법으로 의지를 단련할 수 있다고 생각한다. 한 마디로 의지의 단련이라고 했지만, 의지를 단련하는 데에도 선악 두 가지가 있다.

이시카와 고에몬(石川五右衛門, 전국시대의 대도적)은 나쁜 의지를 단련하여 나쁜 일에 있어서는 매우 의지가 강한 사람이었다. 하지만 의지의 단련이 인생에 필요하다고 해서 나쁜 의지를 단련할 필요는 없다. 상식적 판단을 벗어난 단련법은 제2, 제3의 이시카와 고에몬을 낳을 수도 있다.

때문에 의지를 단련하기 위해서는 먼저 자신의 의지가 상식에 어긋남이 없는가를 생각한 후에 일을 진행하는 것이 중요하다. 이렇게 단련한 마음으로 사람을 대하면 처세하는 데 있어서 큰 잘못을 범하지 않을 것이다. 이렇듯 의지를 단련하는 데는 반드시 상식에 맞아야 한다.

의지를 단련하는 데 있어서 그 근본은 효제충신孝悌忠信 사상이다. 충과 효 두 가지를 요소를 갖춘 의지로써 무슨 일이든 순리대로 진행하고, 심사숙고하여 결단을 내리면, 이것이 최고의 의지 단련법이다.

하지만 모든 일이 그렇듯이 심사숙고할 시간적 여유도 없이 사건이 터지기 일쑤이다. 뜻하지 않은 상황에서 일이 벌어지기도 하고, 난폭한 사람과 접하는 등, 그 즉시 해결하지 않으면 안 되는 경우가 얼마든지 있다. 그런 상황에서는 오래 생각할 겨를이 없기 때문에 그 자리에서 적절한 해결을 해야 하는데, 평소 단련을 게을리 한 사람은 즉석에서 적당한 판단을 하는 것이 무척 어렵다. 따라서 본심과는 전혀 다른 결정을 내리게 된다. 그러므로 평소에 거듭하여 의지를 단련하여 습관을 들이면 어떤 일에든 침착하게 대응하는 경지에 이를 것이다.

제4장

인의(仁義)와 부귀(富貴)

재물이 늘어난다는 것은 그만큼 사회의 도움을 받았다는 의미이다.
그러므로 그 은혜에 보답하기 위해서 사회사업에 눈을 돌리는 것은 당연한 의무이며,
가능한 한 사회를 위해 힘써야 하는 것이다.

진정한 이윤추구는 인의도덕에 바탕을 두어야 한다
_진정한 이식법(利殖法)

사업事業이란 무엇인가. 물론 모든 상업과 공업이 이윤 추구를 꾀한다는 것은 틀림없는 사실이다. 만일 상공업에 있어서 재물을 늘린다는 효능이 없다면 아무런 의미가 없어진다. 그러나 다른 사람이야 어찌되든 자신만의 이익을 위해서 재물을 늘려나간다면, 이 사회는 어떻게 되겠는가? 어려운 문제이지만, 오로지 자신의 부만 생각하는 풍토에 대해서 맹자는 다음과 같이 일침을 가했다.

"어찌 이익만을 말하는가, 다만 인의仁義가 있을 뿐이다."

"왕은 왕대로 백성은 백성대로 이익만 취하므로 나라가 위험에 빠질 것이다."

"의義를 뒤로 하고 이익을 앞세우면, 남의 것을 빼앗지 않고서는 만족하지 못하게 된다."

따라서 진정한 이윤 추구란 인의도덕仁義道德을 바탕으로 하지 않고서는 결코 지속될 수 없다. 그러려면 이윤 추구에만 연연하지 않고 탐욕을 경계한다거나, 평소에 재물에 욕심을 내지 않겠다는 생각을 늘 마음 한켠에 품고 있어야 한다. 이익을 바라는 것은 나쁘지 않지만, 자신의 이익과 욕심만을 좇는 것은 너무 속물적이라 할 수 있다.

물론 지나치게 고지식한 학자다운 말이라고 비난하는 사람도 있을 것이다. 천 년 전, 중국 송나라의 학자들도 지금과 같은 경로를 거쳤다. 송나라 학자들은 인의도덕仁義道德을 강조하면서 한편으로는 국가와 사회를 발전시키는 정책을 펴야 했다. 그러나 극단적으로 인의도덕만을 강조한 나머지 공리공론에 빠지고, 이익을 얻고자 하는 국민들의 욕구를 헤아리지 못했다. 그 결과 백성도 쇠하고 국가도 쇠약해지고 말았다. 결국 환란을 겪다가 원元이라는 야만인에게 점령당했다. 이것이 지나치게 인의도덕에만 몰입한 송나라의 참상이다.

이와 같이 공리공론에만 치우친 인의는 국가의 기운을 잃게 하고, 생산력을 약하게 하며, 결과적으로 국가를 멸망시킨다. 따라서 인의도덕에 지나치게 얽매이다보면 망국의 길로 갈 수밖에 없다는 것을 명심해야 한다.

그렇다면 다른 사람이 죽든 살든 자신의 이익만을 추구하며 살아도 좋다는 말인가? 송나라와 반대되는 사상이 원나라 시대의 풍토였다. 원나라 사람들은 남이야 어떻게 되든, 국가야 어떻게 되든 자신의 이익만 챙기면 그만이라는 생각이 팽배했다. 심지어 나라의 명운이야 어찌됐든 개의치 않았다.

그 결과 나라는 권위를 잃고 명성이 떨어졌으며, 국가의 발전과 함께 개인의 발전을 도모하려는 사람은 거의 찾아보기 힘든 형국이 되었다. 중국 송나라 시대에는 인의도덕에 치우쳐 나라가 멸망했다면 원나라는 개인의 이기주의에 빠지는 바람에 위기에 처했다고 해도 과언이 아니다. 이는 비단 중국만의 문제가 아니다. 다른 나라 또한 마찬가지이다. 즉, 이익을 꾀하는 것과 인의도덕을 바탕으로 한 도리를 중시하는 것이 균형을 이룰 때 비로소 국가는 건전하게 발달하고, 개인은 나름대로 이익을 얻어 부를 축적할 수 있는 것이다.

예를 들어 석유, 제분, 혹은 인조비료 등의 업종을 생각해봐도, 이익을 얻겠다는 관념 없이 어떻게 되든 상관없다는 식으로 운영된다면 결코 사업은 성공할 수 없고 큰돈을 벌 수도 없다. 자신이 하는 일이 자신의 이익과 관계없다는 생각을 갖고 있다면, 돈을 벌어도 자신의 부로 이어지지 않는다. 손해를 봐도 아무렇지 않다면 그 사업은 성공할 리 만무하다.

자신이 하는 일을 성공시키려면 외부와의 투쟁은 피할 수 없는 현실이다. 만일 사람들이 사회가 돌아가는 형세를 모르고 흐름을 파악하지 못한 채 내 이익만 챙기면 된다는 생각을 갖고 있다면 어떻게 될까. 자신 혼자 이익을 얻을 것이라 생각했으리라. 하지만 결국은 모두 불행을 겪고 말 것이다.

모든 것이 발달하지 않았던 옛날에는 '행운'이라는 것이 있었지만, 지금처럼 모든 것이 규칙적으로 움직이는 시대에 나 자신만 생각한다면 낭패에 빠지기 쉽다. 예를 들어 철도 개찰구처럼 좁은 곳을 자기만 먼저 통과하려고 몰려들면 결국 아무도 지나갈 수 없는 것과 마찬가지로 모두 곤란한 상황에 놓이고 만다. 결국 나 자신만 생각하는 것이 결국 아무에게도 이익이 되지는 못한다.

사업을 성공시키고 싶다, 부를 축적하고 싶다는 욕망은 인간의 마음에 늘 자리하고 있다. 하지만 그 욕망을 충족시키는 데 있어서 도리에 맞게 활동했으면 하는 것이 나의 바람이다. 그것은 이익을 인의도덕仁義道德과 일치시키는 도리이다. 도리와 개인의 욕망이 상호 조화를 이루지 못한다면, 쇠약의 길로 들어선 중국처럼 되지 않는다고 장담할 수 없다.

인의도덕에 부합한 욕망이 아닌, 인의도덕에 위배되는 욕망이 앞선다면, 남의 것을 빼앗지 않고서는 만족할 수 없는 불행을 겪고 말 것이다.

돈에 대한 철학
_돈이란 원래 무심(無心)한 것이다

　　예로부터 "재물을 중요하게 여겨야 한다"거나, 또는 "부를 축적하려면 인내가 필요하다"는 등 재물에 관해 수많은 격언과 속담이 있다. 또 어느 시인은 "세상 사람과 사귀기 위해서는 돈이 필요하다. 돈이 부족하면 관계도 깊어질 수 없다"고 했다. 돈의 힘이 우정이라는 형이상학적인 '정신'까지도 지배하는 힘을 가졌음을 보여주는 말이다.

　정신을 숭배하고 물질을 천하게 여기는 동양의 전통에서 재물에 의해 우정까지 좌지우지되는 것은 인간성의 타락으로까지 여겨진다. 하지만 이런 것은 우리가 일상생활에서 자주 맞닥뜨리는 문제이다. 예를 들면 친목회 등에서는 반드시 술자리가 따르게 마련인데, 이는 함께 먹고 마시는 일이 우정을 돈독히 하는데 도움을 주기 때문이다. 또한 오랜만에 만나는 친구와 술과 음식을 나눌 수 없다면 원만한 교제를 진행시키기 어렵다. 이런 일에는 전부 돈이 관련이 있다.

그래서인지 속담에 "돈이 많을수록 불상佛像도 빛이 난다"는 말이
있다. 열 냥 던지면 열 냥만큼 빛나고, 스무 냥 던지면 스무 냥만큼
빛난다는 뜻이다. 또 "지옥의 재판도 재물 순"이라는 속담은 재물을
비꼬는 의미가 담겨 있지만, 한편으로는 돈의 효능이 얼마나 큰가를
말하는 대목이다.

한 가지 예를 들면, 기차역에서 차표를 끊을 때, 아무리 부자라도
빨간색 표를 끊으면 삼등칸에 타야 한다. 마찬가지로 아무리 가난한
자라도 일등석 기차표를 끊으면 일등석에 탈 수 있다. 이것이 바로
돈의 효능이다.

돈에 위대한 힘이 있다는 것은 누구도 거부할 수 없는 사실이다.
아무리 많은 재물을 쏟아부어도 매운 고추를 달콤하게 만들 수는
없지만, 엄청난 양의 설탕을 가지고 그 매운맛을 없앨 수는 있다.
또한 평생 불평불만을 입에 달고 사는 사람이라도 돈 앞에서는 곧바로
달콤한 말을 내뱉을 수 있는 것이 세상사이다. 이러한 예는 정치계에서
흔히 볼 수 있는 일이다.

이렇게 보면 돈이란 참으로 큰 위력을 가졌다는 것을 알 수 있다.
하지만 돈이란 원래 무심無心한 것이다. 선하게 쓰이든 나쁘게 쓰이든,
쓰는 사람의 마음에 달려 있다. 그래서 돈이 반드시 필요한지, 아니면
불필요한지 경솔하게 단정 지을 수는 없다.

재물은 그 자체로 선악을 판별하는 힘은 없다. 선한 사람이 가지면
선해지고, 악한 사람이 가지면 악해진다. 즉, 소유자의 인격에 따라
선도 되고 악도 되는 것이다. 나는 이에 관해 늘 이야기하는데, 쇼켄昭憲
황태후의 "가진 사람의 마음에 따라 보물이 되기도 하고, 재앙이 되기도

하는 것이 바로 황금이로구나"라는 노래는 참으로 감복할 만하다.

그런데 세상 사람들은 돈을 악용하려는 경향이 있다. 옛 사람들은 이를 경계하여 "소인배는 죄가 아니나, 재물을 품는 것이 죄이다"라거나, "군자가 재물이 많으면 덕을 잃고, 소인배가 재물이 많으면 그 죄가 더해진다"라고 했다.

〈논어〉에도 돈에 관해 언급한 대목이 나온다.

"의롭지 않으면서 부귀를 누리는 것은 나에게는 뜬구름과 같은 것이다不義而富且貴, 於我如浮雲."[1]

"부富가 만약 추구해서 얻을 수 있는 것이라면, 비록 집편지사(執鞭之士, 높은 사람이 길을 지날 때 수레 앞에서 채찍을 들고 길을 터놓는 천한 직책)라도 나는 하겠다. 그러나 추구해서 얻을 수 없는 것이라면 내가 좋아하는 일을 하겠다富而可求也, 雖執鞭志士, 吾亦爲之. 如不可求, 從吾所好."[2]

또 〈대학〉에는 "덕은 근본이요, 재물은 말단이다德者本也, 財者末也"라고 했다.

이런 교훈을 일일이 인용하자면 한도 끝도 없겠다. 하지만 주의할 점은 이는 재물을 경시해도 좋다는 의미가 결코 아니다. 적어도 세상을 살면서 철두철미한 사람이 되고자 한다면 먼저 돈에 대한 자신만의 철학을 가지고 있어야 한다는 의미가 크다. 이런 격언을 비추어보고 사회에서 재물의 효력이 어떻게 나타나는가, 하는 것을 살펴보고 깊이 생각할 필요가 있다. 돈을 지나치게 중시해도 안 되지만, 지나치게 경시하는 것도 바람직하지 않다. 공자도 결코 가난을 장려하지 않았다.

---

1) 〈논어〉 술이 15장
2) 〈논어〉 술이 11장

"나라에 도가 행해지는데 가난하고 천하게 산다면 부끄러운 일이며, 나라에 도가 행해지지 않는데 부귀를 누린다면 이 또한 부끄러운 일이다邦有道, 貧且賤焉, 恥也, 邦有道, 富且貴焉, 恥也."[1]

다만 "부귀는 사람들이 바라는 것이지만, 정당한 방법으로 얻은 것이 아니라면 그것을 누려서는 안 된다"고 가르치고 있다.

---

[1] 〈논어〉 태백 13장

공자의 화식부귀貨殖富貴 사상
_재물을 늘려 부귀를 얻는다

　　　　　　종래의 유학자들이 공자의 학설을 잘못 이해한 것 가운데 가장 큰 오류는 화식부귀(貨殖富貴, 재물을 늘려 부귀를 얻는다) 사상일 것이다. 그들은 '인의왕도仁義王道'와 '화식부귀'는 "얼음과 숯처럼 타협하기 어려운 사이[氷炭不相容]"라고 해석하고 있다.

　"부귀한 자에게는 인의왕도가 없기 때문에, 인자가 되고자 한다면 부귀에 대한 생각을 버려야 한다"는 의미로 해석했는데, 〈논어〉 20편을 아무리 샅샅이 훑어도 그런 의미의 가르침은 하나도 발견할 수 없다. 오히려 공자는 '화식貨殖의 도'에 대해 주장하고 있다. 하지만 유학자들은 한쪽 면만 보고 전체를 이해하지 못한 채 잘못된 공자 사상을 세상에 전파하는 오류를 범한 것이다.

　예를 들면 〈논어〉에 이런 구절이 있다.

　"부귀는 사람들이 바라는 것이지만, 정당한 방법으로 얻은 것이 아니라면 그것을 누려서는 안 된다. 가난함과 천함은 사람들이 싫어하는 것이지만 부당하게 그렇게 되었다 하더라도 억지로 벗어나려 해서는 안 된다富與貴, 是人之所欲也, 不以其道得之, 不處也. 貧與賤, 是人之所惡也, 不以其道得之, 不去也."[1]

이 말은 부귀를 경시하는 듯한 뉘앙스를 풍기지만, 실은 깊이 들여다보면 부귀를 천하게 여기는 부분은 한 군데도 없다. 그 진정한 뜻은 부귀에 지나치게 탐닉하는 것을 경고하는 것이다. 이를 가지고 공자가 부귀를 혐오한다고 잘못 해석하는 것은 심각한 오류를 범하는 일이다. 공자가 말하고자 하는 것은 "도리를 지킨 부귀가 아니라면 오히려 가난한 편이 낫지만, 정당한 도리를 거쳐서 얻은 부귀라면 전혀 상관이 없다"라는 의미이다. 부귀를 경시하고 가난을 추켜세운 부분은 어디에도 없지 않은가.

또 한 가지 예를 들면, 마찬가지로 〈논어〉에 "만약 부富라는 것이 구해서 얻을 수 있는 것이라면 비록 집편지사執鞭之士라도 나는 할 것이다. 그러나 구해서 얻을 수 없다면 내가 좋아하는 일을 해나가겠다"는 구절이 있다. 이 구절도 부귀를 비천하게 여긴 것처럼 해석되어 왔지만, 이를 정확하게 해석하면 구절 속에 부귀를 비천하게 깎아내린 부분은 찾아볼 수 없다.

"부라는 것이 구해서 얻을 수 있다면 천한 집편지사가 되어도 좋다"는 것은 "정도正道와 인의仁義를 지켜가면서 부를 얻겠다"는 의미이다. 즉 '올바른 도리를 밟아'라는 말이 이 구절의 행간 속에 들어 있다는 것을 염두에 두어야 한다. 뒷구절은 "정당한 방법으로 부를 얻지 못한다면 부에 연연하지 않겠다. 간악한 수단을 써서 부를 쌓기보다 오히려

---

[1] 〈논어〉 이인 5장

가난하더라도 도리를 따르는 편이 낫다"라는 의미이다. 또한 도리에 맞지 않는 부는 얻지 않는 것이 좋지만, 반드시 가난을 동경하라고 말하지는 않는다.

이 앞뒤 구절을 요약하면 "정당한 도리로 얻은 것이라면 천한 일을 해서 부를 쌓아도 좋지만, 정당하지 않은 수단으로 얻는 것이라면 오히려 가난한 것이 낫다"라는 뜻이다. 역시 이 말의 이면에는 '올바른 방법'이라는 깊은 뜻이 숨어 있음을 잊어서는 안 된다.

공자가 부를 얻기 위해서는 정말 집편지사의 비천함도 마다하지 않는 사상을 가지고 있었다고 단언한다면, 분명 세상의 유학자들이 놀라 경악할지도 모르겠다. 하지만 어디까지나 사실이다. 공자 스스로 한 말이기 때문에 하는 수 없다.

공자가 말하는 부는 절대적으로 정당한 부이다. 부당한 부, 또는 부조리한 공명에 대해서는 "내게 있어서는 뜬구름 같다"고 했다. 그런데 유학자들은 이에 대한 구별을 명확하게 하지 않은 채, 공자가 말한 부귀공명이 그 선악에 상관없이 무조건 나쁘다고 해석한 것은 참으로 경솔하지 않은가. 도리에 어긋나지 않고 얻을 수 있는 부귀공명은 공자 자신도 이를 취하려 했다.

돈은 죄가 없다
_가진 사람에 따라 보물이 되기도, 재앙이 되기도 하는 것

        도연명은 "젊은 시절은 일생에 두 번 오지 않는다. 하루에 새벽이 두 번 있기 어렵다盛年不重來 一日難再晨"라고 했고, 주자는 "청년은 늙기 쉽고 학문은 이루기 어려우니, 한순간의 짧은 시간도 가볍게 여기지 말라靑年易老學難成, 一村光陰不可輕"고 경고했다.

  공상에 젖고 유혹에 빠지기 쉬운 청년 시절은 마치 꿈처럼 휙 지나가 버린다. 나의 청년기를 돌이켜보아도 참으로 빨리 지나가 마치 화살처럼 스쳐가고 말았다. 이제 와서 후회해봤자 어쩔 수 없는 일이다. 여러 젊은이들은 부디 나의 전철을 밟지 않기를 바란다. 청년 여러분의 노력 여하에 따라 장래 국가의 운명이 달려 있기 때문에, 남다른 각오를 다진 사람일지라도 더욱 단단히 결심해야 한다.

  각오를 새롭게 다지는데 주의할 점은 끝이 없지만, 특히 신경써야 하는 것이 금전 문제이다. 옛말에 "생활이 안정되지 않으면 마음을 단단히 유지하기 어렵다"라는 말이 있다. 사회 구조가 갈수록 복잡해지

는 세상일수록 금전문제에 대해 충분히 주의해야 한다. 그렇지 않으면 생각지 못한 실패에 빠질 우려가 있다.

물론 금전은 소중한 것이지만, 또한 매우 비천한 것이기도 하다. 소중하다는 의미는, 금전이 노력의 대가이고 약속이며 대부분의 거래가 금전으로 이루어지기 때문이다. 여기서 금전이라는 것은 단순히 금은, 화폐, 지폐 등의 통화通貨만을 뜻하는 것이 아니라, 재화로 총칭되는 모든 것을 의미한다. 모든 것이 금전으로 평가할 수 있기 때문에, 금전은 곧 재산이라고 말할 수 있다. 다시 한 번 쇼켄 황태후의 노래를 살펴보자.

"가진 사람의 마음에 따라 보물이 되기도 하고, 재앙이 되기도 하는 것이 바로 황금이로구나."

이는 참으로 적절한 비평이며 탄복할 만한 가르침이다. 그런데 옛 중국에는 금전을 비천하게 여기는 풍토가 있었던 듯하다. 〈춘추좌씨전〉에 "소인배가 재물을 가지면 그것이 바로 죄이다"라고 했고, 〈맹자〉에 양호陽虎라는 사람이 "인이 있으면 부가 없고, 부가 있으면 인이 없다"고 말하는 대목이 나온다. 물론 양호는 존경할 만한 인물은 아니지만, 당시에는 지식인으로 인정받은 사람이었다.

이밖에도 "군자가 재물이 많으면 그 덕을 잃고, 소인이 재물이 많으면 그 잘못이 늘어난다"라는 의미의 말이 중국 고전에 자주 등장한다. 아무튼 동양의 전통적인 풍습으로 볼 때 금전이란 군자에게는 가까이 하지 말아야 할 것, 소인배에게는 경계해야 할 대상이었다. 분명 탐욕을 없애고 세속의 폐단을 고치려 하다가 결국 극단적으로 금전을 천한 것으로 여기게 된 것으로 생각된다. 이런 말들을 주의

깊게 살펴야 할 것이다.

나는 평생의 경험을 통해 "논어와 주판은 일치해야 한다"고 믿고 주장하는 사람이다. 공자는 절실히 도덕을 가르쳤지만, 경제에도 상당히 관심을 기울였다고 생각한다. 이러한 점은 〈논어〉에도 나타나지만, 특히 〈대학〉에는 재산 증식의 큰 도리에 대해 보다 자세히 설명하고 있다.

정치를 하려면 정무에 많은 돈이 필요한 것은 물론이고, 국민들도 의식주 해결을 위해서 금전이 당연히 필요하다. 결국 국가를 다스리고 [治國] 국민을 구제하기[濟民] 위해서는 도덕이 필요하기 때문에 '경제와 도덕의 조화'야말로 국가경영의 기본이라고 할 수 있다. 그러므로 나는 기업가의 한 사람으로서 경제와 도덕의 일치를 강조해왔으며, 논어와 주판의 조화가 중요함을 설파하고, 국민들로 하여금 주의를 게을리 하지 않도록 역설하고 있다.

옛날에는 동양뿐 아니라 서양에서도 금전을 천하게 여기는 풍습이 있었다. 이는 경제에서는 이해득실이 우선시되어, 사람들이 겸양이나 청렴 등의 미덕을 잃어버린다고 생각했기 때문이다. 그래서 이를 강력하게 경계하고 훈계하다보니 자연스레 금전을 천하게 여기는 풍습이 만들어진 것이라고 생각한다.

예전에 모 신문지상에 "모든 상업은 죄악이다"라는 아리스토텔레스의 말을 게재한 글이 실린 적이 있었다. 처음 읽을 때는 매우 극단적인 표현이라고 생각했다. 그런데 다시 생각해보면, 이해득실이 따르는 모든 일은 욕심에 빠지기 쉽기 때문에 자연스럽게 인의의 도리를 벗어나는 경우가 생기게 마련이다. 따라서 그 폐해를 경제하기 위해 이처럼 과격한 표현을 사용한 것이라 생각된다.

아무래도 인간에게는 물질에 현혹되기 쉽다는 약점이 있다. 이 때문에 정신적인 가치를 잊고 물질을 중시하는 폐해가 생기는 것은 어쩔 수 없는 일이다. 하지만 생각이 유치하고 도덕관념이 낮은 사람일수록 이 폐해에 빠지기 쉽다. 더욱이 옛날에는 사회 전반적으로 지식도 부족하고 도덕심도 천박하여 물질에 눈이 어두워 죄악에 빠지는 사람이 많았다. 그래서 유난히 금전을 천시하는 경향이 강해졌다고 볼 수 있다.

그러나 오늘날의 사회는 예전과 다르다. 과거에 비해 지식이 발전하여 고상한 사상을 지닌 사람이 많아졌다. 바꿔 말하면 일반적으로 인격이 높아지고 돈에 대한 철학도 갖게 되었다. 정당한 방법으로 수익을 얻고, 또 그 돈을 선량한 곳에 쓰는 사람들이 많아져, 금전에 대한 긍정적인 인식이 자리잡게 되었다.

하지만 조심할 것은 금전만능에 빠지기 쉽다는 점이다. 인간의 큰 약점인 탐욕으로 인해 부를 우선시하고 도의를 뒤로 하는 폐단으로 인해 소중한 정신의 문제를 망각하기 쉽다.

물론 돈에 대한 책임은 각 개인에게 있다. 그렇다고는 해도 금전의 가치와 금전이 가져올 재앙 등을 무시하고 물질의 노예로 전락하게 되면 "모든 상업은 죄악이다"라는 아리스토텔레스의 말을 다시 언급하며 경고하고 싶을 것이다.

다행스럽게도 사회가 발전함과 동시에 금전에 대한 인식을 새로이 하고, 이윤 추구와 도덕을 별개로 여기지 않는 경향을 보이고 있다. 이미 서구에서는 "진정한 부는 정당한 활동으로 이익을 얻는 자에게 있다"는 관념이 뿌리내리고 있다. 우리의 젊은이들도 이 점에 특히 유의하여 금전상의 재앙에 빠지지 않도록 하고, 도의를 갖춘 진정한 돈의 가치를 이용할 수 있도록 힘써주기를 바란다.

한 사람이 탐욕에 빠지면 나라가 혼란에 빠진다
_뇌물과 탐욕이 가져온 결과

　　　　　　대체로 어용상인御用商人이라고 하면 뭔가 죄악을 저지른 듯이 경원시하고 나쁜 감정을 갖게 마련이다. 그 말에는 왠지 혐오스런 느낌이 풍겨난다. 나 또한 어용상인이라고 불려지면 몹시 불쾌할 것 같다. 어용상인이라고 하면 재물의 힘으로 권력에 아부하는 자, 그리하여 청렴결백과는 거리가 먼 일에 종사하는 자로 보여지기 때문이다.

　하지만 해외는 물론 국내에서 사업하는 사람들은 대부분 상당한 자본력이 있고, 도리를 잘 분별하는 사람들이다. 그들은 체면을 중요시하고 신용을 소중히 여긴다. 그들은 스스로를 낮추고 자기성찰自己省察할 줄 아는 사람들로서, 반드시 시비선악을 명백히 판단할 줄 안다. 그렇기 때문에 만일 관료로부터 의심쩍은 제의를 받더라도 곧바로 받아들이지는 않을 것이라 생각된다.

　설령 절차상의 문제가 번거로워 편법을 쓰는 경우는 있을지 몰라도 웬만하면 부패 스캔들이 생겨나지 않는다.

하지만 얼마 전 발생한 해군 수뢰사건[1] 같은 범죄는 적어도 쌍방의 생각이 일치하지 않으면 일어날 수 없는 사건이다. 한쪽에서 뇌물을 요구해도 다른 한쪽이 이를 거절하면 어쩔 수 없다. 또한 관료 중에 불량한 자가 있어 은근히 혹은 노골적으로 뇌물을 요구하는 경우, 자신의 양심을 지키고 신용을 소중히 생각하는 사업가라면 반드시 그 요청에 응하지 않을 것이다. 어쩔 수 없이 그 거래를 끊는 한이 있더라도 그런 범죄에 빠져들지는 않을 것이다. 또 그렇게 해야 한다.

그런데 해군 수뢰사건을 살펴보면, 군함과 군수품 납품 과정에서 뇌물이 오갔다고 한다. 단순히 지멘스Siemens 사社에만 국한된 것이 아니다. 주요 물품의 구매 과정에서 대부분 뇌물이 오고가는 행위가 따른다는 것이다. 심지어 그 구매 물품의 품질이 가격에 비해 현저히 떨어지고, 어딘가 불완전하고 취약하다는 의혹을 받고 있다니 참으로 한탄스러울 따름이다.

〈대학〉에 "한 사람이 도리에 어긋나는 탐욕을 부리면 한 나라가 혼란에 빠진다―人貪戾 一國作亂"라는 말이 있다. 이 말이 반드시 탐욕과 수뢰를 의미하는 것은 아니지만, 뇌물과 탐욕이라는 비뚤어진 욕심으로 인해 나라 전체가 흔들릴 수 있다는 것을 의미한다.

예전에 나는 뇌물을 주고받는 부정한 행위를 저지르는 기업인이 외국에는 있을지언정 일본에는 없을 것이라 생각했다. 그런데 일본에서도 이런 부정행위를 저지르는 자가 우리 기업인들 중에 있다는

---

[1] 독일 최대의 전자회사 지멘스siemens가 일본의 관료들에게 뇌물을 준 사건으로 1914년 폭로됨.

사실은 매우 유감스러운 일이다. 얼마 전 미쓰이三井 직원까지 그 혐의로 검거되었을 때는 정말 통탄할 지경이었다.

　이런 사건이 발생한 것은 분명 인의도덕과 이윤추구를 별개로 생각했기 때문이다. 생산을 하여 이윤을 추구함에 있어서 올바른 도리에 따라 경영해야 한다는 경영철학이 기업인들 사이에서 뿌리내려 있었다면 이번과 같은 부정행위는 생기지 않을 것이다. 설령 상대방이 탐욕에 사로잡혀 이러한 제안을 하더라도, 그것은 정의에 위배되는 행위이기 때문에 단호히 거절할 각오가 되어 있다면 반드시 그런 제안을 물리칠 수 있다.

　여기서 나는 기업가의 인격 수양이 절실히 필요하다는 것을 더욱 더 통감한다. 경제계에 부정 행위가 끊이지 않아 국가의 안전이 위협당하고 있다는 사실에 대해 나는 심히 우려하고 있다.

의리합일義理合一의 신념
_정의와 이익은 하나이다

세상에는 백 가지 이득이 발생하면 반드시 무엇인가 폐해가 따른다. 서양문명이 일본에 들어와 우리 문화에 공헌한 점은 인정하지만, 동시에 그 폐해도 함께 들어왔다. 즉, 일본이 세계적 문물을 받아들여 그 혜택과 행복을 평등하게 누림과 동시에, 새롭게 세계적 해악害惡이 유입되었다는 것은 분명한 사실이다. 이처럼 혜택과 해악이 공존하면서 생겨나는 위험한 사상은 분명 그 폐해가 아닐 수 없다.

예부터 일본에는 도리에 어긋나는 악역사상惡逆思想은 한번도 없었다. 그런데 오늘날 정도正道를 거스르는 사상이 만연하게 된 것은 일본이 세계적인 국가로서의 기틀을 쌓는 과정에서 나타난 어쩔 수 없는 폐단이라고 할 수 있다. 하지만 우리에게는 가장 두려워하고 가장 꺼려야 할 나쁜 병病이고 독毒이다. 따라서 어떻게 해서든 이 병독의 근본적 치료법을 찾아내야 한다.

생각건대 이 병독의 치료법에는 아마 두 가지 방법이 있을 것이다. 첫째는 직접 그 병의 원인을 찾아내어 적절한 처방을 내리는 것이고, 둘째는 가능한 한 신체 각 기관을 강하게 단련하여 병균이 침입해 들어와도 곧바로 살균할 수 있는 체력을 기르는 것이다.

그런데 도리를 거스르는 사상이 만연하게 된 원인을 연구하고 그 치료법을 찾아내는 일은 본래 기업가의 직분이 아니다. 오히려 우리 기업가들의 의무는 국민이 평생 건강하고 편안하게 살 수 있도록 기초체력을 튼튼히 하는 일이다. 그래서 어떤 병균이 들어와도 결코 무너지지 않도록 양생養生을 꾀해야 한다. 바로 이것이 우리 경제에 대한 치료법이라고 특히 기업가들에게 강조하고 싶은 부분이다.

내가 평생의 지론으로 삼으며 자주 말하는 것이 있다. 예부터 국민의 생활을 편리하게 하는 이용후생利用厚生과 인의도덕仁義道德의 결합이 매우 불충분했다. 다시 말해 "인仁이 있으면 부富가 없고, 부가 있으면 인이 없다" "이익에 가까우면 인에서 멀어지고, 의를 따르면 이利를 잃는다"고 하여, 인과 부를 전혀 별개로 해석한 것은 매우 애석한 일이다.

이러한 극단적인 해석의 결과로, 국민의 생활을 편리하게 하겠다는 사람은 인의도덕에 책임이 없어도 된다는 인식이 퍼져 있었다. 나는 이 점에 대해 오랜 세월 통탄을 금치 못했다. 이는 모두 후세의 학자들의 잘못이다. 이미 수차례 언급했듯이 공자와 맹자의 가르침이 의리합일(義理合一, 정의와 이익은 하나이다)이라는 것은 사서를 정독한 사람이라면 알 수 있다.

후세의 유학자들이 그 뜻을 오해한 또 하나의 예를 들어 보겠다.

송나라의 대유학자 주희朱熹는 〈맹자〉 서문에서 "계산을 하고 수를 세는 것, 공업을 세워 이득을 얻는 것, 이 모두 인간의 사사로운 욕심이며, 성현이 갖추어야 할 품위와는 천지 차이와 같다"고 말하며 재물을 늘리고 이익을 추구하는 행위를 비방했다. 이 말은 아리스토텔레스의 "모든 상업은 죄악이다"라는 말과 일맥상통한다.

이것을 다른 의미에서 말하자면, 인의도덕은 신선들이나 지켜야 하는 것이고, 상공업자들은 인의도덕을 외면해도 상관없다는 식으로 해석할 수도 있다. 그러나 이것은 결코 공자나 맹자의 가르침이 아니다. 민락파(闆洛派, 송대의 학파)의 어리석은 유학자들에 의해 왜곡된 학설에 지나지 않는다.

그런데 일본에서는 겐나(元和, 1615~1962), 간에이(寬永, 1624~1643) 연간에 이 학설이 유행하여, 학문이라고 하면 모두 이 학설밖에 없다고 전해지기에 이르렀다. 하지만 이 학설은 오늘날의 사회에 상당한 폐단을 가져다주었다.

공맹의 가르침의 심오한 뜻을 잘못 해석해온 결과, 상공업에 종사하는 사업가들로 하여금 이기주의에 빠지게 하고, 인의와 도덕은 내팽개치고, 심지어 불법을 해서라도 돈을 벌겠다는 생각으로 치닫게 하고 말았다.

따라서 오늘날 대부분의 사업가는 자신만 돈을 벌면 그뿐, 다른 사람이나 사회는 어떻게 되든 상관없다는 생각으로 가득 차 있다. 만일 사회적 혹은 법률적 제재가 없다면 그들은 강탈도 서슴지 않을 비정한 상태에 빠져 있다. 이 상태가 오래 지속된다면 앞으로 빈부격차는 더욱 심해져 사회는 갈수록 불안한 결과를 가져올 것이라고 예상할 수 있다. 이는 참으로 공맹의 가르침을 잘못 해석한 학자가 수백 년 동안 활개를 쳐온 데 대한 악영향이다.

어쨌든 세상이 진보함에 따라 자연히 경제계에도 생존경쟁이 더욱 치열해졌다. 만일 이런 상황에서 기업가가 자신의 사리사욕을 꾀하는 데만 급급하고 세상이야 어찌되든 상관없다는 생각을 갖는다면 어떻게 될까. 사회는 점점 불건전해질 것이고, 마땅히 경계하고 두려워해야 할 극단적인 사상이 사회 전반에 만연할 것이 틀림없다. 그렇다면 이 극단적인 사상이 싹트게 한 죄는 누구보다도 우선 기업가가 짊어질 짐이 될 수밖에 없다.

그러므로 사회를 정상적인 모습으로 바로잡으려면 기업인들이 온힘을 기울여 인의도덕을 근본으로 삼아, 생산과 상업으로써 국민들을 편하게 만든다는 목표를 정하고 나아가야 한다. 그리고 "정의와 이익은 하나다"라는 신념을 사회에 뿌리내릴 수 있도록 애써야 할 것이다.

주공은 세 번 뱉어내고 패공은 세 번 머리 빗는다

_널리 현자를 기다릴 줄 아는 사람

나는 노령의 나이답지 않게 씩씩하다고 해야 할지, 아니면 세상사에 걱정이 많아서인지 이 나이가 되어도 국가와 사회를 위해서 밤낮으로 바쁘게 뛰어다니고 있다. 집에 있어도 방문객들이 찾아와서 내게 이런 저런 이야기를 한다. 그런데 반드시 옳은 말만 하는 것은 아니다. 기부를 해달라, 자금을 빌려달라, 학비를 대출해달라는 등 상당히 난처한 부탁을 하는 사람도 있지만 나는 그들을 모조리 면회한다.

세상은 넓기 때문에 현자가 있으면 어리석은 자도 있게 마련이다. 그들을 귀찮게 여기거나, 옥석혼효(玉石混淆, 옥과 돌이 뒤섞여 있음)하다고 해서 죄다 거절하고 문을 폐쇄해버리는 것은 현자에 대해 무례를 범하는 것일 뿐 아니라, 사회에 대한 의무를 완전히 수행한다고 할 수 없다. 그래서 나를 찾아오는 사람 누구든 거절하지 않고 성의와 예를 갖추어 만나고 있다. 상대방의 얘기를 들어보고 만일 무리한 부탁을 하는 경우에는 정중히 거절하고, 가능한 일은 최선을 다해 도와주려고 애쓴다.

옛날 중국 고사에 "주공은 세 번 뱉어내고, 패공은 세 번 머리 빗는다周公三吐哺, 沛公三握髮"는 말이 나온다. 주나라의 정치가 주공周公은 식사 중에 손님이 찾아오면 먹던 밥을 뱉어내고 방문객을 맞이하여 용건을 듣는다. 그리고 손님이 돌아가면 다시 식사를 한다. 그러다가 또 다른 손님이 오면 또 뱉어내고 면회한다. 이렇게 해서 한 끼 식사 중에 세 번이나 밥을 뱉어내고 손님을 맞이할 정도로 방문자를 깍듯하게 대접했다.

또한 패공沛公은 한漢나라의 기초를 확립한 한고조 유방劉邦을 말하는데, 주공의 가르침을 본받아 널리 현자를 기다릴 줄 아는 사람이었다. 그는 아침에 머리를 빗는 도중에 손님이 오면 머리를 빗다 말고 손님을 맞는다. 세 번 머리를 빗는다는 말은 "머리 묶는 것을 세 번이나 중단하면서까지 손님을 맞이했다"는 의미로, 손님을 매우 환대했다는 것을 말한다.

내가 감히 주공과 패공의 도량에 비견하는 것은 아니지만, 나 또한 널리 현자를 기다린다는 의미에서 어떤 사람이든 성심껏 접견했다고 자부할 수 있다. 그런데 세상에는 손님을 만나기 귀찮아하는 사람이 많다. 부자나 명사로 불리는 계층의 사람들이 특히 손님 만나기를 꺼려하는 경향이 있다. 성가시거나 귀찮다고 해서 손님 맞기를 거부하는 것은 국가나 사회에 대해 도덕적 의무를 소홀히 하는 것이라고 볼 수 있다.

나는 어제 대학을 갓 졸업한 어떤 부잣집 자제를 만났다. 앞으로 사회에 진출하는데 있어서 여러 가지 가르침의 말을 듣고 싶다고 했다. 나는 그때 "이런 말을 하면 당신 아버지가 시부사와는 쓸데없는 말을 한다고 원망할지도 모르지만…"이라는 말로 시작해 다음과 같은 얘기를 들려주었다.

오늘날의 부자들은 세상일에 소극적이고 사회에 대해 참으로 냉담하다. 그런데 부자는 자기 혼자 부자가 된 것이 아니다. 즉, 사회로부터 돈을 벌 수 있는 혜택을 받은 것이다. 예를 들어 땅을 많이 소유하고 있는 경우 노는 땅이 많아 고민이라고 말한다. 그러나 그 땅을 빌려 임대료를 내는 것은 일반 국민이다. 땅을 임대해 사업을 하여 돈을 벌고, 사업이 잘되면 노는 땅도 줄어들고 임대료도 점점 올라가 땅주인도 마찬가지로 돈을 버는 것이다. 따라서 자신이 이런 자격을 부여받은 것도 첫째 사회의 은혜라고 생각하고, 사회사업이나 공공사업에 대해 늘 솔선수범한다면, 사회는 몇 배로 건전해진다. 그와 동시에 자신의 자산운용도 점점 건실해진다. 그런데 만일 부자가 사회를 외면한 채, 자신의 금고에만 돈을 쌓아놓고 공공사업, 사회사업을 멀리한다면, 부자와 일반 국민들 간에 갈등이 발생한다. 부자에 대한 원망은 점차 사회 전체로 퍼져 파업이 일어나고, 결국 큰 불이익을 초래할 수밖에 없다. 그러므로 부를 축적하는 한편, 늘 사회적 은혜를 생각하여 사회에 봉사하려는 도덕적 의무를 다하려고 애써야 한다.

이런 말을 하면 부자들로부터 원성을 들을지 모르지만, 실제로 나는 사회 환원을 위해 늘 애쓰고 있다. 그런데 어찌된 일인지 세상의 부자들은 그런 것에는 무관심하다. 얼마 전에도 어느 부자에게 "귀하가 좀더 사회에 힘을 실어주었으면 좋겠다"고 말했더니 매우 귀찮다는 식의 대답이 돌아왔다. 단순히 성가시다는 이유로 나 몰라라 한다면 나 혼자 애써봤자 소용없는 일이다.

현재 나를 중심으로 하여 메이지신궁明治神宮의 외원外苑 건설을 계획하고 있다. 이것은 요요기에서 아오야마 주변에 이르는 면적에 광대한 공원을 조성하는 계획이다. 일본 중흥을 이끈 메이지 천황의 덕을 후손에게 전하자는 취지로 기념도서관, 각종 교육적 오락기관을 건립할 예정이다. 비용은 약 400만 엔 정도가 들어갈 것으로 예상된다. 나는 이러한 계획이 사회교육적으로 정말 필요한 사업이라고 확신하지만, 이 정도의 비용을 마련하기란 쉽지 않다. 그래서 이와사키(岩崎, 미쓰비시의 창업자)와 미쓰이三井에게 협력을 구하는 수밖에 없었다. 나는 세상의 부자들이 사회에 대한 도덕적 의무로서 공공사업에 힘써주기를 바란다.

돈은 귀하면서도 천한 것
_돈의 선용법(善用法)

　　　　　　돈이란 전 세계에 유통되고 있는 모든 화폐를 말한다. 말하자면 모든 물건의 대표인 셈이다. 화폐가 특히 편리한 점은 모든 물건을 손에 넣을 수 있기 때문이다. 옛날에는 물물교환이 이루어졌지만 지금은 화폐만 있으면 뭐든 마음대로 얻을 수 있다. 이 대표적 가치를 지녔다는 것이 중요하다. 따라서 화폐의 첫째 요건은 화폐의 실제 가치와 물품의 가치가 같아야 한다는 것이다. 만일 표면적으로만 같고 그 화폐의 실질 가치가 감소하면 반대로 물가는 오른다.
　또한 화폐는 나눌 수 있어서 편리하다. 여기 1엔짜리 찻잔이 있다고 하자. 이것을 두 사람이 나누어 가지려고 해도 나눌 수가 없다. 반으로 쪼개어 50전만큼씩 나눌 수 없다. 하지만 화폐라면 가능하다. 1엔의 10분의 1이 필요하다면 10전 동전을 사용하면 된다. 또 화폐는 물건의 가격을 결정한다. 만일 화폐가 없다면 찻잔과 담배의 등급을 명확히 책정할 수 없다. 그런데 찻잔은 1개에 10전, 담배 1보루는 1엔, 이런 식으로 정해놓으면, 찻잔은 담배 1보루의 10분의 1 가격에 해당되는 것이다.

돈은 정말 소중한 것이다. 이것은 단순히 젊은이들에게만 당부하는 말이 아니다. 남녀노소를 불문하고 모든 사람이 소중히 여겨야 한다. 화폐는 모든 물건의 대표격이기 때문에, 물건과 마찬가지로 소중하게 다루어야 하는 것이다.

옛날 우왕禹王은 사소한 물건도 우습게 여기지 않았다. 또 송나라 주자는 "밥 한 끼, 반찬 하나 만드는 것이 무척 까다롭다는 것을 알아야 한다. 종이 한 장, 실 한 오라기 구하는 것이 어렵다는 것을 알아야 한다"고 말했다. 실 한 오라기, 종이 한 귀퉁이, 또 한 알의 쌀조차도 결코 소홀히 여겨서는 안 된다.

영국 중앙은행에 길버트라는 사람이 있었다. 그가 청년시절에 면접을 보기 위해 은행에 갔다가 면접을 마치고 돌아서려는데, 바닥에 핀 한 개가 떨어져 있는 것을 발견했다. 그는 즉시 핀을 주워 옷깃에 꽂았다. 이 모습을 본 은행 면접관이 길버트를 불러 세우며 "지금 자네는 실내에서 뭔가를 주웠는데, 그게 무엇인가?"하고 묻자 길버트는 조금도 머뭇거리지 않고 "핀 한 개가 떨어져 있었는데 유용하게 쓸 수 있을 것 같아서요, 그리고 이대로 두면 위험하기도 해서 주웠습니다"라고 대답했다. 면접관은 크게 감동하여 그 자리에서 여러 질문을 던졌다. 그리고는 매우 사려 깊고 전도유망한 청년이라고 판단하여 그를 채용했고, 훗날 길버트는 대은행가가 되었다.

돈은 그 나라의 힘을 나타내는 도구이기 때문에 이를 소중히 여기는 것은 당연하다. 또한 필요한 경우에 맞게 잘 쓰는 것이 바람직한 일이다.

"돈을 잘 벌어 잘 써서 사회에 활력을 주고 경제계의 발전을 촉진한다"는 생각이 부자들이 가져야 할 마음가짐이다.

이재(理財)에 밝은 사람이란, 참으로 재물을 유리하게 다루어 잘 모으고 동시에 잘 쓰는 사람을 말한다. 잘 쓴다는 의미는 정당하게 지출하는 것, 즉 선용(善用)을 뜻한다. 의사가 수술할 때 사용하는 메스도 정신병자가 사용하면 사람을 해치는 도구로 전락한다. 또한 노모에게 효도를 할 때 필요한 '엿'도, 도적 무리에게 주면 도둑질을 위한 도구로 변하듯이, 우리는 돈을 소중하게 여기고 선용해야 함을 잊어서는 안 된다.

돈은 귀하면서도 천한 것이다. 돈이 귀하게 쓰이는 것은 오로지 소유자의 인격에 달려 있다. 그런데 세상에는 귀하다는 것을 잘못 이해하고 무턱대고 이를 틀어쥐고만 있으려는 사람이 있다. 매우 주의해야 할 부분이다. 잘 모을 줄만 알고 잘 쓸 줄 모르는 사람은 그저 수전노에 불과하다. 그러므로 오늘날의 젊은이들은 낭비자가 되지 않음과 동시에 수전노가 되지 않도록 주의해야 한다.

제5장
이상과 미신

각자 그 직업에 최선을 다하며, 도리를 어기지 않고 부를 쌓아간다면,
발전을 거듭하는 과정에서 상호 침해하거나 해를 입히는 일은 일어나지 않는다.
신성한 부는 이럴 때 비로소 이루어지고 지속되는 것이다.
모든 사람과 모든 직업이 이 경지에 이르면 부패는 자연히 사라질 것이다.

아는 것은 좋아하는 것만 못하고 좋아하는 것은 즐기는 것만 못하다
_취미(趣味)의 정의

요즘 유행하는 말 중에 "어떤 일이든지 취미를 가져라"라는 말이 있다. 이 '취미趣味'라는 말의 정의가 무엇일까?

나는 학자가 아니기 때문에 완전한 해석을 내릴 수는 없지만, 사람이 직무를 수행하는데도 이 취미를 갖기를 진심으로 바란다.

취미라는 말은 이상理想이기도 하고 욕망慾望이기도 하며 또한 '좋아하고 즐긴다'는 의미이기도 하다. 취미라는 말을 글자 그대로 단순하게 해석하면, 표면적으로 그저 직분에 충실하고 명령에 따라 일을 처리해 나가는 것을 말한다.

하지만 취미를 갖고 일을 한다는 것은 진심에서 우러나와 "이 일은 이렇게 해보고 싶다" "이것은 이렇기 때문에 이런 방법으로 해야겠다" 하는 식으로 갖가지 이상과 욕구를 자신의 직무에 쏟아붓는 것이다. 그것이 바로 '취미'라는 말의 진정한 의미이다.

취미의 정의가 무엇인지는 모르지만, 세상 사람들 모두 부디 맡은 일에 대해 취미를 갖기를 바란다. 또한 한발 더 나아가, 사람으로서 살아가려면 사람다운 취미를 갖도록 노력하기를 바란다. 과연 이 세상에 온전한 한 사람으로서 취미를 가지고, 그 취미를 진정으로 발전시킨다면, 그것이야말로 사회에 공헌하는 것이다. 그렇게까지는 아니어도, 취미를 가지고 행동한다면 반드시 그 일에 대해 혼신을 다하는 것이라고 생각한다. 만일 지시받은 대로 따르기만 한다면, 그것은 생명이 존재하는 것이 아니라 단지 형태만 존재하는 것이다.

어느 책에서 양생법養生法에 대해 설명한 것을 본 적이 있다. 그 책에 의하면 노쇠하여 생명이 존재한다고 해도, 그저 먹고 자는 것만으로 하루를 보내는 사람이라면, 그것은 생명의 존재가 아니라 '육체의 존재'에 불과하다는 것이다. 이와 반대로 사람이 노쇠하여 신체는 비록 충분히 활동하지 못한다 해도 '마음'을 가지고 세상을 살아가는 사람이라면 그것이 바로 '생명의 존재'라고 할 수 있다.

인간은 생명의 존재여야 한다. 육체의 존재가 되어서는 안 된다. 나와 같은 노인은 늘상 그것을 염두에 두어야 한다. "저 사람이 아직도 살아 있네" 하는 평가를 받는 것은 분명 육체의 존재일 뿐이다. 만일 그런 사람이 많다면 사회는 활기를 잃어가고 있다는 증거이다.

그런데 지금 세상에 이름을 날린 사람 가운데도 '아직도 살아 있나?'라는 말을 듣는 사람 많이 있다. 이는 곧 저명인사들이 생명의 존재가 아닌 육체의 존재에 지나지 않는다는 얘기이다.

사업을 하는 데 있어서도 아무 생각 없이 직무만 수행할 것이 아니라, 그 일에 '정신'을 불어넣어야 한다. 무엇이든 자신이 맡은 일에 깊은 취미를 가지고 최선을 다하면, 자신이 생각했던 모든 것을 이룰 수는 없더라도, 마음속에 품었던 이상이나 욕망의 일부분을 얻을 수 있으리라 생각한다. 공자는 "무언가를 안다는 것은 그것을 좋아하는 것만 못하고, 좋아한다는 것은 즐기는 것만 못하다知之者, 不如好之者, 好之者, 不如樂之者"[1]라고 했다. 분명 이것은 자신이 좋아하는 일에 몰두하는 것, 즉 취미의 극치를 말하는 것이다. 자신의 일에 대해서는 반드시 이러한 열성이 있어야 한다.

---

1) 〈논어〉 옹야 18장

강자의 논리
_국가와 국가 사이에도 왕도(王道)가 필요하다

프랑스 속담에 "강자强者의 논리는 언제나 옳다"라는 말이 있다. 문명이 발달할수록 사람은 도리를 중시하고 평화를 사랑하는 마음이 커지고, 전쟁의 참혹함을 싫어하는 마음도 강해진다. 바꿔 말하면, 세상은 점점 더 전쟁으로 인한 비싼 대가를 치러야 한다. 어떤 나라든지 이 사실을 되돌아보면 극단적인 전쟁은 자연히 감소할 것이다. 또한 반드시 감소해야 한다고 생각한다.

1904~1905년 경, 러시아의 크룸이라는 사람이 〈전쟁과 경제〉라는 책을 집필했는데, 그 책 속에서 "세상이 진보할수록 전쟁은 점점 더 참혹해진다. 대가도 더 많이 치러야 하기 때문에 전쟁은 차차 없어질 것이다"라고 했다. "예전 러시아 황제가 평화회의를 주장한 것도 크룸의 설에 근거한 것이다"라고 누군가 말한 적이 있다. 그만큼 전쟁은 가혹한 것이기 때문에, 최근과 같은 전 유럽의 대전쟁[1]은 결코 일어나

---
[1] 1차 세계대전을 일컬음

서는 안 되는 일이다.

작년(1914년) 7월 말에 각 신문의 보도를 보았는데, 언뜻 신문 내용만 보면 전쟁이 일어났다는 걸 믿을 수 있었다. 하지만 지난해 모로코 문제(1911년 모로코 식민 지배를 두고 독일과 프랑스가 벌인 분쟁)가 발생했을 때 미국의 조던 박사가 내게 편지를 보내왔다. 그 내용은 미국의 유명한 자본가 J. P. 모건 씨의 충고로 전쟁을 멈췄다는 사실을 전해 들었다고 했다.

하지만 세상이 점점 발전할수록 사람들은 점점 더 신중히 생각하고 자연스레 전쟁이 줄어드는 것이 이치이다. 이것이 자연스러운 흐름이다.

그런데 최근 유럽 전쟁의 양상은 참으로 참담하기 그지없다. 특히 독일의 행동은, 대체 문명이라는 것이 있기나 한 것인지 알 수 없을 정도로 야만적이다. 분명 근본적인 원인은 도덕이 국제 사회에서 보편적으로 통하지 않아 이 지경에 이르렀다고 생각한다. 대체적으로 국가의 역할은 이런 생각을 가지고 그 나라를 지켜나가야 하는 것이다.

그렇다면 과연 국가 간의 도덕을 하나로 모아 약육강식이 발붙일 수 없도록 하는 방법은 없을까. 각국의 정치가나 일반 국민들이 제멋대로 욕심을 부리는 일이 없다면 전쟁의 참혹함도 생기지 않을 것이다.

하지만 한쪽이 퇴보하면 다른 쪽이 거침없이 진보하는 상황에서, 상대의 진보를 막기 위해 싸움이 벌어지고 결국 전쟁을 일으키고 만다. 특히 인종관계, 국경관계가 뒤얽혀 있기 때문에, 어느 한 나라가 다른 나라에 대해 세력을 확장하기란 뜻처럼 쉬운 일이 아니다. 국가 간의 문제들을 평화로 해결할 수 없기 때문에 결국 서로 싸움을 일으키는 것이다. 자신이 원하는 바를 다른 사람에게 강요하지 말아야 하는데, 터무니없이 커져버린 욕심을 내세워 강한 자가 무리하게 주장을 펼치는 것이 오늘날의 양상이다.

대체 문명이란 무엇인가. 오늘날의 세계는 아직 문명이 부족하다고 생각한다. 과연 나는 이러한 세상에 살면서 앞으로 어떻게 나라를 이끌어가야 할까. 또한 우리는 어떠한 각오를 가져야 하는가, 이득을 취하려면 그 도가니에 들어가 약육강식을 주장할 수밖에 없는가, 하는 문제들에 대해 우리가 지켜야 할 원칙과 방향 설정을 하여 국민들과 함께 대처해 나가고 싶다.

우리는 어디까지나 자신의 욕심을 남에게 강요하지 말며, 동양의 도덕을 확산시켜 더욱 더 평화를 유지하여 각국의 행복을 추구해야 한다고 생각한다. 적어도 다른 나라에 심한 고통을 주지 않고 자국의 부흥을 꾀하는 방법은 없는 것일까. 자국自國만의 주장을 멈추고, 단순히 자국의 도덕뿐 아니라 국제사회에서도 진정한 왕도가 이루어진다면, 오늘날의 비극을 피할 수 있으리라 확신한다.

내가 서고자 하면
남을 먼저 세워라
_다른 사람이 목적을 이루도록 도와준 다음, 자신의 목표를 이뤄라

사람은 이 세상에 태어난 이상 반드시 어떤 사명使命을 가져야 한다. 그런데 그 사명이란 무엇인가? 어떻게 이루어야 하는가? 이에 대해서는 사람의 왼쪽 오른쪽 모습이 다른 것처럼 서로 다른 양면성을 갖는다.

분명 다음과 같이 생각하는 사람도 있을 것이다. "자신의 장점을 살려 수완과 기량을 충분히 발휘하여 최선을 다하고, 나아가 군부君父에 충효를 다하며, 사회를 구제하겠다는 마음가짐을 갖는다."

하지만 막연히 마음으로만 생각한다면 아무것도 이룰 수 없다. 어떤 형식으로 나타나야 한다. 따라서 자신이 갈고 닦은 재능과 학문, 기술을 최대한 발휘해야 한다.

예를 들어, 학자라면 학자로서의 본분을 다하고, 종교인이라면 종교인으로서의 직책을 완수하며, 정치가도 그 책임을 분명히 한다. 또한 군인도 그 임무를 다하여 각자의 능력을 유감없이 발휘하도록 마음먹

는다. 이처럼 경우에 따라 각자 할 수 있는 일이 있을 텐데, 자신을 위해서라기보다는 국가와 부모를 위해, 사회를 위해서라는 관념을 가졌으면 하는 바람이다. 즉, 국가와 사회를 주主로 하고, 자신을 종속으로 여기는 마음을 갖는다면, 나는 이것을 곧 '객관적 인생관'이라고 이름 붙이고 싶다.

그런데 이와는 반대로 오로지 자신만 생각하고, 사회나 다른 사람에 대해서는 전혀 생각하지 않는 사람도 있을 것이다. 하지만 이런 사람의 사고방식대로 사회를 관찰해보면 전혀 이치에 어긋나는 것도 아니다. 즉, 자신은 자신을 위해 사는 것이다. 타인이나 사회를 위해 자신을 희생하는 것은 이상한 일이 아닌가. 자신을 위해 살기 때문에 어디까지나 자신만을 위해서 계획한다는 주의로, 사회에서 일어나는 일에 대해서도 자신에게 이익이 되는 일에만 관심을 갖는다.

예를 들어 돈을 빌린 경우에도 자신을 위해 스스로 빌린 것이므로 당연히 갚아야 할 의무가 있다. 세금도 자신을 생존케 하는 국가의 비용이므로 당연히 내야 한다. 자재비 또한 마찬가지이다. 하지만 타인을 돕기 위해, 혹은 공공사업을 위해 성금 등을 낼 책임은 없다. 그것은 타인과 사회를 위한 것이지 자신을 위한 것이 아니기 때문이다. 뭐든 자신을 위해 사회를 움직이려고 한다. 즉, 자신을 주主로 하고 타인이나 사회를 종속으로 여기며, 자기의 본능을 만족시키기 위해 자아를 주장하여 모든 일을 처리한다. 이러한 생각을 나는 '주관적 인생관'이라고 이름 붙인다.

이 두 가지 인생관에 대해 나는 이렇게 생각한다. 만일 후자와 같은 생각으로 세상을 살아간다면 국가와 사회는 품위가 없어지고 천박해지며, 결국 구제받을 수 없는 쇠퇴의 길로 들어서지 않을까 싶다. 반대로 전자와 같은 사고방식을 펼쳐 나간다면 국가와 사회는 반드시 이상적인 길을 밟을 게 틀림없다. 그러므로 나는 객관적 인생관을 옹호하고, 주관적 인생관을 배척한다.

공자의 가르침에 "인仁이란 자신이 서고자 할 때 남부터 서게 하고, 자신이 뜻을 이루고 싶을 때 남부터 뜻을 이루게 해주는 것이다 夫仁者, 己欲立而立人, 己欲達而達人. 能近取譬, 可謂仁之方也己"[1]라는 말이 있다.

하지만 사회나 인생은 전혀 이와 같은 방향으로 흐르지 않는 것 같다.

"내가 서고자 하면 남을 먼저 세우라 하고, 내가 이루고자 하면 먼저 남을 이루게 하라"는 말에서는 자신의 욕구를 채우기 위해서는 자신이 먼저 남에게 양보하라는 의미로도 들린다. 하지만 공자의 참뜻은 결코 그런 비굴한 것이 아니다. 다른 사람의 목적을 이룰 수 있도록 도와준 다음, 자신의 목표를 이루라는 행동을 나타낸 것이다. 군자가 행하는 순서는 이러해야 한다고 가르친 것이다.

바꿔 말하면 그것이 바로 처세에 대한 공자의 각오이다. 나 또한 인생의 참뜻은 이러해야 한다고 생각한다.

---

1) 〈논어〉 옹야 28장

한손에는 논어를
한손에는 주판을
_인의도덕과 이윤 추구의 일치

　　내가 조직한 모임 중에 귀일협회歸一協會라는 모임이 있다. '귀일'이라는 이름은 세계의 각종 종교적 관념이나 신앙 등이 하나로 합쳐질 가능성은 없는 것일까 하는 염원에서 붙인 이름이다. 신이든 부처든 예수든, 모두 인간의 도리를 가르치고 있다. 동양철학이든 서양철학이든 작은 차이는 있겠지만 그 취지는 하나라고 생각한다.
　　공자가 이렇게 말했다.
　　"말이 진실되고 미더우며 행동이 독실하고 공경스러우면, 비록 오랑캐 나라에서라도 뜻을 펼칠 수 있다. 그러나 말이 진실되고 미덥지 않으며 행실이 독실하고 공경스럽지 않으면 비록 자기 마을에서인들 뜻을 펼칠 수 있겠는가?言忠信, 行篤敬, 雖蠻貊之邦行矣. 言不忠信, 行不篤敬, 雖州里行乎哉"라고 했다.[1]
　　만일 그 사람에게 신의가 부족하고 행실이 경망스럽다면, 가까운

---
[1] 〈논어〉 위령공 5장

친척일지라도 그를 꺼려할 것이다. 서양의 도덕도 역시 같은 의미를 지니고 있다. 단지 서양의 방식은 적극적으로 설명하고 동양의 방식은 약간 소극적으로 설명할 뿐이다. 예를 들어 공자의 가르침에서는 "내가 원치 않는 것은 남에게 강요하지 말라"고 했는데, 예수는 "내가 원하는 것, 그것을 남에게 행하라"고 반대로 가르치고 있다.

따라서 정도의 차이는 있겠지만, 나쁜 일을 행하지 말고 선한 일을 행하라는 표현의 차이일 뿐 결국에는 하나로 모아진다. 그러므로 깊이 연구하다 보면 각 종교들이 다른 종교에 대해 폐쇄적이고, 심지어는 서로 배척하는 행위는 참으로 어리석은 일이다. 모든 것의 하나로 합쳐지는 것이 가능한지 그렇지 않은지를 판단하기란 어렵지만, 어느 정도의 귀일을 기대하는 마음으로 조직한 것이 바로 귀일협회이다.

이 모임이 조직된 지는 몇 년이 지났다. 이제 회원은 일본인뿐만 아니라 서양인도 다수 있어서 다양한 주제에 대해 서로 연구하고 있다.

나는 "한손에는 논어를, 한손에는 주판을 들어라"며, 인의도덕과 생산을 통한 이익의 추구를 주장하는 사람이다. 그리고 인의도덕과 이익 추구를 일치시키고 싶다는 데 대해 40여 년 간 앞장서서 주장하여 실천하고 있다. 하지만 도리가 그렇다 해도 이것에 역행하는 일들이 종종 세상에 발생하는 것은 참으로 애석한 일이다.

나의 주장에 대해 평화협회의 볼 씨, 이노우에 박사, 시오자와 박사, 나카지마 리키조 박사, 기쿠치 다이로쿠단 씨 등이 뜻을 같이하고 있는 사람들이다. 그들은 '완전한 귀일은 아니더라도 반드시 어느 정도의 귀일은 이루어질 것'이라고 기대하고 있다. 세상사가 때로는 정도正道에서 벗어나 샛길로 빠져버리기도 하지만, 그렇다고 진리가 변하는 것은 아니다. 한번 진리는 영원한 진리다.

나는 "인의도덕은 생산이익과 반드시 일치해야 한다"는 것을 신념으로 여기며, 일치하지 않으면 진정한 부를 얻지 못한다고 생각한다. 그리고 영원히 부를 늘려갈 수가 없다고 믿는다.

나의 이러한 주장이 사회에 충분히 전달되어, 재물을 늘리는 데 있어서 반드시 인의도덕이 따라야 한다는 관념이 확립된다면, 부도덕한 상거래는 저절로 사라질 것이다.

예를 들면 어용품목(御用品目, 국가에 납품하는 물건)을 구매하는 담당자가 뇌물을 주고받는 것이 인의도덕에 어긋난다는 생각을 갖게 되면 수뢰 행위를 하지 않을 것이다. 아무리 어용상인 측에서 뇌물 제의를 하더라도 인의도덕을 생각하면 단호히 거절할 수 있다.

더 나아가 정치계, 법률계, 군사계 등 모든 분야에서 이 인의도덕 사상을 뿌리내려야 한다. 한쪽은 인의도덕에 따라 올바르게 상도덕을 지키려 해도, 상대방으로부터 뇌물 요청을 받는다면 곤란하다.

세상일은 수레바퀴와 같이 맞물려 돌아가는 것이어서 상호간에 인의도덕을 지키지 않으면 반드시 어딘가 균열이 생기게 마련이다. 그렇기 때문에 어떠한 경우라도 인의도덕이 합치할 수 있도록 서로 노력해야 한다. 이러한 인의도덕의 사상을 사회에 널리 확대시켜 나간다면 뇌물을 주고받는 부끄러운 일은 저절로 멈출 것이다.

일일신 우일신 日日新又日新
_매일 새로워질 필요가 있다

해를 거듭할수록 사회는 날로 새롭게 변하고 있다. 또한 학문 분야에서도 연일 나라 안팎으로 새로운 사상과 이론들이 등장하고 있다. 사회는 이처럼 하루하루, 그리고 매달 진보하고 있다. 그런데 세상의 일이란 오래될수록 폐해를 낳게 마련이다. 좋은 것은 나빠지고 이로웠던 것은 해가 되기 십상이다. 특히 인습이 오래되면 사회에 활기가 없어진다.

〈대학大學〉에 "진실로 날로 새롭고 또 새로워지다苟日新 日日新 又日新"라는 구절이 나온다. 상나라 탕왕이 세숫대야[湯盤]에 새겨놓고 날마다 자신을 경계하는 글로 삼은 구절이다.

단순한 말 같지만 "날마다 새롭고 또 날마다 새롭다"는 표현이 참으로 재미있다. 음미해보면 깊은 뜻이 들어 있다. 무슨 일이든 형식에 얽매이면 새로운 생각을 하려 들지 않고, 그러면 정신이 궁핍해진다. 그래서 날마다 새로워지려는[日新又日新] 마음가짐이 중요하다.

오늘날 행정부문에서는 일의 진행이 지지부진한 행태를 보이고 있다. 그 이유는 번거롭고 까다로운 절차에 얽매여 매사를 진행하는 데 있어 걸림돌이 되기 때문이다. 관료들이 일에 대해 깊이 파고들지 않고 형식적으로 주어진 일을 기계적으로 처리하는데 그치고 있다.

관료들뿐만이 아니다. 민간 회사나 은행에도 이런 행태가 만연하고 있다. 이러한 경직되고 형식적인 일처리는 한창 왕성하게 일어서고 있는 신흥국가에는 보기 드문 모습이다. 이런 모습은 오랜 세월 풍습에 젖어 이어져온 노쇠한 나라에서나 볼 수 있는 행태이다.

막부가 무너진 것도 그런 이유 때문이었다. "육국을 멸한 자는 육국에 있지 진에 있지 아니하다滅六國者六國也, 非秦也"[1] 라고 했다.

막부를 멸망케 한 것은 막부 그 자신이다. 태풍이 불어도 강한 나무는 절대 쓰러지지 않는다.

나는 지금도 종교를 가지고 있지 않다. 그렇다고 해서 달리 믿음이 없는 것도 아니다. 나는 유교를 신앙처럼 여겨 이를 언행의 기준으로 삼고 있다. "하늘에 죄를 지으면 빌 곳이 없다獲罪於天無所禱"[2] 라고 했다. 나는 이것만으로도 신조로 삼기에 충분하다. 하지만 일반 대중에게는 역시 종교가 필요하다. 그런데 지금의 상황을 보면 하늘 아래 사람의 마음이 한 곳으로 모아지지 못하고 있다. 종교 또한 형식에 치우친 나머지 마치 다도茶道 모임처럼 되어가는 경향이 있다. 민중을 향한 가르침이 없다. 종교계에도 뭔가 변화의 바람이 불지 않으면 안 된다.

이런 상황에 대해 국민들을 올바르게 이끌 제도가 갖춰져야 한다고

---

[1] 두보의 시 '아방궁부(賦阿房宮)'에 나오는 구절
[2] 〈논어〉 팔일 13장

생각한다. 국민들은 어떤 것을 정신적 지주로 삼아야 할지 몰라 우왕좌왕한다. 많은 사람들이 미신에 빠져 밭을 팔고 곳간을 잃는다. 종교인이 진정으로 힘을 내어 일어나지 않으면 미신은 그 세력이 더욱 강해질 뿐이다. 서양인은 "신념이 강하면 도덕은 필요 없다"라고 말한다. 우리도 그런 강한 신념을 지녀야 한다.

상업에 있어서도 잘못된 믿음이 만연해 있다. "나에게 이득이 되는 것이 우선이기 때문에, 결국 자신만 이로우면 된다"라는 생각이다. 다른 사람을 배려할 필요가 없다고 생각하는 사람이 많다. 따라서 재산 증식과 도덕을 일치시키지 못하고 부정한 방법으로 축재를 하는 사람이 많이 있다. 이것은 잘못된 일이다. 그런 사고방식이 사회에 통용되어서는 절대 안 된다.

메이지유신 무렵까지는 사회의 상류층인 무사계급은 생산으로써 부를 증식시키는 일에 관여하지 않았다. 돈을 버는 일은 인격이 낮은 계층 사람들이 맡아야 한다는 인식이 강했다. 그후 이런 풍습은 많이 개선되었지만 여전히 남아 있다.

공자는 '이윤을 꾀하는 일'과 인의도덕仁義道德은 일치해야 한다고 말했다. 그후 유학자들이 공자의 가르침을 왜곡하여 이 두 가지를 떼어놓았다. "인의를 이루면 부귀에서 멀어지고, 부귀를 이루면 인의에 멀어진다"고 가르쳤다. 상인을 잡상인이라 부르며 천하게 취급했고, 상인 계급은 고상한 사대부들 사이에 섞일 수가 없었다. 그러자 상인들 자신이 스스로 비굴해져서 돈을 모으는 데만 혈안이 되었다. 이로 인해 일본의 경제계는 수십 년, 수백 년 발전이 늦춰질 수밖에 없었다. 이런 풍토가 점차 사라져가고 있지만 나는 아직도 멀었다고 생각한다.

다시 한번 강조하건대 이윤 추구와 인의도덕은 일치해야 한다. 나는 한손에는 논어와 한손에는 주판을 들고, 이윤 추구와 인의도덕을 합치시키는 사상을 온 국민들에게 전파하고 싶다.

미신은
마음을 흐리게 한다
_스무 살 꽃다운 누이

　　　　　　내가 열다섯 살 때였다. 내게는 누님 한 명이 있었는데 정신질환을 앓고 있었다. 한창 꽃다운 스무 살 무렵의 누님은 차마 입에 담을 수도 없는 폭언과 폭행을 일삼았고, 그 난폭한 행동이 날로 심해져 부모님과 나는 매우 걱정을 했었다. 여자이기 때문에 다른 남자에게 시중을 들게 할 수도 없었다.

　나는 진심으로 걱정이 되어 미쳐버린 누님의 뒤꽁무니를 따라다니며 온갖 욕을 얻어먹으면서도 그 뒤치다꺼리를 해주었다. 그러다보니 본의 아니게 주변으로부터 칭찬을 받기도 했다. 그런데 누님에 대한 일은 비단 가족뿐 아니라 친척들에게도 큰 걱정거리였다. 그 중에 친가 쪽에 평소 미신을 맹신하는 숙모 한 분이 있었는데, 그 숙모 말이 누님의 병이 집안의 업보 때문일지 모른다는 것이다. 그래서 굿을 해보도록 권유했지만 아버지는 미신을 매우 싫어해서 승낙하지 않으셨다.

그런 와중에 아버지는 요양을 겸해서 누나를 고즈케上野의 무로타室田라는 곳에 데리고 가셨다. 무로타에는 유명한 폭포가 있는데, 환자가 그 폭포에 들어가면 병이 낫는다는 말이 있었다.

그런데 아버지가 집을 비운 동안 어머니는 숙모의 설득에 넘어가, 집안의 액厄을 쫓기 위해 무당을 불러 굿을 하게 되었다. 나도 아버지와 마찬가지로 어려서부터 미신을 지독히 싫어해서 강력히 반대했지만, 아직 열다섯 살에 불과했기 때문에 굿을 하러 온 큰어머니에게 크게 꾸중을 듣고 어찌할 수가 없었다.

이윽고 세 명의 무당이 와서 굿을 준비했는데, 나카자(中座, 신의 말을 전달하는 영매靈媒의 자리)에 사람이 필요해서 이웃집에서 일하는 식모를 불러 그 자리에 앉히게 되었다. 그리하여 실내에는 부정을 타지 않도록 장막을 치고, 흰 종이 등을 끼워 경건하게 장식했다. 나카자에 앉은 식모는 눈을 가린 채 흰 종이를 들고 반듯하게 앉았다. 그 앞에서 무당이 여러 가지 주문을 외우기 시작하자, 늘어서 있는 사람들이 이구동성으로 주술문을 큰소리로 따라 외쳐댔다.

나카자의 식모는 처음에는 잠이 든 것처럼 보이더니 어느새 들고 있던 흰 종이를 흔들며 일어섰다. 그 모습을 본 무당이 곧바로 나카자의 눈가리개를 풀더니 그 앞에 납작 엎드려 "어느 신이 오셨습니까, 말씀해 주십시오"라고 물었다. 그러고나서 "이 집에 병자가 있는데, 무슨 재앙이 끼었나요, 부디 알려 주세요"라며 애원했다.

그러자 나카자의 식모가 몹시 심각한 표정으로 "이 집에는 방위方位 귀신과 우물 귀신이 들어와 있어. 또 이 집안과 인연이 없는 귀신이 들어 앉았는데 그것이 재앙을 가져오는 거야"라며 사뭇 거만한 말투로 말했다.

그 말을 들은 사람들이 웅성거렸다. 특히 처음에 굿을 제안했던 숙모가 얼굴이 상기된 채 "그것 봐요, 신이 하신 말씀이 틀림없다니까. 예전에 집안 어른한테 들었는데, 이 집안에 이세신궁을 참배한 후 집에 돌아오지 못한 사람이 있대요. 아마 도중에 병에 걸려 죽었을지도 모른다고 했는데, 집안과 인연이 없는 귀신의 재앙이란 게 분명히 그 사람을 두고 하는 말일 거예요. 정말 신은 족집게이십니다. 감사합니다"라고 말하며 기뻐했다. 그러고 나서 이 재앙을 없애려면 어떻게 하면 좋을지 나카자에게 물었더니 "사당을 세워 제사를 지내야 해"라고 일러주었다.

나는 처음부터 굿에 대해 반대했기 때문에 뭔가 의심쩍은 구석이 없는지 주의깊게 보고 있다가 "이 집안과 연고가 없는 귀신이 대략 몇 년 전 일인가요? 사당을 세우든 비석을 세우든 그 시대를 모르면 곤란하잖아요"라고 물었다.

무당은 다시 나카자에게 물었다. 그러자 나카자는 "대략 5~60년 전이야"라고 대답했다. 나는 "5~60년 이전이면 연호가 어떻게 되나요?"라고 물었더니, 나카자는 "덴포天保 3년 무렵이야"라고 대답했다. 그런데 덴포 3년은 그때로부터 23년 전이다.

나는 무당을 향해 "무연고 귀신이 있다는 것을 밝혀낸 사람이 연호를 틀리다니요. 영험한 주술사라면 연호 정도는 금방 알아맞혔을 텐데요. 이 쉬운 연호조차도 틀리다니 어이가 없군요"라며 비난의 화살을 던졌다.

옆에 있던 숙모가 "그런 말을 하면 벌 받는다"라고 얼른 내 말을 끊었지만 이미 그 자리에 참석한 사람들은 맥 빠진 듯이 무당에게 의심의 눈초리를 보냈다. 이것은 명백한 잘못이며 누구나 수긍할 만한 일이었다.

무당도 무안했던지 "아무래도 마가 낀 것 같구나"라며 한발을 뺐다. 마가 끼었다니 사당 얘기도 제사 얘기도 더 이상 할 필요가 없어졌다. 무당은 나를 향해 "참 나쁜 아이로구나"라며 매서운 표정으로 노려보았다. 나는 승리에 찬 회심의 미소를 감출 길이 없었다.

숙모도 주문 외우던 것을 뚝 멈췄다. 그 자리에 참석한 사람들로 인해 마을에 소문이 쫙 퍼졌고, 그후로 마을에는 무당이 얼씬도 하지 못했다. 모두 미신을 타파해야 한다는 각오를 다지게 된 계기가 되었다.

이익이 있는 곳에
박차를 가하라
_효용성을 극대화시키는 법

　　　　　　　　　메이지 시대(明治時代, 1868~1912)는 새로운 문물을
받아들이고 낡은 것을 개조하여 급속도로 발전을 꾀한 시대였다. 물론
충분히 발전했다고는 말할 수 없다. 하지만 오랜 세월 동안 나라 문을
걸어잠그고 서구 문물과 접촉하지 않았음에도 불구하고, 불과 40~50
년 사이에 눈부신 발전을 이뤄냈다. 점차적으로 다른 나라의 장점을
취하고 우리의 단점을 보완하여, 어떤 분야에 있어서는 그들 나라에게
부끄럽지 않을 정도로 발전했다.

　물론 이것은 메이지 천황(明治天皇, 1852~1912)의 업적으로서, 지금의
정부나 관리들은 이것에 감사해야 한다. 그런 한편으로 국민의 적극적
인 동참으로 인해 그런 결과를 이끌어냈음을 인정해야 한다.

　또한 메이지 시대가 다이쇼(大正, 1912~1926)시대로 넘어간 이후
이제 창업의 시대는 지나갔다고 볼 수 있다. 앞으로는 창업의 뜻을
이어, 이를 지켜나가는 수성(守成)의 시대라고 말하는 사람도 있다. 수성이

더 어렵다는 말이 있듯이 국민은 이러한 작은 성공에 안주해서는 안 된다.

일본은 땅이 좁고 인구는 많으며, 앞으로 점차 인구가 증가할 것이다. 그렇기 때문에 더 더욱 그런 틀에 박힌 사고에 머물러서는 안 된다. 나라 안을 정비함과 동시에 나라 밖으로 뻗어나갈 방법을 강구해야 한다.

비록 농경지는 좁지만 농법을 개량하여 농사의 효용성을 높일 수 있다. 종묘와 경작법을 개량하고, 질소비료, 인산비료 등 좋은 비료를 개발하며, 집약적 농법을 개량하면 좋은 논 5섬이 7섬으로 늘어나며, 메마른 논에서는 두 배의 수확을 올릴 수 있을 것이다.

지금까지 불가능했던 밭벼도 화학비료의 도움으로 5섬에서 7섬까지 수확한 예도 있다. 경지가 좁다고 해서 그 효용성을 높이는 일을 등한시해서는 안 된다.

또한 홋카이도北海島를 비롯한 다른 새로운 땅에도 꼭 필요한 자금과 노동력을 투입하여 구석구석 개간 사업을 벌여야 한다. 이러한 상호간의 노력에도 불구하고 한계는 있게 마련이므로, 눈을 해외로 돌려 세계 다른 국가들과의 교역을 통해 우리 민족 발전의 길을 여는데 한시라도 게을리 해서는 안 된다.

해외를 상대로 발전을 이루려면 어떤 분야를 선택해야 할까. 역시 가장 이익이 많이 발생하는 분야에 박차를 가하는 것이 자연스런 추세일 것이다. 기후도 좋고 생산력도 좋으며, 농업이든 상업이든 사람이 활동하기 적합한 곳을 택해야 한다.

여기에서 내가 우려하는 것은 미국과 우리의 관계이다. 오늘날처럼 분쟁을 빚는 것은 상호간에 참으로 유감스러운 일이다. 생각건대 이는 상대의 태도에 문제가 있음에 틀림없다. 도리에 맞지 않는 주장을 하고 있는 것은 사실이지만, 일이 이 지경에 이른 데 대해 일본 국민도 반성해야 할 점이 매우 많다고 생각한다.

이 부분에 대해서는 당면한 교섭상의 문제가 있기 때문에 상세한 내막을 말할 수는 없다. 다만 일본 민족의 세계적 발전의 길을 열며, 어느 곳에서든 환영받는 민족이 될 수 있도록 하겠다는 마음가짐을 갖는 것이 발전의 가장 중요한 요소라고 생각한다.

도리를 지키며
이익을 창출한다
_돌을 끊는 것[切], 가는 것[磋], 쪼는 것[琢], 닦는 것[磨]

역사적인 큰 동요를 겪고 메이지유신明治維新[1]의 대개혁이 이루어졌다. 통치계급과 피통치계급의 구분이 없어지고, 이제 상인도 좁은 구역을 벗어나 세계를 무대로 크게 활동을 시도해야 하는 시대이다. 국내 주요 물품의 운송 및 보관 등은 기존에는 정부 주도하에 이루어졌지만, 이제는 개인이 해야 할 일로 넘어왔다. 상인의 입장에서 보면 완전히 신천지가 열린 것이다.

따라서 상인들 또한 상당한 교육을 받아야 하는 시대가 되었다. 그래서 상공업자 사이에서는 지리, 물품, 품목, 상업의 역사 등 경제를 번성시키기 위해 필요한 지식을 가르쳐야 한다는 인식이 자리를 잡았다. 그런데 그러한 교육이 주로 실업實業교육에 머물렀을 뿐, 도덕교육은 전혀 이루어지지 않았다. 아예 도덕교육은 제쳐두고 거들떠보지도

---

[1] 일본의 봉건제도인 막부(幕府)제도를 폐지하고 중앙집권적 통일국가와 자본주의로의 전환점이 된 사회적, 정치적 대변혁. 시기는 대략 1853~1877 사이로 본다.

않았다고 하는 게 맞다.

그리하여 부도덕한 방법으로 자신의 부를 축적시키려는 사람들이 속속 나타났다. 벼락부자가 나오고, 한탕주의로 큰 부를 이룬 자도 생겨났다. 그런 것에 자극을 받거나 유혹에 빠져 누구든 행운을 노리는 분위기가 팽배해졌다. 이리하여 점점 부를 증식시키는 데에 혈안이 되어간다.

그래서 부자는 더욱 부자가 되고, 가난한 자는 목숨을 걸고 재물을 얻으려고 한다. 이미 인의도덕은 구시대의 유물로 전락한 채 땅에 떨어져버렸다. 아니, 인의가 무엇인지 도덕이 무엇인지조차 알지 못한다. 얄팍한 상술로써 자신의 재산을 늘리는 데 급급한 양상이다. 그러다 보니 수단과 방법을 가리지 않고 남을 속이면 된다는 식의 부패와 혼탁, 타락이 뒤섞여 큰 혼란을 가져왔다. 더 이상 방치할 수 없는 지경에까지 이르렀고, 강력히 부패척결을 하지 않으면 안 되는 상황이 되었다.

그렇다면 어떻게 부패를 없앨 수 있을까. 정당한 이익을 추구하지 않고, 헛된 욕심에 사로잡힌 결과, 이처럼 도덕을 잃는 상태에 빠지고 말았다. 하지만 부도덕성을 증오한 나머지 생산을 하여 재물을 늘리는 행위마저 가로막아서는 안 된다. 예를 들어, 남녀의 품행이 외설스럽다 하여 혐오한 나머지 자연스런 이성간의 정까지 끊는다는 것은 부조리한 일이며 있을 수도 없는 일이다. 결국 순리에 어긋나고 만다.

다만 조심스런 점은 경제계의 부패와 타락에 대해 단순히 공격하고 훈계만 일삼는 것이 부패를 없애는 일인가, 하는 점은 생각해 보아야 할 문제이다. 오히려 그로 인해 경제활동이 위축되고 국가가 활기를 잃어 진정한 국부國富를 훼손할 수도 있다. 인류가 발생하면서부터 함께 공존해온 부조리와 폐단을 하루아침에 없앤다는 것은 매우 힘든 일이다. 만일 다시 옛날로 돌아가서 사무라이 같은 지배계급만 도의를 중요시하고, 상공업에 종사하는 사람은 그 활동 범위를 제한하여 살게 한다면 폐해를 줄일 수 있을지도 모르겠다. 그렇게 되면 폐해를 없애기는커녕 국가의 부는 그날로 발전을 멈추고 말 것이다.

그러므로 부의 발전을 꾀하고 부를 옹호하면서도 죄악을 저지르지 않는 신성한 부를 창출하려면 한 가지 지켜야 할 점이 있다. 그것은 바로 내가 늘상 강조해온 인의도덕이다. 도리를 지키며 이익을 창출한다는 것은 결코 모순된 개념이 아니다. 따라서 그 근본 도리를 명확히 하고 우리 국민이 충분히 그 도리를 따를 수 있다면, 상호간에 부패 타락에 빠지는 일이 없으며, 국가나 개인이나 올바르게 부를 증진할 수 있으리라 확신한다.

그 방법으로써 일상에서나 사업을 할 때나 이러이러해야 한다고 일일이 서술할 수는 없다. 하지만 가장 근본이 되는 것은 도덕과 이윤추구를 따로 떼어내서 생각하면 안 된다는 점이다.

부를 창출하는 데에도 꼭 지켜야 할 방법과 수단이 있다. 첫째 공익公益을 우선해야 하며, 남을 짓밟거나 해를 끼치거나 속이는 행위가 없어야 한다. 이리하여 각자의 직업에 최선을 다하며, 도리를 어기지 않고 부를 쌓아간다면, 발전을 거듭하는 과정에서 서로 해를 입히는 일은 일어나지 않는다. 이렇게 쌓은 부富라야 비로소 신성해지고 지속되는 것이다. 모든 사람과 모든 직업이 이 경지에 이르면 사회는 자연스레 깨끗해진다.

••

子貢曰, 貧而無諂, 富而無驕, 何如. 子曰, 可也. 未若貧而樂富而好禮者也. 子貢曰, 詩云, 如切, 如磋, 如琢, 如磨. 其斯之謂与, 子曰, 賜也, 始可與言詩已矣. 告諸往而知來者.

자공이 공자에게 물었다. "가난하면서도 남에게 아첨하지 않고 부유하면서도 다른 사람에게 교만하지 않는다면 어떻겠습니까?"
공자가 대답했다. "그 정도면 괜찮은 사람이다. 하지만 가난하면서도 인생의 즐거움을 알고, 부유하면서도 세상의 도리를 아는 것만은 못하다."
자공이 말하기를 "시경[詩經]에 이르기를 '돌을 끊는 것[切], 가는 것[磋], 쪼는 것[琢], 닦는 것[磨] 같다'고 하였는데, 바로 이와 같음을 두고 한 말입니까?"
공자가 칭찬하여 말하기를, "비로소 함께 시를 이야기할 만하구나. 지나간 일을 말해주니 알려주지 않은 것까지 아는구나."

—〈논어〉 학이편

제6장
인격과 수양

진정으로 그 사람의 인격을 평가하려면, 부귀공명에 속하는 이른바 성공했느냐 실패했느냐 하는 잣대로 판단하지 말고, 그 사람이 세상에서 최선을 다하는 정신과 사회에 대한 공헌을 우선해서 판단 기준으로 삼아야 한다.

인격의 기준
_도덕적인 인간만이 사람다운 진가를 갖췄다

　　　　　사람이 만물의 영장이라는 것은 누구나 아는 사실이다. 다 같은 영장이라면 사람들 사이에도 차이가 없어야 하는데, 세상의 많은 사람들을 보면 하늘과 땅만큼이나 큰 차이를 보인다.
　현재 우리가 접하고 있는 사람들은 위로는 왕과 귀족에서 아래로는 평민에 이르기까지 신분 차이 또한 심하다. 한 도시 한 마을을 봐도 상당한 격차가 있으며, 현縣 단위로 보면 그 차이는 매우 크다. 하물며 한 나라 안에서는 현격한 차이가 있어 극과 극이 보이지 않을 정도이다. 사람이 이렇게 지혜롭고 어리석음에 따라, 지위가 높고 낮음에 따라 차등이 생긴다면 그 가치 기준을 정하는 것 또한 쉬운 일이 아니다. 더구나 명확한 표준을 세우기란 말할 것도 없이 힘든 일이다.
　하지만 사람이 동물 중의 영장이라는 것을 인정한다면 자연스레 우열을 가릴 수 있다. 또한 사람의 진가는 그 사람이 죽은 후에 결정된다는 옛말에서도 알 수 있듯이, 어딘가에 기준을 삼을 만한 구석이 있다고 생각한다.

"사람은 모두 같다"라고 말하는 논리에는 일리가 있다. "모두 같지 않다"고 말하는 논리 또한 근거가 있다. 따라서 사람의 진가를 정하는데도 이 두 가지 논리를 연구하여 적절한 판단을 내려야 하기 때문에 상당히 어렵다. 하지만 그 판단기준을 세우기 전에 어떤 자를 사람이라 할 수 있는지 그것을 정하는 것이 먼저라고 생각한다. 하지만 이것은 매우 어려운 일이다. 사람과 금수가 어떻게 다른가 하는 문제도 옛날에는 간단하게 설명할 수 있었지만, 학문이 진보함에 따라 그조차도 더욱 복잡한 설명을 필요로 한다.

옛날 서양 어느 나라의 국왕이 인간 본래의 언어는 어떤 것인지 알고자 하여 한 가지 실험을 했다. 두 명의 아기를 한 방에 가둔 뒤 인간의 언어를 전혀 들려주지 않고 어떠한 교육도 받지 못하도록 했다. 훗날 성장한 두 아기가 밖으로 나왔을 때, 둘 다 전혀 인간의 언어를 구사하지 못하고 동물 같은 불명확한 소리만 낼 뿐이었다. 이것이 사실인지 꾸며낸 이야기인지는 모르겠지만, 인간과 금수禽獸의 차이는 매우 근소하다는 것을 이 이야기를 통해서 알 수 있다. 겉모습이 인간의 형태를 띠고 있다고 해서 우리가 이를 사람이라고 말할 수는 없다는 말이다.

사람이 금수와 다른 점은, 덕을 닦고 지혜를 연마하여 세상에 유익한 공헌을 해야 비로소 진정한 사람이라고 인정할 수 있다. 한 마디로 말하면, 만물의 영장다운 소양, 즉 도덕적인 인간만이 비로소 사람다운 진가를 갖췄다고 말하고 싶다. 그러므로 사람의 가치를 정하는 기준도 이런 의미에서 논의되어야 한다.

예부터 역사 속의 인물들 중 몇몇은 사람으로서 가치 있는 삶을 살았다. 고대 중국의 주周나라 시대의 문왕文王과 무왕武王은 은殷나라의 주왕紂王을 멸망시키고 중원을 통일하여 오로지 덕의 정치를 펼쳤다. 그리하여 후세인들은 문왕, 무왕을 가리켜 도덕정치를 행한 성주聖主라고 칭하고 있다.

그러고 보면 문무 양왕은 공명과 부귀를 모두 얻은 사람이라고 할 만하다. 그런데 공자는 이들 문왕, 무왕, 주공周公[1]과 더불어 부자(夫子, 덕행이 높아 스승으로 삼을 만한 인물)라고 추앙받아 왔다. 또한 공자의 사배(四配, 공자의 묘에 함께 모신 네 현인)라 불리는 안회顔回, 증자曾子, 자사子思, 맹자도 성인에 버금가는 인물로 칭송받고 있다. 공자와 그 제자들은 평생 왕도를 전하며 천하를 떠돌았지만, 높은 덕망에도 불구하고 전국시대 어느 나라에서도 등용되지 못했다.

이처럼 공자는 덕에 있어서 문왕과 무왕에 뒤지지 않고 명성 또한 드높았지만, 부귀라는 측면에서 물질적으로 평가한다면 실로 천양지차라 비교할 수조차 없다. 따라서 부를 기준으로 삼아 사람의 진가眞價를 논한다면 공자는 확실히 낙제생이다.

그렇다면 공자도 그 자신을 과연 이렇게 하급생이라고 생각했을까. 문왕, 무왕, 주공, 공자 모두 자신의 직분에 충실한 생을 살았다. 이처럼 각자 다른 길을 걸어온 사람들에게 부귀富貴라는 잣대를 들이대어 인격의 가치 표준으로 삼아 공자를 인간 낙제생으로 평하는 것이 적당한 평가라고 할 수 있을까?

이러한 문제들을 고려해 볼 때 누군가를 평가한다는 일이 얼마나

---

[1] 주왕조를 세운 개국공신. 문왕의 아들이며 무왕의 동생. 공자가 평생 숭배한 인물이었다.

어려운 일인가를 알 수 있다. 올바르게 그 사람의 인품을 살피고, 그 사람의 행위가 세상에 어떠한 효과를 미쳤는지 잘 관찰하지 않으면 제대로 평가할 수가 없다.

일본의 역사상의 인물을 살펴봐도 알 수 있다. 후지와라 도키히라(藤原時平, 871~909, 헤이안 시대의 귀족)와 가와라 미치자네(菅原道眞, 845~903)[1], 그리고 스쿠노키 마사시게(楠木正成, 1294~1336)[2]와 아시카가 다카우지(足利尊氏, 1305~1358)[3], 어느 쪽을 높이 평가하고 어느 쪽을 낮게 평가해야 할까.

도키히라와 다카우지 두 사람 모두 부귀란 측면에서 보면 성공한 사람이었다. 하지만 오늘날의 견해로 보면 도키히라의 이름은 상대적으로 미치자네의 충성심을 드높여주는 인물로서 평가받는 데 불과하다. 한편 미치자네의 이름은 어린아이나 하인이나 할 것 없이 모두 기억하고 있다. 그렇다면 과연 어느 쪽을 가치 있는 사람이라고 분류해야 할까. 다카우지와 마사시게 두 사람의 경우에도 마찬가지다.

생각건대 사람을 평가하여 우열을 가리는 것은 흥미로운 일이지만, 그 실상을 꿰뚫기란 이처럼 어렵고 곤란하다. 따라서 사람의 진가는 쉽게 판정할 수 없다. 사람을 진정으로 평가하려면 부귀공명이라는 측면에서의 성공과 실패를 판단 기준으로 삼을 것이 아니라, 그 사람이 사회에 얼마나 공헌을 했는지 그 정신과 영향력을 우선적으로 살펴야 한다.

---

1) 헤이안 시대의 학자. 후지와라 도키히라의 모함을 받고 추방당한 후 병으로 죽었다.
2) 가마쿠라(鎌倉) 막부 말~남북조 시대의 무장. 가마쿠라 막부를 무너뜨린 인물. 후에 가마쿠라 막부를 재건하기 위해 반란을 일으킨 아시카가 다카우지에 의해 죽었다.
3) 무로마치(室町) 막부의 초대 쇼군

지사志士는 행동에 힘써서 올바른 도리를 지킨다
_진정한 원기(元氣)

　　　　　　원기元氣란 무엇인가? 그것을 말로 설명하기란 매우 어렵다. 한자로 설명하자면 맹자가 말하는 호연지기浩然之氣에 해당할 것 같다. 세상 사람들은 흔히 청년의 원기만 말하는데, 노인에게도 원기가 필요하다. 원기는 남녀노소를 불문하고 누구에게나 없어서는 안 된다.

　오쿠마 시게노부(大隈重信, 1838~1922) 영주는 나보다 두 살 연상이지만 그 원기가 매우 왕성하다. 맹자는 호연지기에 대해서 "그 기는 지극히 크고 지극히 강하니, 정의로써 길러주고 곧게 길러서 해치지 않는다면 마침내 이 넓은 하늘과 땅 사이에 가득차게 된다其爲氣也, 至大至剛, 以直養而無害, 則塞于天地之間"[1]라고 했다. 여기서 '지극히 크고 지극히 강하니 곧게 길러서'라는 말이 매우 흥미롭다.

　사람들은 흔히 '기운이 없다' 혹은 '기운이 넘친다'라고 말한다.

---

1) 〈맹자〉공손추 상

글자 그대로라면 만취하여 길거리에서 고성을 지르고 다니면 그 사람은 '기운이 넘치는' 것이고, 조용히 있으면 '기운이 없다'는 말이다. 하지만 경찰에 붙잡혀갈 만한 왕성한 기운은 결코 자랑할 것이 못된다. 다른 사람과 싸우고, 자신이 잘못했는데도 우격다짐으로 고집을 부린다. 이런 것을 '원기가 넘친다'고 생각하면 큰 오산이다. 그것은 원기의 본래의 뜻을 잘못 이해한 것이다.

또한 "기위氣位가 높다"는 것도 일종의 원기다. 후쿠자와 유키치(福澤諭吉, 1835~1901)[1] 선생은 항상 독립자존 정신을 주창했는데, 이때의 자존自尊도 원기라고 할 수 있다. 스스로 돕고[自助], 스스로 지키고[自守], 스스로 다스리며[自治], 스스로 움직인다[自活], 이런 의미에서의 자존이라면 바람직한 것이다.

하지만 '스스로 다스리고' '스스로 움직이는' 것은 일종의 기능적인 측면에서도 좋은 것이지만, 자존이라는 것은 자칫 잘못 이해하면 오만해지기 십상이다. 혹은 무례해질 수도 있다. 이렇게 되면 악덕이라 할 수 있다. 가령 자동차가 달려오는데 "내가 피하랴?"하면서 쓸데없는 자존심 때문에 피신하지 않는다면 큰 사고가 일어난다. 이런 것은 원기가 아니다.

즉, 맹자가 말하는 '지극히 크고 지극히 강한' 호연지기는 '곧게 길러' 도리에 맞게 지극 정성을 다하며 끊임없이 정진하는 '기운'을 말하는 것이다. 어제는 술에 취해 호기를 부르고, 오늘은 피곤에 절어 있다. 이런 원기는 아무짝에도 쓸데가 없다. 반듯하게 지성을 다해

---

1) 메이지 시대의 계몽사상가. 교육의 중요성을 인식하고 게이오 의숙을 세우는 등 일본 근대 문명 발달에 선구적 역할을 했다.

원기를 길러야 '하늘과 땅 사이에 가득 찰 수 있다'. 이것이야말로 진정한 원기이다.

오늘날 젊은이들은 나약하다, 제멋대로이다, 우유부단하다는 비난을 받곤 하는데, 이는 원기를 바르게 기르지 못했기 때문이다. 지금의 환경은 나쁘게 말하면 원기를 빼앗는 요소가 다분하다. 노인도 그렇지만, 특히 가장 책임이 막중한 지금의 젊은이들은 이 원기를 온전히 기르도록 거듭거듭 노력해야 한다.

정이천(程伊川, 1033~1107, 북송北宋의 성리학자)이 이런 말을 했다. "명철한 사람은 일의 기미를 보고 생각을 정성껏 하고, 지사志士는 행동에 힘써서 올바른 도리를 지킨다哲人見機誠之思, 志士厲行致之爲."

이것은 내가 늘 주의했던 말인데 메이지시대의 정이천 선생은 이미 '생각을 정성껏 한' 사람이다. 그러나 이 시대의 청년들은 아무래도 지사처럼 올바른 도리를 지키기 위해 '행동에 힘써야' 한다고 생각한다. 따라서 청년은 충분히 원기를 왕성하게 하여 사회에 기여하겠다는 마음을 가져야 한다.

비범했던 인물
사이고 다카모리
_메이지유신의 호걸

　　　　　　　　이노우에井上 영주의 총지휘 아래, 나를 비롯해 무쓰 무네미쓰(陸奧宗光,1844~1897, 메이지 시대의 외교관), 요시카와 아키마쓰(芳川顯正, 1841~1920), 요시다 기요나리(吉田淸成, 1845~1891) 등이 영국으로 공채公債를 팔기 위해 떠났던 때가 메이지 5년(1872년)의 일이었다.

　그 무렵 오로지 나라의 재정 개혁에 관한 걱정이 한창이던 1871년경 어느 날 저녁, 당시 내가 거주했던 간다神田 사루가쿠초猿樂町의 누추한 집으로 사이고 다카모리(西鄕隆盛, 1827~1877)¹⁾ 공이 갑자기 방문했다.

　당시 사이고 공은 정치인으로서는 그 위에 실세가 없을 만큼 높은 지위에 있었다. 나처럼 관직이 낮은 살림꾼에 불과한 사람을 방문한다

---

1) 막부 말~메이지 초기의 정치가. 사쓰마 번의 무사집안에서 태어나 사쓰마 번주 나리아키라의 측근이 되었다. 존왕양이(尊王攘夷)를 주장하며 왕정복고에 진력했다. 메이지 정부의 탄생에 크게 기여하여 육군대장, 참의 등을 지냈고 정한론(征韓論)을 주장했다. 그러나 강경파와 평화파의 갈등 사이에서 희생되어 물러나 낙향했다. 1877년 사쓰마 번의 반란인 세이난(西南) 전쟁을 일으켰으나 정부군에게 진압당하자 패배를 책임지고 자결했다.

는 것은 비범하지 않고서는 행할 수 없는 일이었다. 참으로 경외로운 일이었는데, 그 용건은 다름 아닌 소마 번相馬藩의 홍국안민법에 관한 것이었다.

홍국안민법이란 니노미야 손토쿠(二宮尊德, 1787~1856) 선생이 소마 번에 초빙되었을 때 제안한 것으로 소마 번의 번영의 초석을 마련한 재정과 산업에 대한 계획이다. 이노우에 영주 초기, 정부에서 재정개혁을 단행하려 했을 때 니노미야 선생이 남긴 홍국안민법을 폐지하자는 의견이 있었다.

이로 인해 소마 번에서는 번의 흥망성쇠가 걸린 중대한 일이라 여겨, 도미타 큐스케富田久助, 시가 나오미치志賀直道 두 사람을 상경시켜 사이고 공을 직접 만나뵙도록 했다고 한다. 재정개혁을 추진함에 있어서 소마 번의 홍국안민법만은 폐지하지 않도록 부탁하기 위해서였다. 사이고 공은 그 부탁을 받아들였지만, 이노우에 영주는 받아들이려 하지 않았다. 이노우에 영주가 결정에 우물쭈물하는 타입이어서, 어쩌면 나와 이야기해보면 폐지하지 않을 방안이 생길지도 모른다고 생각한 모양이다. 그리하여 사이고 공은 도미타와 시가 두 사람에게 한 약속을 지키기 위해, 낮은 관직에 있던 나의 누추한 집으로 일부러 찾아온 것이다.

사이고 공은 내게 앞뒤 정황을 설명해주며 "모처럼의 좋은 법이 없어지는 것은 애석한 일이라, 당신의 지략으로 이 법을 지키고 소마 번을 위해 애써줄 수 없는가?" 라며 의견을 물어왔다. 나는 사이고 공에게 "그렇다면 공께서는 니노미야의 홍국안민법에 대해서 얼마나 알고 계십니까?" 하고 묻자 "잘 알지 못한다"는 대답이 돌아왔다.

"무엇인지 모르면서 폐지하지 않도록 해달라는 부탁은 납득하기 어렵지만, 모르신다면 어쩔 수 없지요, 제가 설명해드리지요"라고 말했다. 그 무렵 나는 이미 홍국안민법에 대해 충분히 조사한 뒤여서 상세히 설명해줄 수 있었다.

니노미야 선생은 소마 번에 초빙된 후 먼저 번의 과거 180년간에 걸친 상세한 세입歲入 통계를 작성했다. 그런 뒤 이 180년을 60년씩 묶어 천天, 지地, 인人, 삼재三才로 이름 붙였다. 그 가운데 있는 지地에 해당하는 60년간의 평균세입을 소마 번의 평균세입으로 가정하였다. 또한 이 180년을 90년씩 묶어 건곤乾坤이라 하고, 수입이 적은 쪽에 해당하는 곤의 90년간의 평균세입액을 표준으로 하여 번의 세출액을 결정하였다. 이를 토대로 번의 비용을 산출했는데, 만일 그해의 세입이 다행히도 곤의 평균세입 예산 이상으로 늘어나 잉여금이 생긴 경우에는 이를 가지고 황무지를 개간하며, 개간하여 얻은 새 땅은 개간한 당사자에게 주는 법안을 정한 것이다. 이것이 소마번의 홍국안민법의 주요 내용이었다.

사이고 공은 니노미야 선생의 홍국안민법에 관해 내게 자세한 설명을 듣더니 "그런 것이라면 '수입을 계산해 지출을 정한다'는 상도에도 합당하니 참으로 좋은 법이 아닌가. 폐지하지 않도록 해야 하지 않겠나"라고 말했다.

그래서 나는 이번이야말로 평소에 내가 가지고 있던 재정에 관한 의견을 말할 수 있는 기회라고 생각하여 거침없이 말을 이었다.

"니노미야 선생이 남긴 홍국안민법을 폐지하지 않고 계승하여 실행한다면 소마 번은 반드시 발전할 것이며 앞으로 더욱 더 번창할 것입니다. 하지만 소마 번의 흥국안민법 존폐 걱정보다 한층 시급한 문제는 국가를 위한 흥국안민법을 강구하는 것입니다. 사이고 공에게 있어서는 일개 소마 번의 흥국안민법이 중요하여 폐지하고 싶지 않겠지만, 국가의 흥국안민법은 아무런 대책 없이 그대로 방치해도 상관없는 것인지 알고 싶습니다. 적어도 한 나라를 양어깨에 짊어지고 국정을 운영하는 큰 임무를 맡고 있는 고위 관료로서, 국가의 작은 부분인 소마 번의 흥국안민법을 위해서는 분주히 뛰어다니면서, 국가의 흥국안민법에 대해서 아무 생각이 없다는 것은, 본말本末이 뒤바뀐 형국이 아닐 수 없습니다."

나는 이렇게 일침을 가했다. 사이고 공은 이에 대해 달리 아무런 대꾸도 하지 않고 묵묵히 일어나 돌아가 버렸다.

어쨌든 메이지유신 호걸 중 한 사람으로서 사이고 다카모리 공은, 모르는 것을 모른다고 솔직하게 말할 줄 아는, 추호도 가식이 없었던 인물임에는 틀림없었다. 참으로 존경해마지 않았던 인물이었다.

사람의 일생이란
무거운 짐을 지고 먼 길을 가는 것
_논어를 통치이념으로 삼았던 도쿠가와 이에야스

수양修養의 끝은 어디까지일까. 이것은 제한이 없다. 하지만 공리공론으로 끝나는 것을 가장 주의해야 한다. 수양은 이론이 아니고 실천이기 때문에 어디까지나 현실과 밀접한 관계를 유지해야 한다.

또한 이 이론과 실천의 조화에 대해서는 특별히 설명하고 싶은 말이 있다. 간단히 말하면 이론과 실제, 그리고 학문과 사업이 같이 병행하여 발달하지 않으면 국가가 진정으로 부흥할 수 없다는 사실이다. 어느 한쪽이 발달해도 다른 한쪽이 이에 따르지 못하면 그 나라는 세계의 선진국들과 어깨를 나란히 할 수가 없다. 이론만으로 설 수 없고, 실제만으로 만족한다고 할 수 없다. 그래서 이론과 실제가 잘 조화하고 긴밀해지는 때가 국가로 말하면 부강의 시기이며, 사람으로 치면 완전한 인격을 갖추게 되는 것이다.

이에 대한 사례는 아주 많다. 한학을 예로 들면, 공맹의 유교는 중국에서 가장 존중받으며 경학經學 또는 실학實學이라고 하여, 시인이나 문장가가 즐기는 문학과는 전혀 별개의 것으로 여겼다. 그것을 가장 잘 연구하고 발달시킨 것이 중국 송나라 말기의 주자朱子이다. 주자는 매우 박학다식하며 열심히 이 학문을 연구하고 가르쳤다.

그런데 주자가 활동하던 당시의 중국의 국운은 어떠했는가. 그때는 송나라 말기여서 정치도 부패하고 군사력도 약하여, 실학이 제 효과를 발휘하지 못하던 시기였다. 학문은 매우 발달했어도 정치가 매우 혼란했다. 즉 학문과 현실이 완전히 단절되어 있었다. 다시 말해 경학이 송 시대에 이르러 크게 부흥했음에도 불구하고 이것을 현실에서 전혀 활용할 수 없었던 것이다.

그런데 일본은 현실과 동떨어진 이론이며 죽은 학문이었던 송 시대의 유교를 현실에 응용했기 때문에 오히려 실학이 효과를 발휘했다. 이것을 유용하게 활용한 것이 도쿠가와 이에야스(德川家康, 1542~1616)이다. 겐키(元龜, 1570~1573) 연간, 덴쇼(天正, 1573~1591) 연간의 일본은 28천하二十八天下라 불리며 몹시 혼란스럽고 어지러운 시기였다. 제후들 모두 군사력을 증강시키는 데만 골몰했다.

그런 와중에 이에야스는 이에 달관하여 도저히 군사력만으로는 치국평천하를 이룰 수 없다는 것을 깨닫고, 중국에서는 죽은 학문이었던 주자의 유학을 도입한 것이다. 먼저 후지와라 세이카(藤原惺窩, 1561~1619)를 초빙하고, 다음으로 하야시 라잔(林羅山, 1583~1657, 주자학을 도쿠가와 막부의 통치이념으로 확립한 인물)을 등용하여 학문을 현실에 응용하도록 했다. 즉 이론과 실제를 조화시켜 접근한 것이다. 특히 이에야스가 〈논어〉와 〈중용〉을 중시했다는 것은 역사에 기록되어 있다.

이에야스가 남긴 유훈遺訓 가운데 지금까지 자주 사람들의 입에 오르내리는 말이 있다.

"사람의 일생이란 무거운 짐을 지고 먼 길을 가는 것과 같다. 조급하게 행동하지 말라. 불편함을 일상이라 생각하면 부족함에 대한 불편은 줄어들게 마련이다. 마음에 욕심이 생길 때는 곤궁할 때를 생각하라. 인내는 무사장구無事長久의 근본이니, 분노는 적으로 생각하라. 승리만 알고 패배를 모르면 몸에 해가 미친다. 자신을 탓할 것이며 남을 탓하지 말라. 지나침은 부족함만 못하다."

이 유훈은 〈논어〉에 나오는 구절이다. 그가 평소 〈논어〉를 가까이 두고 즐겨 읽었다는 증거이다.

"선비는 뜻이 크고 의지가 강인해야 하니, 책임은 무겁고 갈 길은 멀기 때문이다. 인仁을 자신의 임무로 삼으니 또한 책임이 무겁지 않은가? 죽은 뒤에야 그만두는 것이니 또한 갈 길이 멀지 않은가?

士不可以不弘毅, 任重而道遠, 仁以爲己任, 不亦重乎, 死而後已, 不亦遠乎"[1]

〈논어〉 태백 편에 나오는 증자曾子의 말이다. 이에야스의 "사람의 일생이란 무거운 짐을 지고 먼 길을 가는 것과 같다…"와 같은 의미이다. 또한 "부족함은 지나침보다 낫다"는 말은 공자에게서 나온 것이다. 공자가 "지나친 것은 모자란 것과 마찬가지다過猶不及"[2]라고 한 것을 이에야스는 '낫다'라는 표현으로 강조한 것이다. 이 정도면 이에야스의 유훈이 〈논어〉에서 나온 것이라는 사실을 분명하게 알 수 있다. 그밖에

---

1) 〈논어〉 태백 7장
2) 〈논어〉 선진 15장

도 이에야스는 도덕에 대해서 상당히 마음을 쓴 것으로 보인다.

이에야스가 당시 살벌했던 민심을 위로하고 300년 태평성대의 위업을 세울 수 있었던 이유는 분명 학문의 활용, 즉 실제와 이론을 조화시켜 밀접한 관계를 유지할 수 있었기 때문이었다. 이처럼 이에야스는 주자의 유학을 도입하여 이를 실제에 응용한 현명한 지도자였다.

그런데 겐로쿠(元祿, 1688~1704), 교호(享保, 1716~1735) 연간에 이르러서는 점점 그 학파가 갈라지면서 현실과 동떨어진 공리空理를 즐기는 시대가 되었다. 이름난 유학자는 많았으나, 이것을 현실과 결합시키지 못했다. 쓸 만한 학자라고 해야 구마자와 반잔熊澤蕃山, 노나카 겐잔野中兼山, 아라이 하쿠세키(新井白石, 1657~1725, 정치학자, 학자, 막부 쇼군의 조언자), 가이바라 에키켄貝原益軒 정도에 불과했다. 도쿠가와 막부 말기에 급격히 쇠락한 것도 역시 이론과 실제가 조화를 잃은 결과이다.

지금까지는 과거의 사례이지만, 오늘날에도 학문과 실제의 조화, 혹은 부조화에 따라 일의 성패가 좌우되는 경우를 흔히 볼 수 있다. 세계의 2, 3류 국가들을 보면 분명하다. 또한 일류 국가들 중에도 이론과 실제의 조화를 잃어가고 있는 나라가 있다.

그렇다면 일본은 어떠한가. 아직 충분히 조화를 이루기는커녕 오히려 학문과 실제가 서로 동떨어지는 경향까지 보이고 있다. 이것을 생각하면 참으로 국가의 장래가 걱정스럽다.

그러므로 공부하고 수양을 하는 사람은 이것을 거울삼아 결코 교묘하게 피하지 말기를 바란다. 중용을 잃지 말며, 늘 온건한 지조를 유지하기를 진심으로 희망한다. 바꿔 말하면 오늘날 수양의 의미는 열심히 일하고 근면하는 자세로 지智와 덕德을 완성하는 데 있다. 즉,

정신적인 면에 힘을 쏟음과 동시에 지식의 발달에도 힘써야 한다. 이리하여 단순히 자신만을 위한 수양이 아니라 한 마을, 한 도시, 나아가 국가와 사회의 발전에 공헌하는 것이어야 한다.

의지 단련에 관하여
_사소한 일도 간과하지 마라

　　　　　　세상일은 마음대로 되지 않는 경우가 많다. 겉으로 드러나는 일뿐만 아니라 마음에 관한 일도 마찬가지다. 예를 들면 마음속으로 단단히 결심한 일이라도 어떤 이유로 해서 갑자기 변하는 경우가 종종 있다. 다른 사람의 권유를 못 이기기도 하는데, 반드시 악의적인 유혹이 아니더라도 마음에 변화를 일으켰다는 것은 의지가 나약하기 때문이다. 스스로 결심하여 흔들리지 않겠다고 각오해 놓고도 다른 사람의 말에 흔들리는 것은 의지의 단련이 부족하기 때문이다. 따라서 평생의 마음가짐이 중요하다.

　평소 마음속에 '이렇게 하자' 혹은 '이렇게 해서는 안 된다' 하는 마음가짐이 확고하다면 아무리 다른 사람이 교묘한 말로 유혹해도 절대 흔들리지 않는다. 따라서 특별한 문젯거리가 없는 평상시에 그 마음가짐을 단단히 해놓아야 막상 문제가 닥쳤을 때 빈틈없이 처리할 수 있는 것이다.

그런데 변하기 쉬운 것이 사람의 마음이다. 평소에는 '이렇게 해야 한다'고 확고하게 결심한 사람이라도 느닷없이 마음을 바꾸기도 한다. 자기도 모르는 사이에 본심을 잃고 평소와 전혀 다르게 일을 처리하여 원하지 않은 결과를 초래하고 만다. 이것은 평상시 정신수양과 의지의 단련이 부족하기 때문에 발생하는 일이다.

평소 수양을 쌓아 단련한 사람이라 해도 절대 유혹에 빠지지 않는다고 장담할 수는 없다. 하물며 사회 경험이 얕은 청년시절에는 더욱더 주의를 게을리 해서는 안 된다. 만일 평생의 신념에 변화를 가져올 만한 상황이 발생한다면, 두 번 세 번 생각해야 할 것이다. 일을 성급하게 결정하지 말고 신중한 태도로 심사숙고한다면 저절로 마음의 눈이 떠지며 자기 본심으로 되돌아올 수 있을 것이다. 스스로를 돌아보고 숙고를 게을리 하는 것은 의지를 단련하는 데 있어서 가장 큰 적임을 명심해야 한다.

이상은 의지의 단련에 관한 이론이기도 하며 내가 느낀 바이다. 이제는 나의 체험담을 말하고자 한다. 메이지 6년(1873년), 나는 뜻한 바가 있어 관직에서 물러난 이후 기업인을 천직으로 여기며 살아왔다. 어떠한 일이 발생해도 정치계로는 돌아가지 않겠다고 결심했다. 원래 정치와 경제계는 복잡하게 뒤얽힌 관계이다. 비범한 사람이라면 이 두 가지 길의 중간쯤에 서서 교묘하게 양쪽을 오갈 수도 있겠지만, 나 같은 평범한 사람이 그런 위험한 곡예를 했다가는 모든 일이 실패로 끝날 것이 뻔했다. 그래서 나는 처음부터 내 역량이 모자란다고 생각해 정치계를 떠나 오로지 경제계에 몸을 던질 각오를 한 것이다.

당시 내가 이런 결심을 단행한 데에는 평소 나의 신념에 대해 흔들리지 않으리란 믿음이 있었기 때문이었다. 때로는 친한 친구의 만류와 충고조차도 단호하게 물리치며 경제계에 나의 큰 뜻을 던져 맹진하겠다고 다짐했다.

그런데 처음의 결심이 그토록 대단했음에도 불구하고 막상 경제현장에 나가보니 좀처럼 생각대로 일이 진행되지는 않았다. 그후 40여년 동안, 처음에 세운 뜻을 되새기며 참고 견뎌내 점차 오늘날에 이른 것이다. 지금 돌이켜보면 처음 결심했을 당시 예상했던 것보다 훨씬 많은 어려움과 변화를 겪었던 것 같다.

만일 내가 의지박약意志薄弱하여 그 수많은 변화와 유혹 앞에서 흔들려 자칫 발을 잘못 내딛었다면, 오늘날 돌이킬 수 없는 결과를 낳았을지도 모른다. 예를 들어 과거 40년 동안에 일어난 변화 속에서 동東으로 가야 할 것을 서西로 간다면 사건의 크고 작음을 떠나 처음의 뜻은 좌절되고 만다. 사람의 마음이란 가령 하나라도 좌절되어 방향이 뒤엉킨다면 최초의 결심은 상처를 입고, 앞으로 무슨 일을 해도 잘 풀리지 않을 것이라는 생각이 드는 것이 인지상정이다.

큰 둑도 개미구멍으로 인해 무너지는 것처럼, 오른쪽으로 가려 했으나 도중에 유혹을 못 이겨 왼쪽으로 간다면 결국 일생을 망가뜨리는 길이다. 그런데 나는 다행히도 이런 상황이 발생할 때마다 심시숙고하여, 아슬아슬하게 마음이 흔들렸다가도 반드시 본심을 되찾았기 때문에 40여년 간을 무사히 지나올 수 있었다.

생각해 보니, 의지를 단련하기가 어려운 것도 사실이지만, 그러는 과정에서 얻는 교훈의 가치도 결코 적지 않다. 내가 얻은 교훈을 요약하면 대략 다음과 같다.

아무리 사소한 일이라도 이를 간과해서는 안 된다. 자신의 의지에 반하는 일이라면 중요한 일이든 사소한 일이든 불문하고 단호히 물리쳐야 한다. 처음에는 사소한 일이라고 무시하지만, 그것이 원인이 되어 큰 실패를 초래할 수 있기 때문에, 어떤 일에 대해서도 깊이 생각하여 행동해야 한다.

강한 것만이 무사武士인가?
_무(武)와 문(文)의 풍부한 조예

　　　　　　　　노기 마레스케(乃木希典, 1849~1912)[1] 장군의 순사
殉死에 대해 세상의 여론이 분분하다. 그런데 자세히 살펴보면 순사를
다소 비판적인 시각으로 바라보던 사람도 노기 장군에 대해서는 옳다
고 말한다. 심지어 본받을 만하다고 말하는 사람도 있다. 또는 매우
감탄할 만한 사무라이다운 행동이며, 실로 세상을 동요시킬 만큼 훌륭
한 최후라고 존경의 마음을 가지고 논평하는 이도 있다. 당시의 신문
잡지들이 노기 장군의 순사에 관한 기사로 꽉 채울 정도였으니 장군의
행동은 사회에 큰 영향을 주었다고 생각한다.

　나는 노기 장군의 최후가 가져다준 교훈을 존경한다기보다 오히려
생전의 행동 자체가 참으로 존경할 만하다고 생각한다. 다이쇼 원년
(1912년) 9월 13일까지 생전의 노기 장군의 행적은 더할 나위 없이
순결하고 존귀했다. 그렇기 때문에 그의 죽음이 청천벽력과 같이 세상

---
1)　러일전쟁에서 활약한 일본군 대장. 메이지 천황이 사망하자 아내와 함께 할복 자살했다.

에 준엄한 가르침을 준 것이다. 장군의 순사가 어떠한 동기에서 일어났는지는 무시한 채, 그저 그 죽음만이 이토록 세상에 강한 영향을 준 것은 아닐 것이다. 그래서 나는 이 점에 대해 약간의 부연설명을 하고자 한다.

나는 노기 장군과는 친분이 두터운 사이가 아니었기에 그 성품을 자세히 알지는 못 한다. 하지만 그의 죽음 후 각계의 평판을 살펴보면, 참으로 충성스런 사람이고 청렴결백하며, 오로지 국가와 사회를 위해 일한다는 마음으로 가득 찬 사람이란 걸 알 수 있다. 일을 처리함에 있어서 온 정신을 집중하여 조금도 흐트러짐이 없는 사람이라는 것을 그의 행동 하나 하나를 통해 관찰할 수 있었다.

그는 군인으로서 군사 업무에 평생을 바쳤는데, 국가와 군주를 위해 전력을 다하겠다는 정신으로 가득 찬 사람이었다. 그의 두 아들이 러일전쟁 당시 전사했을 때도 국가를 위해 슬픈 마음을 억누르며 눈물 한 방울 흘리지 않았다고 한다.

장군은 청년 시절부터 군인으로서 상관의 명령이라면 물불을 가리지 않는 성실한 성품을 지녔고, 일의 시비선악에 대해서는 조금도 권위에 굴복하지 않는 늠름한 기상을 가졌다고 한다. 상사의 지시를 거역하여 휴직을 당한 적도 있는데, 분명 그 완고한 의지가 원인이 되었을 것이라고 미루어 짐작할 수 있다.

이렇게 보면 매우 고집스럽고 과격하며 다분히 감정적인 사람이라고 생각할 수 있는데, 반면에 온화한 군자의 풍모도 지니고 있으며, 해학과 유머도 넘쳤다. 또 깊은 배려심으로 사람을 품어주며, 자신이 이끈 병사에 대해서도 마음으로 고통을 살펴, 병사가 전사한 경우에는 고향의 부모와 처자에게 진심어린 애도의 마음을 전했다고 한다.

옛날 군인의 미담 가운데 잘 알려진 오기(吳起, 기원전 440~381, 전국시대의 장군)의 이야기가 있다. 그는 지휘관의 위치였지만 평소 부하들과 똑같이 먹고 입고 생활하는 것으로 유명했다. 한번은 오기가 종기로 고생하는 병사의 상처에 밴 고름을 직접 빨아 치료해주었는데, 그 병사는 크게 감복하여 상처가 나으면 장군을 위해 전장에서 목숨을 버려야 한다고 생각했다. 이 소식을 들은 병사의 어미가 통곡을 하자 주변 사람들은 "지체 높은 분이 종기를 빨아 치료해 주었으면 영광이지, 웬 통곡인가"라며 의아해했다. 그 어미는 "사람의 정이 그러하지만 지난번에도 오 장군이 내 남편의 종기를 빨아주더니, 돌아오지 못하고 전장에서 죽었소…"라며 한탄했다.[1]

오기가 병사의 고름을 빤 것이 측은한 마음에서 우러난 행동인지 아니면 일종의 격려 차원에서 한 행동인지 의심하여 그 어미가 한탄했을지도 모르겠다. 그런데 오기 장군은 지극히 순수한 마음에서 병사를 위로한 것이다. 단지 군대 안에서뿐만 아니라, 학습원의 원장으로 있을 때에도 남을 배려하는 마음이 모든 방면에 나타나 있다. 그렇다면 그의 평생은 어떠했을까. 오로지 무武만을 중시한 사람이 아니라 문文에도 풍부한 조예를 가지고 있었다.

아무리 충성심이 깊은 사람일지라도 오로지 무에만 치우쳐, 꽃을 봐도 감동이 없고, 달을 봐도 느낌이 없다면 문제이다. "강한 것만이 무사인가?"하는 본질적인 의문을 가져야 한다. 다이라노 타다노리(平

---

1) 연저지인(吮疽之仁) : 〈사기〉에 나오는 오기의 고사에서 비롯된 말로, 종기의 고름을 빨아주어 깊은 감동을 준다는 뜻.

忠度, 1144~1184, 헤이안 후기의 무사, 시인)가 전사할 때 품 안에 와카(和歌, 일본 전통 시)의 초고를 품고 있었다거나, 미나모토노 요시이에(源義家, 1039~1106, 헤이안 후기의 무장)[1]가 나코 소노세키勿來關의 시를 읊은 것은 하나의 아름다운 이야기이다.

옛날 무사가 무예와 문예를 겸비했다는 것은 참으로 깊은 품위를 느끼게 한다. 그런데 노기 장군은 시가에도 능했는데, 고상하면서도 어려운 의미들을 쉬운 말로 표현한 것이 일품이었다. 고향에 돌아가 마을 노인을 만나는 것이 마음 아프다고 노래한 시, 또 세상을 떠나는 슬픔을 노래한 시 등 모두 진심이 나타나 있으며 조금도 기교를 부리지 않고 막힘없이 읊고 있다.

그는 애국의 정신이 강한 사람이라, 불행히도 선왕의 죽음을 맞이하여 이제 더 이상 살아도 소용없다고 생각했을 것이다. 이런 장군의 마음이 알려져 세상을 동요시킨 것이다. 그래서 나는 생각한다. 단지 한 목숨 버린 것이 위대한 것이 아니라, 60여 년을 살면서 생전의 모든 행동, 모든 사상이 위대했음을 높이 칭찬해야 한다.

세상의 젊은이들은 결과만을 보고 부러워하지 말고, 그 결과를 얻은 원인이 어디에 있는지를 놓쳐서는 안 된다. 어떤 사람은 명예를 얻어서, 어떤 사람을 부를 얻어서 선망의 대상이 되지만, 그 명예와 부를 얻기까지의 노력은 결코 쉽지 않다. 지식은 물론 행동과 인내, 일반인이 따라 하기 힘든 각고의 노력을 한 결과임에 틀림없다. 그 지식과, 행동, 인내를 생각지 않고 오로지 결과만을 보고 부러워하는 것은 안타까운 일이다.

---

[1] 하치만타로 요시이에(八幡太郎義家)로 불리기도 한다.

노기 장군에 대해서도 그 인격과 행동을 보려 하지 않고 그저 장렬한 죽음만을 감탄하는 것은, 마치 사람의 부귀영화를 보고 그 결과만을 선망하는 것과 같다. 장군의 순사를 가벼이 여기라는 의미는 아니지만, 이처럼 세상을 감동시킬 수 있는 것은 장렬한 죽음에 있다기보다 오히려 장군의 평생의 마음가짐, 평생의 행동이 훌륭하기 때문이라고 해석해야 하지 않을까.

사리분별에 대하여
_취할 것과 버릴 것, 머무를 때와 떠날 때

　　　　　　내가 평소 주장하는 수양론修養論에 대해 나는 어떤 사람에게 반박을 받은 적이 있다. 그 내용은 두 가지로 나뉜다. 첫째, 수양은 사람의 순수한 본성을 해치기 때문에 좋지 않다. 둘째, 수양은 사람을 비굴하게 만든다는 것이었다. 따라서 이들 이견에 대해 답을 하고자 한다.

　먼저 수양이 사람의 본성 발달을 저해하기 때문에 좋지 않다는 것은, 마음을 닦는 수양과 겉모양만을 꾸미는 수식修飾을 혼동해서 잘못 이해하고 있기 때문이다. 수양이란 몸을 닦아 덕을 기르는 것으로, 연습과 연구, 극기, 인내 등을 모두 포함하는 의미이다. 이는 사람이 점차 성인이나 군자의 경지에 다다를 수 있도록 노력하는 것이며, 그것을 위해 사람이 가진 본성의 순수함까지 바꾸는 것은 아니다. 즉, 사람이 충분히 수양했다면 하루하루 선해지고 성인에 가까워지는 것이다.

만일 수양을 해서 순수함을 잃었다면 성인군자라는 완벽한 인격의 경지에 도달할 수 없다. 또한 수양을 해서 군자인 척하며 겸손하다 못해 비굴해진다면 그 수양은 잘못된 것이며, 내 늘 말하는 그런 수양이 아니다.

사람이 순수성을 잃어서는 안 된다는 점은 내가 가장 강조하는 부분이다. 그렇지만 사람의 칠정七情, 즉 희로애락애오욕喜怒哀樂愛惡慾이 발동할 때는 어떤 경우에라도 흔들리지 않는다고 장담할 수 없다. 성인군자도 피해갈 수 없다. 그러므로 단언컨대 수양이 사람의 마음을 비굴하게 만들고, 순수성을 해치는 것이라고 보는 것은 큰 잘못이다.

수양이 사람을 비굴하게 만든다는 생각은 예절과 경건함 등을 무시하는 데서 비롯된 잘못된 시각 때문이다. 효도, 우애, 충성, 신의, 그리고 인의도덕仁義道德은 일상의 수양을 통해 얻을 수 있다. 어리석고 비굴하여서는 결코 그 경지에 이를 수 없다. 〈대학〉의 치지격물(致知格物, 사물의 이치를 연구하여 지식을 완벽하게 함)도, 왕양명의 치량지致良知[1]도 마찬가지로 수양이다.

수양은 찰흙인형을 만드는 것이 아니다. 오히려 자신의 양지良知를 늘리고, 자신의 영혼을 맑게 하는 것이다. 수양을 쌓으면 쌓을수록 그 사람은 사물에 대한 옳고 그름의 판단이 명확해진다. 그래서 취할 것과 버릴 것, 그리고 자신이 머무를 때와 떠날 때를 선택함에 있어서 머뭇거림 없이 판단할 수 있다. 그러므로 수양이 사람을 비굴하고

---

1) 양지(良知)란 시비선악(是非善惡)을 판단하는 마음의 작용으로 곧 천리(天理)이고, 이 지(知)를 사물에 적용 인식시키면 도(道)가 성립한다고 보았다. 즉, 양지는 모든 사람이 선천적으로 갖고 있는 판단력, 행위의 자율적 규범을 말하고, 치(致)는 이 능력을 실현하는 것을 말한다.

어리석게 만든다는 것은 큰 오해이다.

단언컨대, 지혜를 늘리는 데 있어서도 반드시 수양이 필요하다. 이것을 가지고 수양이 지식을 도외시한다고 생각해서는 안 된다. 다만 오늘날의 교육은 지식을 얻는 것에만 치우쳐 정신의 연마가 부족하기 때문에, 그것을 보완하기 위해서라도 수양이 필요하다. 수양과 수학修學은 양립할 수 없다고 생각하는 것은 큰 잘못이다.

분명 수양은 넓은 의미에서 정신과 지식, 신체, 행동을 향상시키도록 갈고닦는 것으로, 청년이든 노인이든 늘 수양한다는 자세로 하루하루를 살아가야 한다. 이렇게 끊임없이 연마하다 보면 결국 인격의 완성이라는 경지에 이를 수 있다.

이상은 수양 무용론자들이 말하는 두 가지 반대설에 대해 반박하는 내용이 되었지만, 청년 여러분도 이러한 생각으로 스스로를 수양해 인격의 완성에 노력해 주기를 바란다.

성공한 인생이란?
_의롭지 않으면서 부귀를 누리는 것은 뜬구름과 같다

　　　　　오늘날 젊은이들에게 가장 절실하게 필요한 것은 인격의 수양이다. 메이지유신 이전까지는 사회에서 도덕 교육이 비교적 잘 이루어지고 있었다. 하지만 서양 문화의 도입으로 인해 사상계에 적지 않은 변혁을 일으켜 오늘날에는 도덕의 혼돈 시대로 빠져들고 있다.

　유교는 고리타분한 사상으로 치부되어 요즘의 젊은이들은 그 심오한 뜻을 잘 이해하지도 못하고 그 맛을 충분히 음미할 수도 없다. 그렇다고 기독교가 일반적인 도덕으로 떠오른 것도 아니고 메이지 시대의 도덕이 새로이 정립된 것도 아니다. 지금 일본의 사상계는 매우 동요하고 있어서 국민은 어느 쪽을 따라야 할지 판단하기 어려운 시기를 맞고 있다.

　정신적 지침을 갖지 못한 젊은이들은 인격의 수양이라는 것을 거의 하지 않고 있어 참으로 우려스럽다. 세계 열강들은 각자 자신들만의 종교를 가지고 국민들의 정신적 지주로 삼고 있다. 그런데 오직 일본만이 사상적 정립을 하지 못하고 국민의 정신세계가 흔들리고 있어서 어찌 보면 부끄러운 일이 아닐 수 없다.

지금의 사회 현상을 보라. 사람들은 점점 이기주의의 극단으로 치닫고 있다. 이익을 위해서는 무슨 짓이든 하겠다는 분위기가 팽배해 있다. 국가를 부강하게 만들겠다는 생각보다 오히려 자신의 재물을 늘리는 데만 몰두하고 있다.

물론 부유한 것도 중요하다. 하지만 부를 혐오하여 안빈낙도安貧樂道의 삶을 일부러 자처하여 즐기는 것만이 최선책이 아니다.

공자가 제자 안회顔回의 사는 모습을 보며 말했다. "어질도다, 회여! 한 그릇의 밥과 한 표주박의 물을 가지고 누추한 거리에 살고 있으니, 보통 사람들이라면 그런 근심을 견뎌내지 못하겠지만, 회는 그 즐거움이 변치 않는구나. 어질도다, 회여! 賢哉 回也! 一簞食 一瓢飮 在陋巷 人不堪其憂 回也不改其樂 賢哉 回也!"[1]

공자가 안회의 청빈을 즐기는 생활을 칭찬한 것은 부귀가 나쁘고 반드시 경멸해야 한다는 뜻이 아니다. 그럼에도 공자가 안회의 청빈한 생활을 칭찬한 것은 "의롭지 않으면서 부귀를 누리는 것은 나에게는 뜬구름과 같다 不義而貴且貴, 於我如浮雲"[2]는 말과 상통한다.

부귀를 나쁘다고 폄하해서도 안 되지만 오로지 자신의 이익만 생각하고, 국가 사회를 안중에 두지 않는 것은 개탄할 일이다. 사회의 인심이 그러한 것은 사회를 이끌어가는 일반인의 인격 수양이 부족하

---

1) 〈논어〉 옹야 9장
2) 〈논어〉 술이 15장

기 때문이다. 그래서 하루빨리 국민이 잣대로 삼아야 할 도덕률道德律이 확립되어야 한다. 게다가 개개인이 각자의 신앙심을 갖고 생활한다면 스스로 인격을 닦을 수 있다. 그러면 사회는 순조롭게 흘러 사리사욕만 꾀하는 일은 없어질 것이다.

그래서 나는 청년들에게 오직 인격 수양을 당부하는 것이다. 젊은 시절에는 진지하고 솔직하며, 정기와 활력이 넘친다. 어떠한 권력에도 굴하지 않을 굳건한 인격을 양성하여 훗날 자신의 부를 쌓음과 동시에 국가의 부강을 도모하도록 노력해야 한다. 일정한 신앙이 없는 사회에 사는 청년은 정신적으로 아주 불안정하다. 위험한 요소도 많기 때문에 스스로도 그만큼 자중하지 않으면 안 된다.

인격을 수양하는 데는 다양한 방법이 있다. 불교를 신앙으로 삼는 것도 좋고 기독교에 신념을 두는 것도 한 방법이다. 그러나 나는 청년시절부터 유교에 뜻을 두어 맹자의 가르침을 일생의 지침으로 여기며 살아 왔다. 따라서 충신효제忠信孝悌의 길을 내 인격 수양법으로 삼아왔다. 지금도 충성, 신의, 효도, 우애의 길을 지키는 것이 최상의 인격 수양법이라 믿고 있다. 충, 신, 효, 제, 이 네 가지 덕목은 완전한 인仁을 이루는 밑바탕이다.

충신효제의 길을 근본적 수양으로 삼기로 마음먹었다면, 더 나아가 지혜를 계발해야 한다. 지혜가 부족하면 세상을 살아가는 데 있어서 어려움이 많다. 지혜가 있어야 매사에 올바른 사리판단을 할 수 있고, '이용을 잘하여 사는데 부족함이 없는[利用厚生]' 삶을 살 수 있다. 이렇듯 개개인의 인격수양과 지혜의 계발, 그리고 도덕관념을 일치시켜야 세상을 살아가는 데 있어서 시행착오나 실패를 줄여 결국 성공을 이룰 수 있다.

　최근 "성공한 인생이란 과연 무엇인가?"하는 것에 대해 의견이 분분하다. 목적을 이루기 위해서는 수단과 방법을 가려서는 안 된다는 식으로 성공의 의미를 잘못 이해하여, 어떻게 해서든 큰돈을 벌어 지위를 얻으면 그것이 성공이라고 생각하는 사람도 있다.

　나는 그런 천박한 의견에 절대 동조할 수 없다. 높은 인격을 지니고 정의와 정도正道를 지켜나가며, 그런 후에 얻은 부와 지위가 아니면 완전한 성공이라고 할 수 없다.

제7장
주판과 권리

개인의 부는 곧 국가의 부이다. 개인이 부귀를 얻고자 하지 말고, 국가의 부를 구해야 한다.
국가가 부유해야 자신도 출세할 수 있다.
그 결과 빈부의 격차가 생긴다면 인간사에서 피할 수 없는 약속이라고 받아들이는 수밖에 없다.
하지만 가난한 자와 부자의 관계를 원만히 하고 조화를 꾀하도록 애쓰는 것이 지식인의 책무이다.

인仁을 행하는 데는
스승에게도 양보하지 않는다
_공자의 권리 사상

　　　　　　세상 사람들은 흔히 〈논어〉에는 권리 사상이 부족하다고 말한다. 권리 사상이 없다면 완전한 가르침이라고 할 수 없다는 사람도 있다.
　그러나 내 생각은 다르다. 공자의 가르침을 문자 그대로 표면적으로만 해석하면 기독교 중심의 서양사상에 비해 권리 사상이 부족해 보일 수도 있다. 하지만 이렇게 말하는 사람은 진정으로 공자를 이해하지 못한 사람이다.
　예수나 석가는 처음부터 종교가로서 세상에 나온 데 반해, 공자는 종교를 내세우며 세상에 나선 사람이 아니다. 예수나 석가와는 그 성립부터가 전혀 다르다. 특히 공자가 살았던 춘추전국시대는 의무를 우선시하고 권리를 뒤로 하는 경향을 보인 시기였다. 이런 풍습 안에서 성장한 공자를 2천 년이 지난 후세 사람들이, 전혀 사상을 달리 하는 기독교와 비교한다는 것은 무리가 있다.

그렇다면 공자의 가르침에는 전혀 권리 사상이 결여되어 있을까. 내 생각을 피력해 세상 사람들이 잘못 알고 있는 부분을 바로잡아보고자 한다.

논어 사상은 사람의 인격을 갈고닦는 가르침이다. 오히려 소극적으로 "이렇게 하기를 바란다"는 식으로 사람의 도리道理를 설명한다. 공자는 이러한 사상을 세상에 널리 퍼뜨려 결국 성인聖人의 반열에 올라섰다.

하지만 공자의 진의를 파악하면 처음부터 종교적으로 사람을 가르치기 위해 교리를 세웠다고는 생각할 수 없다. 그렇다고 해서 공자에게는 가르친다는 관념이 전혀 없었던 것은 아니다. 만일 공자가 통치자였다면 선정善政을 펼쳐 국가를 부강하게 만들고 백성을 편하게 하여, 충분히 왕도王道를 실현시킬 수 있었을 것이다. 바꿔 말하면 공자는 처음에는 한 사람의 경세가(輕世家, 천하에 교훈을 주는 사람)에 불과했다. 그 경세가에게 사람들이 온갖 잡다한 세상사를 묻자 그에 대해 일일이 답을 해주었다. 다양한 방면에 종사하는 사람들이 제자로 들어와 정치를 묻고, 충효를 묻고, 문학과 예학을 물었다. 이 문답을 모은 것이 〈논어〉 20편이다.

공자는 말년에 〈시경詩經〉을 조사하고 〈서경書經〉을 엮고 〈역경易經〉을 모아 〈춘추春秋〉를 지었다. 68세부터 이후 5년간 포교를 목적으로 학문에 힘쓴 것으로 보인다. 이렇듯 공자는 권리 사상이 결여되어 있는 세상을 살면서, 다른 사람을 이끄는 종교가로서 세상에 나선 것이 아니기 때문에 그 가르침에 권리 사상이 뚜렷이 보이지 않는 것은 어쩌면 당연할 일이다.

이에 반해 예수는 권리 사상에 충실한 교리를 내세웠다. 원래 유태인이나 이집트인 등은 예언자의 말을 믿는 풍습이 있었다. 그러다보니 예언자를 자처하는 자도 많았다. 예수의 선조인 아브라함에서 예수에 이르기까지 약 2천 년 동안 모세나 요한 등 수많은 예언자가 나왔다. 간혹 지혜로운 왕이 등장해 세상을 다스렸으며, 왕과 마찬가지로 세상을 이끄는 신이 등장하기도 했다.

이러한 시대에 예수가 태어났다. 왕은 예언자의 말을 믿고 자신을 대신하여 세상을 통치하는 자가 나타나서는 안 된다고 여겨 어린 사내아이들을 모조리 죽이도록 명령했다. 하지만 예수는 어머니 마리아에 이끌려 먼 곳으로 피해 목숨을 건질 수 있었다. 기독교는 이처럼 불합리한 몽상의 시대에 나타난 종교이기 때문에 그 교리가 명령적이고 권리 사상도 강하다.

하지만 기독교에서 말하는 '사랑'과 논어에서 가르치는 '인'은 거의 일치하는 사상이다. 한쪽은 능동적이고 한쪽은 수동적이라는 차이는 있다. 예를 들어 기독교에서는 "자신이 원하는 바를 다른 사람에게 행하라"고 가르치지만, 반대로 공자는 "자신이 원하지 않는 바를 다른 사람에게 행하지 말라"고 설명한다. 그래서 공자의 사상에는 의무만 있고 권리관념이 없는 것처럼 보인다. 하지만 극과 극은 통하듯이, 이 두 교리도 궁극의 목적은 결국 일치한다.

나는 종교의 교리로서는 기독교의 가르침이 좋고, 인간이 지켜야 하는 도리로서는 공자의 가르침이 낫다고 생각한다.

그러나 〈논어〉에도 권리 사상이 전혀 없는 것은 아니다. "인仁을 행할 상황에서는 스승에게도 양보하지 않는다當仁不讓於師"[1] 라고 한 것이 그 증거이다. 올바른 도리를 행하는 데 있어서는 어디까지나 자신의 주장을 관철시켜야 한다. 스승은 존경해야 마땅한 존재이지만, 인을 행하는 일에 있어서는 스승에게조차 양보하지 말라는 가르침 속에는 권리관념이 생생히 나타나 있다. 이 한 구절뿐만 아니라 〈논어〉의 각 장을 섭렵하다 보면 이와 유사한 가르침이 많이 등장한다는 것을 알 수 있다.

---

1) 〈논어〉 위령공 35장

골든게이트 공원의
'일본인 출입금지' 푯말
_일본의 세 번째 장점

내가 처음으로 유럽 여행을 한 것은 에도 막부 시대였다. 게이오 3년(1867년)에 프랑스에 가서 약 2년 간 머무르며 다른 나라를 돌아본 덕분에 유럽 여러 나라의 사정은 대략 파악할 수 있었다. 그러나 안타깝게도 당시에는 미국 여행은 하지 못하고 35년이 지난 메이지 35년(1902년)에야 비로소 미국이라는 나라에 갔다.

옛날 그 땅을 밟아 보지도 못했던 14~5세 무렵부터 미국이라는 나라에 대해 들어서 알고 있었다. 그후로도 줄곧 호기심을 갖고 있었고, 특히 미국과의 외교 관계에 대해서 관심을 갖고 있었다. 또한 기존 외교 관계도 매우 순조롭게 진행되고 있어서 미국이라는 말만 들어도 내 귀가 즐거울 정도였다.

그래서 그 땅에 첫발을 딛는 순간 모든 것이 마음에 들어 몹시 기뻤다. 마치 고향에라도 돌아온 듯한 느낌마저 들었다. 처음에 샌프란시스코에 도착하여 다양한 것들을 접하고 매우 흥미를 느꼈다. 그런데

단 한 가지 내 마음을 자극한 것이 있었다. 골든게이트Golden Gate 공원 수영장에 갔을 때였다. 그 수영장 푯말에 '일본인 수영금지'라는 문구가 써 있었다. 나처럼 미국에 대해 좋은 감정을 가지고 있는 사람으로서는 이해할 수 없는 일이었다.

당시 샌프란시스코에 주재하던 일본인 영사 우에노 스에사부로(上野季三郞, 1864~1933) 씨에게 그 이유를 물었더니 다음과 같은 대답이 돌아왔다. "그것은 미국에 이민 온 일본인 청년들이 공원 수영장에 들어가 물 속에서 미국 여성들의 발을 잡아당기는 등 장난이 심했기 때문에 이런 푯말을 세운 것입니다."

그때 나는 매우 놀라 우에노 영사에게 부탁의 말을 했다.

"이것은 물론 일본 청년이 원인을 제공한 것입니다. 하지만 아무리 사소한 것이라도 차별 대우를 받는 것은 일본인으로서 가슴 아픈 일이지요. 이런 일이 쌓이다 보면 결국에는 양국간에 어떠한 우려할 만한 일이 생길지 모릅니다. 그렇지 않아도 동서양 인종간에 종족 갈등, 종교 문제 등이 뒤엉켜 있어 좀처럼 서로 융화하기 어려운데, 이런 일이 생긴 것은 참으로 염려스럽습니다. 외교 분야에 몸담고 계신 분들이 충분히 주의를 기울여주시기를 바랍니다."

그렇게 말하고 샌프란시스코를 떠났는데, 이것이 메이지 35년(1902년) 6월 초였다.

이어서 시카고, 뉴욕, 보스턴, 필라델피아를 거쳐 워싱턴에 도착했다. 여기에서 당시 대통령인 시어도어 루스벨트(T. Roosevelt, 1858~1919, 재임 1901~09) 씨를 알현할 수 있었다. 그 외에 해리먼(E. H. Harriman, 1848~1909, 미국의 철도 사업가), 록펠러(J. D. Rockefeller, 1839~1937, 미국의 자본가), 스틸만 등 미국 유명 인사들을 만났다.

처음 루스벨트 대통령을 만났을 때, 그는 일본의 군대와 미술에 대해 칭찬의 말을 아끼지 않았다. 그는 일본 군인은 용감하고 지략이 뛰어나고 말했다. 게다가 인애(仁愛)의 정이 깊고 절제할 줄 알고 겸손하다고 칭찬을 아끼지 않았다. 북청사건(北淸事件, 청나라 말기인 1899~1900년, 베이징에서 발생한 외세 배척운동. 일명 의화단운동) 때 8개국 연합국으로 미국과 일본 군대도 참가했는데, 그때 본 일본 군대의 선량함에 경탄했다는 것이다. 또한 미술도 서양인이 아무리 선망해도 흉내 낼 수 없는 묘한 아름다움을 지녔다고 칭찬했다.

나는 루스벨트 대통령에게 이렇게 대답했다. "저는 은행가이지 미술가가 아닙니다. 또한 군인이 아니기 때문에 군사 분야에 대해서도 잘 모릅니다. 그런데 귀하께서는 내게 군사와 미술에 관해서만 칭찬을 하시는데, 다음에 귀하를 만날 때는 일본의 상공업에 대해서 칭찬의 말을 들을 수 있도록, 부족하지만 국민을 잘 이끌어야겠습니다."

그러자 루스벨트 씨는 정색을 하며 해명했다. "나는 일본의 상공업이 뒤떨어진다는 의미로 다른 것을 칭찬한 것이 아닙니다. 군사와 미술이 제일 먼저 내 눈에 들었기 때문에, 일본의 유력 인사인 당신에게 우선 일본의 장점을 말하는 것이 좋겠다고 생각한 것입니다. 결코 일본의 상공업을 경멸한 것이 아니에요. 내 말이 기분 나쁘다고 해서 좋지 않은 감정을 갖지는 말아주세요."

"아닙니다. 결코 나쁜 감정을 갖지 않습니다. 대통령께서 일본의 장점을 칭찬해주신 것은 매우 감사하게 생각합니다. 다만 나는 상공업이 일본의 세 번째 장점이 되기를 바랄 뿐입니다."

그날 우리 두 사람은 흉금을 털어놓고 대화를 나누었다.

그후 미국의 각지에서 다양한 사람들을 만나고 여러 가지를 접하며 참으로 유쾌하게 여행을 마치고 돌아왔다.

왕도경영王道經營의 실천
_개인의 부가 곧 국가의 부이다

　　　　　　　　　　요즘 부쩍 사회문제나 노동문제 같은 것에 대해 생각해보는 경우가 많아졌다. 이런 문제들은 단순히 법의 힘만으로 해결되는 것이 아니다. 예를 들어 한 가족 내에서도 아버지와 아들, 형제, 친족에 이르기까지 서로 권리와 의무를 주장하여 처음부터 끝까지 법률의 판단에만 의존한다면, 자연히 사람 사이의 정은 험악해지고 만다. 그러면 불신의 장벽만 높아지고 사사건건 충돌하여 "법대로 해!"라는 극한 상황이 연출되어, 결국 가족간의 화합은 바랄 수 없는 지경에 이를 것이다.

　나는 부자와 가난한 사람의 관계도 이와 마찬가지라고 생각한다. 자본가와 노동자는 원래 한솥밥을 먹는 식구食口 같은 관계로 이루어졌다. 그런데 이번 정부에서 고용인과 피고용인의 관계를 규정한 법을 제정해 모든 문제를 법률로써 처리한다는 것이다. 이를 실시하면 과연 정부가 바라던 결과가 나타날까?

오랫 동안 자본가와 노동자 사이에는 일종의 끈끈한 애정이 형성되어 왔다. 그런데 어느 날부터인가 이들 관계에 정情이 아닌 법이 개입되기 시작하고, 양쪽이 서로 권리와 의무를 첨예하게 주장하다 보면 결국 상호 친밀감이 사라지지 않을까 걱정스럽다.

그렇게 되면 이 법을 제정하느라 공을 들인 보람도 없어지고, 또한 본래의 좋은 목적에도 반하는 결과가 발생하기 때문에 신중하게 연구해야 한다고 생각한다.

내가 바라는 점은, 원래 좋은 의도로 법이 제정되었다고 해서 하나에서 열까지 법의 판결에만 의존하지 않았으면 하는 것이다. 부자든 가난한 사람이든 왕도王道를 가져야 한다. 덕德으로써 모든 인간 행위를 풀어나간다는 생각으로 처세에 임한다면, 백 가지 법률, 천 가지 규칙보다 훨씬 바람직하다. 즉 자본가는 근로자를 인의仁義로써 대하고, 근로자 또한 신뢰를 가지고 자본가를 대한다. 그런 관계 속에서 사업에서 발생한 이익과 손해는 양쪽이 공동으로 감수한다는 마음으로 일한다. 그렇게 서로 동정심을 가지고 일하는 마음가짐이 있어야만 비로소 진정한 왕도경영王道經營이라고 할 수 있다.

그야말로 양측이 이런 자세를 갖는다면, 권리나 의무 같은 관념은 서로의 감정만 벌려놓을 뿐이라고 해도 과언이 아니다. 내가 옛날에 유럽 여행을 갔을 때 보았던 독일의 크루프Krupp 철강회사나 미국 보스턴 근처의 월샘Waltham 시계회사의 경우 그 조직이 매우 가족적이어서 노사 간에 화기애애한 분위기가 넘치는 모습을 보고 매우 감탄했었다. 바로 내가 말하는 왕도경영을 보는 것 같았다. 이렇게만 된다면 법 제정도 아무런 의미가 없어지고 노동문제로 골머리를 썩일 이유가 없지 않을까.

그런데 사회는 인의(仁義)의 마음으로 배려하고 보살피지 않고, 강제적으로 빈부의 격차를 줄이려고만 한다. 물론 빈부의 격차가 없어지기를 간절히 바라는 사람도 있을 것이다. 하지만 정도의 차이는 있을 뿐 어느 나라, 어느 시대든 빈부격차는 존재해왔다.

물론 국민 모두 부자가 되면 좋겠지만, 사람마다 지혜가 다르고 능력이 다르기 때문에 누구나 똑같이 부자가 될 수는 없다. 따라서 모두가 부자가 된다는 것은 부의 분배나 평균 등은 고려하지 않은 유토피아적인 공상에 불과하다. 즉 부자들 때문에 가난한 자가 생기는 것이라는 논리하에 세상 사람들이 모두 부자를 경멸한다면 어떻게 부국강병의 열매를 거둘 수 있을까.

개인의 부는 곧 국가의 부이다. 개인이 부귀를 얻고자 하지 말고, 먼저 나라가 부유해지기를 노력해야 한다. 국가가 부유해야 자신도 잘살 수 있다고 믿는 것이야말로 국민의 한 사람으로서 늘 염두에 두어야 한다. 그 결과 빈부의 격차가 생긴다면 그것은 자연스런 현상이다. 인간 사회에서 피할 수 없는 규칙이라고 생각하는 수밖에 없다.

하지만 나는 지식인으로서 항상 부자와 가난한 사람과의 관계가 조화를 이루도록 노력하며 한시도 각오를 게을리 하지 않고 있다. 이를 자연스런 인간사회의 이치라며 그대로 방치해둔다면 훗날 큰일을 일으킬 수밖에 없다는 것 또한 자연스런 결과이다. 그러므로 미연에 화를 막기 위해서는 왕도경영이 이루어지도록 마음 쓰기를 간절히 바란다.

선의善意의 경쟁
악의惡意의 경쟁
_경쟁에도 도덕이 필요하다

경영자, 특히 수출무역에 종사하는 사람들에게 상도商道를 말하면 상업에만 도덕이 있는 것처럼 들릴 수도 있겠다. 하지만 도덕이라는 것은 세상 사람들이 지켜야 할 도리이기 때문에, 단순히 상업 종사자에게만 해당되는 것은 아니다.

"상도덕은 이러하다" "무사도는 이러하다" "정치가의 도덕은 이러하다"라는 식으로 마치 제복의 치수를 달리하듯이 딱 잘라 구분해서는 안 된다. 도덕이란 사람이 지켜야 할 도리이기 때문에 모든 사람에게 똑같이 해당되기 때문이다.

공자는 "효제(孝悌, 효도와 우애)는 인仁의 근본"이라고 가르쳤다. 처음 효제에서 시작하여 그후 인의仁義를 이루며, 충서忠恕를 이룬다. 이것을 총칭하여 도덕이라 했다.

그런 넓은 의미의 인도적 도덕이 아니더라도 상업, 특히 수출무역 종사자에게 당부하고 싶은 것이 '경쟁의 도덕'이다. 이것은 특히 엄격한 규칙을 정하여 거래 상대와, 또 경쟁 상대와의 약속을 도덕적으로 엄격히 하기를 바란다. 발전을 위해서 경쟁은 반드시 필요하고 또 경쟁하기 때문에 또 발전을 이루는 것이다. 즉, 경쟁이 공부이자 '발전의 어머니'라는 사실이다.

그런데 이 경쟁에도 선의와 악의 두 종류가 있다. 매일 아침 일찍 일어나 공부하고 탐구하여 그 지혜를 가지고 다른 사람과 경쟁한다면 이는 선의의 경쟁이다. 하지만 좋은 평가를 받고 있는 다른 사람이 기획한 일을 흉내내어 훔치려는 생각은 상대의 영역을 침해하는 것이므로 악의의 경쟁이다. 대략적으로 이렇게 선의의 경쟁, 악의의 경쟁 두 가지로 말할 수 있다.

원래 사업이라는 것이 백이면 백, 모두 다른 형태라 경쟁 또한 수없이 많이 나뉘어져 있다. 하지만 경쟁이 정정당당하지 못한 경우, 물론 순간은 이득을 볼 수도 있다.

하지만 대부분의 경우 자신의 일로 인해 상대를 방해할 뿐만 아니라 자신 또한 손실을 입는 것으로 끝이 난다. 단순히 나와 남이라는 관계에만 국한된 것이 아니라 그 폐해는 국가에까지 영향을 미친다. 이렇게 되면 일본의 무역상인은 외국인에게 경멸당하고 말 것이다. 이 정도면 그 손실은 엄청나다.

최근에 악의의 경쟁으로 인한 폐해가 많다고 들었다. 특히 잡화 수출업의 경우 나쁜 의미의 경쟁, 즉 도덕성이 결여된 행동으로 남에게 해를 끼치고 자신에게 손실을 입히며, 국가의 품위를 떨어뜨린다. 상공업자의 위상을 높이려다가 오히려 실추되는 결과만 낳을 뿐이다.

그렇다면 어떻게 경영하는 것이 바람직할까. 바로 선의의 경쟁을 위해 애쓰며, 악의의 경쟁을 피하는 것이다. 이 악의의 경쟁을 피한다는 것은, 상호간에 상도덕을 중시하겠다는 강한 생각을 가지고 "이런 경우 이렇게 해서는 안 된다"는 생각을 늘 염두에 두는 것이다. 이렇게 되면 성경을 읽지 않아도 〈논어〉를 외지 않아도 반드시 악의의 경쟁을 피할 수 있다.

원래 도덕이라는 것이 지나치게 어렵게 인식되어, 동양도덕이라고 하면 어려운 문자나 늘어놓으며 고상하게 차를 마시면서 논하는 형식적인 것으로 생각하는 경우가 많다. 그래서 일종의 탁상공론처럼 되어, 도덕을 말하는 사람과 도덕을 행하는 사람이 따로 있는 것처럼 여겨지고 있다. 매우 안타까운 일이다.

도덕은 일상日常이다. 시간 약속을 어기지 않는 것도 도덕이며, 남에게 양보하는 것도 도덕이다.

또 어떤 경우에는 다른 사람을 편안하게 배려해주는 행동도 도덕이다. 일할 때는 정의롭게 임하는 것도 일종의 도덕이다. 사소한 물품을 판매할 때도 도덕은 필요하다.

따라서 도덕은 밤낮 구분 없이 지켜야 한다. 그런데 도덕을 어려운 것으로 인식하도록 만들어놓은 것이 오늘날의 도덕이다. "지금부터는 도덕을 지키는 시간이다"라는 식은 억지이다. 상공업에 있어서 남을 방해하고 남의 이익을 빼앗는 경쟁은 악의의 경쟁이다. 반면 물품을 최대한 정성을 다해 선별하고 다른 사람의 이익 범위를 침해하지 않는 경우는 선의의 경쟁이다. 즉, 선의와 악의의 구분은 어디까지나 개인의 양심에 맡겨 판단해야 한다.

어떤 사업이든 자신이 종사하는 일에 대한 연구는 계속 이루어져야 한다. 또한 지속적으로 주의를 기울여야 한다. 계속적인 발전을 이루어야 하지만, 그와 동시에 악의의 경쟁이어서는 안 된다는 사실을 명심해야 할 것이다.

정직한 사업의 조건
_경영자로서 부적합한 자가 가장 큰 화근이다

지금의 실업계에 나타난 나쁜 풍조 하나를 보면, 악덕 경영자가 나타나 다수의 주주가 위탁한 자산을 마치 자신의 전유물로 여겨 마음대로 운용하여 사리사욕을 채운다는 것이다. 이로 인해 회사의 내부는 복마전伏魔殿을 방불케 하여, 공적으로나 사적으로나 미심쩍은 행동이 성행하고 있다. 참으로 통탄할 현상이 아닌가.

원래 상업은 정치 분야에 비하면 오히려 투명해야 한다. 다만 은행은 사업의 성격상 고객의 비밀을 유지해야 한다. 예를 들어 누가 어떤 일로 대출을 받았고, 어떤 것을 저당 잡혔는지에 대해서는 직업윤리상 비밀을 지켜야 한다. 또한 일반 장사에서도 정직을 최우선으로 여기는 것은 좋지만 "이 물품은 얼마에 사들였는데 얼마나 팔려나가 얼마큼의 이득을 보았다"는 것을 일부러 세상에 알릴 필요는 없다. 즉, 부당하게 취한 이득이 아니라면, 도덕적으로 부정한 행위는 없다고 생각할 수 있다.

하지만 현재 있는 것을 없다고 하고, 없는 것을 있다고 말하는 것처럼 뻔한 거짓말을 하는 것은 옳지 못하다. 따라서 정직한 사업에는 비밀이 없어야 한다. 그런데 사회 현상을 보면, 회사에 없어도 되는 비밀이 있거나, 해서는 안 될 일을 사사로이 행하는 것은 어떤 이유 때문일까. 단언컨대 경영진의 잘못 때문이다.

그렇다면 이 화근은 경영자의 자리에 적합하지 않은 자가 앉아 있기 때문이다. 적당한 인재[適材]를 꼭 필요한 자리[適所]에 기용하는 것은 좀처럼 쉬운 일이 아니다. 지금도 경영진으로서 능력이 부족한데도 불구하고 그 자리를 차지하고 있는 자가 적지 않다.

예를 들어 회사의 이사직이나 감사직을 명예삼아 이용하는 경우가 있다. 즉 허영심이 강한 중역이다. 이런 천박한 사고방식은 혐오스럽지만, 그들의 희망은 작기 때문에 그다지 악영향을 끼칠 염려는 없다.

또한 성품은 착하지만 경영 능력이 부족한 사람이 있다. 그런 사람이 중역이 되면 부하의 선악을 식별하는 능력도 없고, 장부를 감사[監事]할 식견도 없다. 따라서 자신도 모르게 부하의 잘못을 뒤집어쓰는 경우가 있다. 자신의 잘못이 아니어도 결국 구제할 수 없는 궁지에 몰리고 만다. 이것은 직위를 명예에 이용하는 중역에 비하면 죄는 무겁지만, 고의로 악행을 저지른 자가 아닌 것만은 확실하다.

그런데 이 두 가지 경우보다 더 나쁜 것은 회사를 이용하여 자신의 사리사욕을 채우거나, 아예 이권을 챙길 목적으로 중역 자리에 앉은 자이다. 이는 용서할 수 없는 죄악이다. 그들은 주식 상장을 빌미로 실제로는 발생하지 않은 이익을 발생한 것처럼 꾸며 허위로 배당하거나, 사실 지불하지도 않은 자금을 지불한 것처럼 주주의 눈을 속이는 경우도 있다. 이것은 모두 분명한 사기 행위이다.

더구나 그들의 파렴치한 행각은 이 정도에서 그치지 않는다. 회사의 돈을 유용하여 투기를 하거나 자신의 개인사업에 투자하는 자도 있다. 도대체 강도와 다를 바 없지 않은가.

이런 악행은 분명 도덕 수양이 부족해서 발생하는 폐해이며, 그 중역이 성심을 다해 사업에 충실히 임했다면, 그런 잘못은 생기지도 만들지도 않았을 것이다.

나는 항상 사업 경영에 있어서 그 일이 국가에 필요한지, 또 도리에 합당한지 따져보고 행하려고 마음먹으며 살아왔다. 가령 그 사업이 별볼일 없다 해도, 나에게 돌아오는 이익이 적다 해도, 국가에 필요한 사업을 합리적으로 경영하면 늘 즐거운 마음으로 일에 임할 수 있다.

따라서 나는 〈논어〉를 경영의 바이블로 여기며 공자의 도가 아니고서는 한 발도 나서지 않으려고 애써왔다. 또한 한 개인에게 이익을 주는 것보다는 사회 다수를 유익하게 만들지 않으면 안 된다고 생각하며, 사회 다수에 이익을 주기 위해서는 그 사업이 견실하게 성장해야 한다는 사실을 늘 염두에 두고 있다.

후쿠자와 유키치(福澤諭吉, 1835~1901) 옹은 "글을 써도 그것을 많은 사람이 읽지 않으면 아무런 효능이 없다. 저자는 항상 자신보다 국가 사회를 이롭게 한다는 생각을 가지고 집필해야 한다"고 말한 바 있다.

사업 또한 마찬가지다. 사회 다수를 이롭게 하지 않고서는 올바른 사업이라고 할 수 없다. 가령 한 개인만 부자가 되고 사회 다수는 빈곤에 빠진다면 진정한 사업이라고 할 수 없다. 아무리 그 사람이 부를 쌓아도 그 행복은 지속될 수 없을 것이다. 그러므로 진정한 사업이란 정당한 방법으로 돈을 벌어 국가의 부를 이루는 방법이어야만 한다.

●●●

志以發言, 言以出信, 信以立志, 參以定之.

뜻(마음)이 있어 말이 되고, 그 말이 신뢰를 만들며, 그 신뢰가 지켜져 마음이 통한다. 이 세 가지 지志, 언言, 신信이 있어야 비로소 몸이 서는 것이다.
―〈좌전左伝〉

제8장
경영과 무사도(武士道)

무사도는 경영정신의 진수이다. 국가적, 아니 세계적으로도 크게 영향을 주고 있는 '신뢰'의 중요성을 인식하여 "신뢰란 모든 비즈니스의 근본이다"라는 자세로 임해야 한다. 신뢰란 모든 일에 맞설 수 있는 힘이라는 사실을 이해하고 그것으로 경제계의 근간을 튼튼히 하는 것이 가장 중요한 일이다.

무사도武士道란
곧 기업가정신이다
_정의·청렴·정직·예의·의협심·용기

　　　　　무사도武士道의 진수眞髓는 정의, 청렴, 정직, 예의, 의협심, 용기 등의 미덕이 깃들어 있는 정신이다. 그것을 한마디로 무사도라고 말하지만 그 내용을 깊이 들여다보면 상당히 깊은 의미의 도덕관道德觀이다. 그런데 내가 심히 유감스럽게 생각하는 것은 이 무사도가 예로부터 오로지 사무라이 사회에서만 행해졌을 뿐, 생산에 종사하는 상공자들에게는 그 정신이 부족했다는 점이다.

　예전의 상공업자는 무사도를 잘못 이해하여 정의, 청렴, 예의, 의협심 등을 지키면 장사를 할 수 없다고 생각했다. 그래서 "무사는 못 먹어도 유유히 이를 쑤신다(무사는 가난해도 청빈에 안주하여 기품이 높아야 한다는 뜻)"와 같은 기풍은 상공업자들에게는 금물이었다.

　그러나 상공업자에게 도덕은 필요 없다는 생각은 큰 착각이었다. 사무라이에게 무사도가 필요했던 것처럼 상공업자에게도 역시 그들만의 상도商道가 필요하다.

봉건시대에 무사도와 이윤 추구가 서로 배치背馳된다고 생각했던 이유는, 유학자들이 인仁과 부富는 함께 행할 수 없다고 보았던 것과 같은 시각이었다. 그러나 지금은 무사도와 이윤 추구, 인과 부가 서로 모순되지 않는다는 것을 세상 사람들이 다 인정하고 있다.

공자가 말한 "부유함과 귀함은 사람들이 바라는 것이지만, 정당한 방법으로 얻은 것이 아니라면 그것을 누려서는 안 된다. 가난함과 천함은 사람들이 싫어하는 것이지만, 부당하게 그렇게 되었다 하더라도 억지로 벗어나려 해서는 안 된다."[1]라는 말은 무사도의 진수인 정의, 청렴, 예의, 의협심 등에 꼭 들어맞는다.

공자의 가르침에서 "현자賢者는 빈천貧賤에 처해도 그 길을 바꾸지 않는다"는 말은 무사도에서의 "전장에 임해서는 적에게 등을 보이지 않는다"는 각오와 같다. 또한 공자가 말한 "도리에 어긋나는 방법으로 행한 것이라면 가령 부귀를 얻어도 안주하여 거기에 머물지 않는다"는 말 역시 옛 무사의 "도리에 어긋나는 방법이라면 터럭 하나도 취하지 않는다"라는 의기意氣와 일맥상통한다.

그렇다면 성현들 역시 빈천보다는 부귀를 바랐지만 단지 그들은 도의를 우선으로 삼고 부귀빈천을 뒷전에 두었다. 그러나 예전의 상공업자들은 반대로 부귀빈천을 우선시하고 도의를 하찮은 것이라 여기게 되어버렸다. 오해도 이런 오해가 어디 있겠는가?

이러한 무사도는 사무라이나 유학자들만이 가져야 할 정신이 아니다. 문명국의 상공업자들이 근본으로 삼아야 할 도리 역시 이 무사도에 담겨 있다. 서양의 상공업자는 서로의 약속을 존중하여, 가령 그 사이에

---

1) 〈논어〉 이인 5장

손해를 보든 이익을 보든 일단 약속한 이상 반드시 이행한다. 이처럼 반드시 약속을 지키는 도덕심은 청렴하고 정직한 사무라이 정신과 같다고 할 수 있다.

그런데 우리 일본의 상공업자는 아직까지도 예전의 관습을 버리지 못하고 있다. 걸핏하면 도덕적 관념을 무시하고 눈앞의 이익만을 좇는 경향이 있다. 서양 사람들도 일본인의 이런 단점을 비난하고 있다. 그래서 무역 거래를 할 때 일본인을 절대 믿지 못하는 것은 우리 상공업자들에게는 커다란 손실이다.

사람으로서 세상 사는 도리를 망각하고, 도리를 거스르면서까지 사리사욕을 채우려 하거나, 혹은 권력에 아첨해서라도 출세하려 한다면 이는 실로 인간으로서 표준 이하의 행동이다. 그와 같은 행동으로 얻은 지위는 결코 영원하지 않다.

적어도 세상에서 성공하겠다는 뜻을 품었다면 어떤 직업을 갖든, 어떤 처지에 놓이든, 자신의 힘으로 앞만 보고 가야 한다. 한시도 정도正道를 벗어나지 않겠다는 각오를 잊지 말아야 한다. 그런 뒤에 자신의 부와 성공을 향해 한발 한발 나아가는 것이야말로 참된 인간의 의미 있는 인생이라고 말할 수 있다.

이제는 무사도를 경영의 도道로 삼아야 한다. 일본인은 어디까지나 무사도를 정신적 지주로 삼아 최선을 다한다면, 상업이든 공업이든 세계와 어깨를 나란히 겨룰 날이 오게 될 것이다.

유무상통 有無相通
_서로에게 있고 없는 것을 서로 융통하여 함께 이익을 본다

일본과 중국은 인접해 있고 같은 한자 문화권에 속해 있다. 또 과거 역사적으로도 그렇고 사상, 풍속, 취미가 같다는 점에서도 그렇고 서로 손잡고 가야 할 관계이다. 그렇다면 어떻게 제휴라는 열매를 맺을 수 있을까?

그 방법은 다른 데 있지 않다. 서로의 인정을 이해하고 "자신이 원하지 않는 것은 다른 사람에게도 바라지 않는 것" 이른바 서로 사랑하고 충서忠恕의 도道로써 교류하는 것에 있다. 이것은 곧 〈논어〉에 나오는 공자의 말이다.

상업의 참된 목적은 '서로에게 있고 없는 것을 서로 융통하여[有無相通]' 함께 이익을 보자는 것이다. 그런데 비록 이익을 추구하는 사업이라 할지라도 도덕이 수반되어야 참된 목적을 달성할 수 있다. 일본이 중국의 사업에 관여할 때도 성실하고 배려하는 마음으로 임해야 한다. 자국의 이익은 물론 상대국에게도 이익이 되는 방법을 쓴다면 일본과

중국 사이의 참된 제휴관계의 결실을 맺는 것은 그다지 어려운 일이 아니다.

이 일에 있어서 우선적으로 시도해야 할 것이 있다. 중국의 풍부한 자원을 개척하여 부를 증진시키는 것이다. 그런데 그 경영 방법은 양국의 공동 출자에 의한 합작사업으로 하는 것이 최선의 방법이다. 비단 개척 사업에만 한정된 이야기가 아니라 그 외의 사업에서도 역시 일본과 중국이 합작해야 한다. 이렇게 하면 일본과 중국 사이에 긴밀한 경제적 고리가 형성되어 양국이 참된 제휴를 맺을 수 있게 되는 것이다. 내가 관계하고 있는 중일실업회사中日實業會社는 이런 의미에서 설립된 것으로 그 성공을 기대하는 이유도 바로 여기에 있다.

중국의 역사서를 통해 가장 존경받는 시대는 당우삼대唐虞三代[1]의 후반인 은주殷周 시대이다. 당시는 중국의 문화가 가장 발달하여 찬란하게 빛나던 시대였다. 단지 과학적 지식에 있어서, 당시 역사서에 기록된 천문에 관한 기록 등은 오늘날의 이론에 맞지 않는다. 그렇지만 당시의 여러 사실을 지금의 중국과 비교해보면 오히려 오늘날의 중국이 예전보다 못하다는 느낌이 든다.

그후 한漢, 육조六朝, 당唐, 오대五代, 송宋, 원元, 명明, 청淸에 이르는 이른바 21사史를 살펴보면 각 왕조마다 걸출한 인물이 배출되었다. 진秦나라의 만리장성, 수隋나라 양제煬帝의 대운하 등은 오늘날도 따라잡지 못할 만큼 그 규모가 방대한 사업들이었다.

그런데 나는 당우삼대부터 은주 시대까지의 중국의 찬란한 문화를 역사서를 통해 들여다보고 한껏 상상만 하다가 다이쇼 3년(1914년)

---

[1] 당우(唐虞)는 요순(堯舜)시대를 말하고, 삼대(三代)는 하(夏), 은(殷), 주(周)를 말한다.

마침내 중국 땅을 밟을 수 있었다. 그러나 막상 실제로 중국민들의 사는 모습을 살펴보니, 마치 한껏 기교를 부린 그림을 보고 미인을 상상하다가 직접 실물을 보고 그것이 상상에 미치지 못한다는 생각이 드는 것과 같았다. 상상이 컸던 만큼 실망도 더욱 깊었다고나 할까. 더욱 황당했던 것은 나로 하여금 유교의 본고장인 중국 각지에서 때때로 〈논어〉를 강연하는 진풍경을 연출하게 된 것이다.

특히 내 눈길을 끌었던 것은 중국에는 상류층과 하류층은 있어도 그 중간에서 국가의 중추 역할을 하는 중류층이 존재하지 않는다는 사실이었다. 그리고 식견과 인격 모두 탁월한 인물이 적지 않지만 국민 전체를 놓고 살펴보면 개인주의, 이기주의가 팽배해 있고 국가에 대한 관념이 없고 국가의 장래를 걱정하는 마음도 부족하다는 사실이다. 중류층이 없고 애국심이 없다는 것, 이러한 두 가지 사실은 지금의 중국의 안고 있는 커다란 결점이라고 할 수 있다.

수에즈 지협에 오르다
_파리 만국박람회 시찰

　　　　　　세계 문명이 발전함에 따라, 인간들은 지혜로써 자연의 한계를 극복해 나갔다. 바다와 육지의 교통이 편리하도록 여러 가지 대공사를 벌인 끝에 그 거리를 크게 단축한다는 것은 참으로 경이로운 일이다. 예전에 중국에서는 천원지방天圓地方이라고 해서 우리가 살고 있는 땅을 사각형이라고 생각했다. 게다가 자기들 나라 이외에는 타국의 존재를 거의 인정하지 않았다.

　일본에서도 예전에는 그와 같은 편협한 생각이 지배적이었다. 그래서 일본 이외의 나라라고 하면 당나라, 천축(天竺, 인도) 정도만을 연상했을 뿐 세계가 어떤 것인가에 대해서는 더 알려고도 하지 않았다. 하물며 5대륙의 존재에 관해서는 상상조차 하지 못했었다.

　실제로 내가 어렸을 때 들었던 동화에서도, 날개를 좌우로 펼치면 길이가 3천 리나 된다는 커다란 대붕大鵬조차도 세계의 끝을 볼 수가 없다고 이야기했을 정도였다. 세계가 그토록 광대무변한 것이라면 우리 인간들의 지혜로는 도저히 그것을 쉽게 밝혀낼 수 없다고 생각한 것이다. 그러나 문명의 진보와 함께 교통기관이 발달함에 따라 지구의 거리가 점차 단축되어갔다. 최근 반세기 동안의 변화는 참으로 격세지감을 느끼게 한다.

돌이켜보면 1867년, 나폴레옹 3세 재위시 프랑스 파리에서 만국박람회가 열렸다. 우리 도쿠가와德川 막부에서는 쇼군의 친동생인 도쿠가와 민부타이후德川民部大輔(도쿠가와 아키다케德川昭武를 말함. 민부대보는 관직명) 특사로 파견했는데, 나는 수행원 중 한 명으로 유럽에 가게 되었다.

당시 우리 일행은 요코하마橫浜에서 프랑스의 우편선을 타고 인도양과 홍해를 거쳐 수에즈 지협에 이르렀다. 프랑스인 레셉스(F. d. Lesseps, 1805~1894) 씨가 경영에 관여하여 운하를 뚫는 대공사가 이미 시작된 상태였다. 그러나 아직 완공 전이라 일행은 배에서 내려 지협地峽으로 올라가 철도로 갈아탔다. 기차는 이집트를 횡단하여 카이로를 거쳐서 알렉산드리아에 도착했고, 거기서 다시 배를 타고 지중해를 항해하여 비로소 프랑스의 마르세유에 도착할 수 있었다. 요코하마를 떠난 지 55일 만의 일이었다.

이듬해(1868년) 겨울, 일본으로 돌아오는 길에 다시 수에즈를 지났는데 그때까지도 운하는 여전히 준공되지 못하고 있었다.

그후(1869년 11월) 수에즈운하가 개통되어 각국의 함선이 통과하게 되자 유럽과 아시아 사이에 교통의 신천지가 열려 각 나라 간에 무역, 항해, 군사, 외교에 일대 변혁이 일어나게 되었다.

그와 동시에 각국 선박들은 이후 그 규모가 더욱 커졌고 속력도 빨라졌다. 대서양은 물론 태평양을 배로 횡단하는 거리까지도 점차 단축되었다. 이후 시베리아 횡단철도까지 준공되어 유럽과 아시아의 교통, 동서의 연락에 일대 신기원을 열어 사해四海가 더욱 가까워지려 하고 있다.

그런데 여기서 유감스러운 것은 아메리카 대륙 중간에 띠처럼 해협이 있는데 그 모양이 기다란 뱀처럼 남북으로 달려 대서양과 태평양 두 바다를 가로막고 있다는 점이다. 그런데 이 장벽을 제거하기 위해서 레셉스 씨 이하 많은 사람들이 뛰어들었지만 온갖 쓴맛을 보고 불행히도 전부 실패로 돌아가고 말았다. 그러나 이대로는 끝나지 않을 것이라고 생각하고 있던 차에 미국의 대규모 경영에 의해 마침내 파나마 운하를 뚫는 일대 공사가 준공되어 남북의 물은 서로 통하고 동반구 서반구가 가까운 이웃으로 바뀌어 나가고 있다.

동양의 속담에 "오래 살면 욕된 일도 많다"는 말이 있다. 지난 50년 동안 세계 교통의 발달로 운항 거리가 현저하게 단축되어 개통 전과 개통 후가 거의 다른 세상처럼 느껴진다. 이런 점을 생각하면 이 몸이 태평한 세상에 태어난 덕분에 오래 사는 것이 오히려 축복이라는 점을 기뻐해야 할 것이다.

프레더릭 테일러의
시간관리법

_이 시간 동안 이만큼의 일을 하겠다

우리는 언제나, 특히 나 같은 사람은 일을 적절하게 처리해 나가지 못해 쓸데없이 시간을 낭비한다. 그로 인해 본의 아니게 다른 사람에게 피해를 주는 경우도 있다. 그 점을 늘 반성하며 세상이 빠르게 변하니 더욱 주의를 기울여야겠다고 생각한다. 그런데 이것도 한계에 다다르면 능률이 크게 떨어진다.

'능률'이라고 하면 기술자나 그런 쪽 사람들에게만 관련된 말 같지만 기술자들에게만 국한되는 것이 아니다. 일반적인 사무를 처리하는 사람도 시간을 잘 정해 두고 "이 시간 동안 이만큼의 일을 하겠다"는 계획을 세워, 꾸준히 달성해 나가면 사람을 많이 쓰지 않고도 많은 일을 할 수 있다. 다시 말하자면 일의 능률이 좋아진다.

사무에 있어서도 마찬가지이다. 실제로 일본의 모든 사람들은 비교적 비슷하게 하루에 몇 시간씩 일을 한다. 그 일하는 시간과 일의 성과가 완전하게 일치하느냐 하면 반드시 그렇지만도 않다. 때로는 불필요한 사람을 많이 쓰고, 한 번에 끝낼 수 있는 일도 사람을 두 번 세 번 매달리게 하면서도 일은 썩 잘하지 못한다.

미국을 방문했을 때 필라델피아에서 워너메이커(John Wanamaker, 1838~1922, 필라델피아 출신의 미국 실업가. 미국 최초로 백화점을 설립했다)가 나를 접대해 준 적이 있었다. 나는 그의 시간 사용법을 보고 "아아, 대단하다. 그래 저렇게 하면 적은 시간에 많은 일을 할 수 있고 그날의 일이 완전하게 끝낼 수 있겠다"라고 감탄한 적이 있었다.

이미 프레더릭 테일러(Frederick Taylor, 1856~1915, 과학을 기초로 한 작업관리의 필요성을 깨닫고 과학적 관리법을 개발했다)라는 사람이 이처럼 시간관리에 대해 적극적으로 이야기한 것을, 이케다 도시로池田藤四郎라는 사람이 그것을 어떤 잡지에 소개한 적이 있다. 그 내용은 일의 능률을 높이자는 것으로, 처음에는 공장의 직공들에 대해서만 해당되는 것이라고만 생각했는데 꼭 그렇지만은 않았다. 매사에 적용되는 이론이었다.

워너메이커가 나를 대우한 모습을 보면, 특별하달 것도 없는 사소한 일들을 정중하고 세세하게 알려주었다. "피츠버그 행行 기차가 5시 40분에 필라델피아에 도착할 것이다, 도착하면 대기시켜 놓은 자동차가 있을 것이다, 6시까지 내 가게에 올 수 있으니 호텔에 들르지 말고 곧장 오기 바란다." 이런 내용의 안내였다.

미리 안내받은 대로 필라델피아에 도착해서 호텔에 들르지 않고 바로 자동차로 가니 6시 2분인가 3분쯤에 도착했다. 선생은 큰 가게에서 기다리고 계시다가 바로 나를 안내하여 먼저 가게의 모습을 한 바퀴 둘러보게 했다.

참으로 놀라울 정도로 규모가 큰 가게[1]였는데 입구에는 양국의 커다란 국기가 세워져 있었으며 멋지고 화려한 전등이 여기 저기 켜져 있었다. 그날 온 수많은 손님들이 아직 돌아가지 않고 있어 어떤 극장의 공연이 끝난 뒤 사람들이 삼삼오오 모여 있는 것 같았다. 나는 주인의 안내로 가게 곳곳을 함께 걸었다.

우선 아래층의 진열장을 죽 지나면서 보고 난 다음 엘리베이터로 2층으로 가서 가장 먼저 본 것은 주방이었다. 주방은 깔끔했는데 한쪽은 귀빈을 위한 주방이고, 그 다음이 일반 손님을 위해서 음식을 만드는 곳이었다. 그 다음으로 '비밀실'이라고 해서 가게에 대한 회의를 하는 곳이 있었다. 그리고 4, 5천 명이 한꺼번에 회의를 할 수 있을 정도의 큰 홀이 있었고, 그밖에도 교육을 하는 장소, 가게 사람들에게 당장 필요한 교육을 하는 곳 등이 있었다. 이 모든 곳들을 둘러본 시간이 대략 한 시간 정도였다.

전체를 둘러보고 내가 7시쯤에 호텔로 돌아가려 할 때 워너메이커 씨가 "내일 아침 8시 45분에 당신을 찾아가겠소. 그때라면 아침식사도 마친 뒤겠지요?"라고 물었고, 나는 그러겠다고 대답했다.

이튿날 아침 정확히 8시 45분에 그가 왔다. "지금부터 얘기를 좀 길게 해서 정오 무렵까지 이야기를 해도 괜찮겠소?"

내가 "괜찮습니다"라고 대답하자 그는 얘기를 시작했다. 그는 자신이 주일학교 교사로 봉사하는 이유에 대해 열심히 얘기했고, 내가 어떤 출신 이력을 가진 사람인가를 궁금해 했다. 이러는 동안 얘기가 점점 깊어졌고 결국 그는 예정보다 1시간 정도나 더 오래 이야기를

---

[1] 백화점을 말함.

했다. "점심을 먹어야 하니 나는 돌아가겠소. 2시에 다시 올 테니 그때까지 준비를 해놓고 기다리기 바라오."

그리고 이번에도 역시 2시 정각에 와서 주일학교 예배당으로 안내를 해주었다. 그 교회를 워너메이커 씨가 지었는지는 알 수 없지만 상당히 훌륭한 건물이었다. 총 2천 명이나 들어간다는 교회 안에는 수많은 신도들이 있었다. 그는 항상 이 정도의 사람이 모인다며 "특별히 당신이 왔다고 해서 많은 사람들을 모은 건 아니다"라고 말했다.

목사가 성서를 강연한 뒤 찬송가를 불렀다. 그것이 끝나자 워너메이커가 청중들에게 나를 소개했다. 그리고 나에게도 주일학교에 대해 소감을 얘기해 보라고 해서 나도 연설을 했다. 그런 나를 향해서 워너메이커가 (이때는 나도 약간 당황을 했다) "부디 공자교를 그만두고 기독교에 귀의하라"고 많은 사람들 앞에서 직접 담판을 시작했다. 하도 갑작스런 일이라 나는 대답할 말이 없었다.

그것이 끝나자 바로 옆에 있는 부인 성경연구회로 가서 연설을 하고, 이어 100~200미터 정도 떨어진 곳에 있는 노동자들 성경 모임에 갔다. 워너메이커가 "동양에서 이런 노인이 왔으니 반드시 악수를 하는 게 좋을 것이다"라고 말하는 바람에 나는 400명이나 되는 사람들과 일일이 악수를 해야 했다. 상대방은 노동자들이라 어찌나 세게 쥐었던지 손이 아플 정도였다.

곧 5시 30분쯤이 되었다. 6시에 출발하여 시골로 가야 하는 약속이 있기 때문에 함께 호텔까지 돌아왔다. 헤어질 때 워너메이커는 "다시 한 번 꼭 좀 만났으면 좋겠는데, 어떻게 방법이 없겠소?" 하다가 문득 "뉴욕에는 언제 가시느냐?"고 다시 물었다.

"30일에 가서 다음달 4일까지 머물 겁니다." "그렇다면, 나는 2일에 뉴욕에 가야 할 일이 있소. 그때 다시 한 번 만납시다."

"몇 시에?" 내가 묻자 그는 "뉴욕에서 오후 3시에는 출발해서 이곳으로 돌아와야만 하오."라고 대답했다.

"그렇다면 2시부터 3시 사이에 뉴욕에 있는 당신의 가게로 찾아가겠습니다."

2일 2시 30분에서 3시가 조금 못 된 시간에 약속보다 약간 늦어서 워너메이커가 출발해 버렸으면 큰일이다 싶어 서둘러 갔더니 다짜고짜 "잘 왔소. 이걸로 만족입니다." 해서 "저도 만족합니다." 대답했다.

"실은 당신에게 음식을 대접하고 싶지만 그럴 시간이 없으니 책을 주고 싶소" 라며 링컨의 전기와 그랜트 장군의 전기 등 몇 권의 책을 주었다. 그리고 링컨과 그랜트 장군의 숭고한 인격에 대해 간단히 얘기한 다음, 자신도 그랜트 장군 환영위원장이었다는 사실을 이야기하고 헤어졌다.

워너메이커는 일련의 일을 처리함에 있어서 군더더기가 조금도 없었다. 이야기도 간략했고 요점만 전달했다.

나는 참으로 감탄했다. 시간을 그렇게 효과적으로 사용한다면 능률도 크게 높아질 것이다. 우리가 시간을 낭비하는 것은 마치 물건을 생산하는 직공이 손을 놀리는 것과 마찬가지다. 사람을 쓸데없이 사용하는 일이 없도록 하는 것처럼, 시간도 불필요하게 낭비하는 일이 없도록 해야 할 것이다.

생선가게에 들어가면
비린내를 맡지 못한다
_부귀는 인간의 성욕처럼 원초적인 것

　　　　　　무사도를 자랑으로 여기는 일본의 상공업자에게 도덕관념이 부족하다는 점은 참으로 통탄할 일이다. 그 이유를 살펴보면 예전부터 내려오던 교육의 폐해에 있다고 생각한다.

　나는 역사가도 아니고 또한 학자도 아니기에 멀리서 그 원인을 찾을 수는 없다. 그러나 "백성으로 하여금 따르게 하되 이를 알게 해서는 안 된다民可使由之 不可使知之"라는 주자학파의 주장은 불과 메이지 유신 전까지도 교육 분야를 장악하고 있던 하야시 가(林家, 일본의 주자학파)에 의해서 그 영향이 남아 있었다. 그래서 피지배 계급에 속하는 농민, 공인, 상인 등 생산계층은 도덕 규칙에 얽매이지 않았고, 그들 스스로도 도덕에 속박될 필요가 없다고 느끼기에 이르렀다.

　하야시 학파가 받드는 스승 주희朱熹는 단지 대학자였을 뿐, 입으로 도덕을 주장하고 몸소 인의를 실천하는 인물이 아니었다. 그래서 하야시 학파에서도 유학자는 성인의 학설을 강의할 뿐이고, 속인은 이를 실천만 하는 자로 보았다. 그로 인해 말하는 자 따로 행동하는 자 따로, 이런 식의 구별이 생겼다. 결과적으로 피지배계급에 속한 사람은 각 마을의 공역公役 동원 행사에 빠지지만 않으면 된다는 비굴한 근성을 갖게 했다.

그리하여 인의도덕은 다스리는 자들이 행해야 하는 일이고, 백성은 그저 정부에게서 받은 땅을 경작하고 상인은 주판알을 튕기기만 하면 그것으로 만사가 끝이라는 습성이 몸에 밴 것이다. 국가를 사랑하거나 도덕을 중히 여기는 등의 관념은 완전히 결여되었다.

"생선가게에 들어가면 비린내를 맡지 못한다"는 옛말이 있다. 수백 년 동안의 악습 속에서 자라 이른바 구린내를 잊어버린 자를 가르치고 심신을 닦아, 훌륭한 도道를 가진 군자처럼 만든다는 것은 쉬운 일이 아니다. 게다가 서구의 신문명이 들어와 사람들의 도덕관념이 해이해진 틈을 파고들어, 개인의 이익만을 좇는 서양의 공리주의功利主義가 사람들을 현혹하여 악풍을 더욱 부추겼다.

물론 서구에서도 윤리학이 성행하고 있고 품성을 수양해야 한다는 목소리도 매우 높다. 그러나 그 출발점이 종교에 있다보니 일본의 국민성과는 쉽게 결합하지 못했다. 그 대신 가장 널리 환영을 받고 가장 큰 지지를 얻은 것은 도덕적 관념이 아니라 이익을 늘리고 산업을 일으키는 데 즉각 효과를 발휘하는 과학적 지식, 이른바 공리학설이다.

부귀는 인간의 성욕처럼 원초적인 것이다. 애초부터 도덕성이 결핍되어 있는 자에게 '개인의 이익을 추구하라'는 공리학설을 가르친다면, 마른 장작에 기름을 붓는 격이니 그 결과는 뻔하다.

우리 사회에는 하층 생산 계급에서부터 출발해 훌륭하게 성공하고 집안을 일으켜 높은 지위에 오른 사람들도 적지 않다. 그런 사람들은 과연 인의도덕에 기반을 두고 정도正道를 걷고, 나아가 하늘과 땅에 부끄러움이 없이 오늘날에 이르렀을까?

자신이 몸담고 있는 회사나 은행 등의 사업을 성장시키기 위해서 밤낮으로 끊임없이 노력한다는 것은 기업가로서 매우 훌륭한 자세이다. 주주들에게 충성스런 사람이라고 불려질 수도 있다. 하지만 만약 회사나 은행을 위해 최선을 다하는 것이 자신의 이익을 얻기 위한, 이른바 이기심 때문이라면 어떻게 보아야 할까. 주주의 배당이 늘어난다 해도 자신의 금고를 채우기 위해서일 뿐이다. 만약 회사나 은행이 파산하여 주주에게 손해를 줌으로써 자신의 이익이 많아지는 경우도 있을 수 있다. 이야말로 맹자가 말한 "빼앗지 않으면 만족하지 않는다"라는 경우에 해당될 것이다.

또한 부자나 큰 상인 밑에서 일하며 오로지 주인을 위해 진력을 다하는 사람도, 그 행동만을 본다면 일을 잘하는 충성스러운 사람이라고 할 수 있다. 하지만 만일 그 충성스런 행위가 오로지 자신의 이해타산에서 나온 것이라면 어떨까? 그리고 주인의 집을 풍요롭게 하는 것이 곧 자신을 풍요롭게 하는 것이라고 생각한다. 종업원이라고 무시당하는 것은 마음에 들지 않지만 실제의 수입이 평범한 사업가보다 많기만 하다면, 자존심을 버리고 이득을 취하겠다는 마음에서 충성을 다한다… 이런 행동 역시 결국은 '이해타산利害打算'라는 네 글자로 모아진다. 말하자면 도덕과는 별개라고 해도 과언이 아니다.

그런데 세상 사람들은 이런 류의 인물을 성공한 사람으로 존경하고 선망한다. 젊은이들 역시 그런 사람들을 미래의 목표로 삼아 그 뒤를

좇기 위해 노력한다. 그래서 악풍이 기승을 부리는 것이다. 이렇게 말하면 우리 같은 기업인들 모두가 양심이 없는 추악한 사람으로 보일지 모르겠지만 맹자도 "사람의 본성은 선하다"라고 말하지 않았는가. 선악의 마음은 사람 모두에게 있는 것으로 개중에는 군자와 같은 인물이 있어서 땅에 떨어진 상도덕을 구해내기 위해 노력하는 사람들도 적지 않다. 그러나 워낙 지난 수백 년 동안의 폐습을 물려받았고 공리설功利說의 나쁜 면까지 물들여진 사람을 하루아침에 도덕군자로 만든다는 것은 그리 쉬운 일이 아니다.

그러나 이대로 방치한다면 뿌리 없는 가지에 잎을 무성하게 할 수 없고, 줄기 없는 나무에 꽃을 피울 수 없는 것처럼 국가의 근본도 상권 확장도 도저히 바랄 수 없다.

상도의 진수이자 국가적, 아니 국제적으로도 크게 영향을 끼치는 '신뢰'의 위력을 떨치는 것이야말로 우리 상인들에게 달려 있다. "신뢰는 모든 일의 근본이며, 신뢰란 모든 일에 맞설 수 있는 힘"이라는 사실을 우리 사회의 모든 상인들에게 이해시켜야 한다. 그렇게 함으로써 경제계의 근간을 튼튼히 하는 것이 가장 시급한 일이다.

독서하는 경쟁
덕망을 쌓는 경쟁
_무슨 일에나 경쟁이 있다

　　　　　　원래 무슨 일에나 경쟁이 있게 마련이다. 가장 치열한 것이 경마나 조정漕艇 경기라고 할 수 있다. 그 외에도 아침에 일어나는 데에도 경쟁이 있고, 독서하는 데에도 경쟁이 있다. 또한 덕망 높은 사람이 후배들에게 존경을 받는 것에도 각각 경쟁이 있다. 그러나 덕에 대한 경쟁에서는 그다지 격렬함을 찾아볼 수가 없지만 경마나 조정 경기에는 목숨을 걸어도 좋다고 생각할 정도이다.

　자신의 재산을 늘리는 일에도 이와 같은 격렬한 경쟁을 벌여 남보다 내 재산이 더 많기를 바란다. 그 결과 도덕관념을 잊어버리고 목적을 위해서는 수단을 가리지 않게 된다. 곧 동료를 배신하고 타인을 짓밟고 심지어는 자신을 부패하게 만든다.

　"부귀하면 어질지[仁] 못하다"는 옛말도 이러한 사실에서 나온 말일 것이다. 아리스토텔레스가 "모든 상업은 죄악이다"라고 말했다는데, 이것은 아직 인문사상이 개화하기 전의 이야기로 제아무리 대철학자의 말이라고는 하지만 좋게 받아들일 수가 없다. 그런데 맹자도 "부귀하면 어질지 못하고, 어질면 부귀하지 못한다爲富不仁, 爲仁不富"고 말했으니 비교하여 음미해볼 만한 말이다.

그런데 이처럼 도덕관념을 잘못 이해하게 된 데에는 일반적인 관습 때문이라고 할 수 있다.

겐나元和 원년(1615년) 도쿠가와 이에야스德川家康가 천하를 통일하자, 마침내 전쟁이 끝나고 평화로운 시대가 되었다. 이후부터 이에야스의 통치 이념은 오직 공자의 가르침에서 나왔다. 막부 시대 이전에도 중국이나 서양과의 접촉이 상당히 활발했는데, 마침 기독교인들이 일본에 대해 불온한 계획을 품고 있는 것이 발각되었다. 종교를 이용해 일본을 점령한다는 취지의 내용이 네덜란드의 어느 문서에서 나온 것이다.

그래서 막부는 외국과의 접촉을 완전히 끊고 나가사키長崎 항만 개항했고 다른 곳은 무력으로 이를 막았다. 그런데 무력을 가지고 막은 사람들, 즉 사무라이들이 받들던 것이 공자의 가르침이었다. 수신修身, 제가齊家, 치국治國, 평천하平天下로 세상을 다스린다는 것이 막부의 방침이었다. 따라서 무사들은 인의仁義, 효제孝悌, 충신忠信의 도를 닦았다.

인의도덕으로 사람을 다스리는 무사 계급은 이익을 내는 생산 계층이 아니었다. 즉 "어질면 부귀하지 못하고 부귀하면 어질지 못한다"는 말을 몸소 실천한 사람들이다.

사람을 다스리는 무사들은 소비자일 뿐 생산에는 종사하지 않았다. 생산을 하여 이익을 취하는 활동은 '사람을 다스리고 사람을 가르치는 자'의 직분에 반하는 것이라 여겨 이른바 "무사는 못 먹어도 유유히 이를 쑤신다"는 자세를 견지했다. "사람을 다스리는 자는 사람들에 의해서 먹는다. 따라서 다른 사람의 것을 먹으면 사람의 일에 목숨을 걸고, 사람의 즐거움을 즐기고, 사람의 근심을 근심해야 한다"는 것이 그들의 근본이라 여겼다.

이익을 추구하는 생산 활동은 인의도덕과는 거리가 먼 사람들이 종사해야 한다고 여겼기 때문에 "모든 상업은 죄악이다"라고 일컫던 과거의 잘못된 풍습에 젖어버렸다. 이것이 거의 300년 동안의 풍습이었다. "무사는 인의도덕으로 다스리고, 생산계층은 이익을 추구한다"는 매우 단순한 논리여서, 막부 초기에는 그런 대로 질서 있게 굴러갔다. 하지만 점차 지식이 진부해지고 활력이 떨어지고 형식만이 번잡해져서 결국에는 무사도 정신도 쇠퇴하고 상인은 비굴해지는 상황이 되었다. 도리는 사라지고 거짓이 판을 치는 세상이 되어버린 것이다.

제9장
교육과 정의(情誼)

청년은 좋은 스승을 얻어 자신의 품성을 갈고 닦아야 한다. 옛날에는 마음의 학문에 모든 힘을 쏟았지만 지금은 지식을 얻는 것에만 힘을 기울인다. 옛날에는 읽는 책 그 자체가 정신수양을 이야기했기 때문에 자연스럽게 그것을 실천할 수 있었다. 수신제가치국평천하라는 것도 전부 사람의 도리를 가르친 것이다.

부모는 오직 자식이 병날 것만 걱정한다
_자식이 효를 행하는 것이 아니라 부모가 효를 행하도록 만들어주는 것

논어의 위정편爲政篇에 "맹무백이 효를 묻자 공자가 말하기를, 부모는 오로지 그 자식이 병날까 그것만 근심하신다孟武伯問孝, 子曰, 父母唯其疾之憂"라는 말이 나온다.

또 "자유가 효를 묻자 공자가 말하기를, 요즘의 효라는 것은 부모를 잘 봉양하는 것을 말한다. 그러나 개나 말조차도 모두 먹여 살리는 것이니, 공경하지 않는다면 짐승과 무엇으로 구별하겠는가子游問孝, 子曰, 今之孝者謂能養, 至於犬馬, 皆能有養, 不敬何以別乎?"라는 말이 있다.

그 밖에도 공자는 효에 관해 자주 언급하며 가르침을 전했다. 그러나 부모가 자식에게 억지로 효를 강요하면 오히려 자식을 불효자로 만드는 것이다. 내게도 미운 자식들이 몇 명 있는데 그들이 과연 미래에 어떤 사람이 될지 나로서는 알 수가 없다. 나도 자식들에게 때때로 "부모는 오로지 그 병만을 근심한다"는 내용의 이야기를 들려준다. 그러나 결코 효를 강요하지 않는다. 부모는 자신의 생각 하나로 자식을

효자로 만들 수도 있고 불효자로 만들 수도 있다. 부모의 생각대로 되지 않는 아이를 전부 불효자라고 생각한다면 그것은 큰 착각이다. 효가 부모를 잘 봉양하는 것뿐이라면 개나 말과 같은 짐승들도 역시 그것을 잘한다. 사람의 자식으로서의 효는 그렇게 간단한 것이 아니다. 부모의 생각처럼 되지 않는다고 해서, 언제까지고 부모의 슬하에 있으면서 부모를 잘 봉양하지 않는 자식이라고 해서 전부 불효자인 것은 아니다.

이렇게 얘기하면 마치 내 자랑을 하는 것 같아서 겸연쩍지만 사실은 사실이니까 얘기해본다. 내가 22세 때였을 것이라고 생각되는데 아버지가 내게 "열여덟 살 무렵부터 너를 보고 있자면 아무래도 너는 나와 다른 점이 있다. 책을 읽혀도 잘 읽고 또 무슨 일에나 영리하다. 내 소망대로 하자면 언제까지고 너를 품안에 두고 애비의 생각대로 만들고 싶지만 그러면 오히려 너를 불효자로 만들어 버릴 테니 앞으로 너를 내 생각대로 하지 않고 너의 생각대로 할 수 있도록 하겠다"라고 말씀하신 적이 있다.

아버지가 말씀하신 대로 그 무렵의 나는 학식에 있어서는 이미 아버지보다 위에 있었을지도 모른다. 또한 부족하나마 아버지와 비교하면 많은 면에서 뛰어난 점도 있었을 것이다. 그런데 아버지가 억지로 나를 당신의 생각대로 만들려고 하고, 그렇게 하는 것이 효도라고 내게 강요했다면 오히려 나는 아버지에게 반항해서 불효자가 되었을지도 모른다. 다행스럽게도 그렇게 되지 않고 미흡하나마 불효자가 되지 않을 수 있었던 것은 아버지가 내게 효를 강요하지 않고 관용의 정신으로 대해주어, 내가 뜻한 바대로 나아갈 수 있게 해주었던 덕분이다.

이처럼 효행은 자식이 일방적으로 할 수 있는 것이 아니다. 부모가 여건을 마련해 주어야만 비로소 가능하다. 자식이 효를 행하는 것이 아니라 부모가 자식에게 효를 행하도록 만들어주는 것이다.

아버지가 그와 같은 생각을 가지고 나를 대해 주었기 때문에 자연스럽게 그 영향을 입어서인지 나도 내 자식들에 대해서는 아버지와 같은 태도로 임하고 있다. 이렇게 이야기하면 약간 오해할지 몰라 조심스럽지만, 나는 아버지보다 다소 뛰어난 점이 있었기 때문에 아버지와 전혀 다른 행동을 하고 아버지와 다른 부분이 있었기에 아버지처럼은 될 수 없었다.

내 자식들은 장래에 어떻게 될까? 신이 아닌 이상 단언할 수 없겠지만 지금으로 봐서는 어쨌든 나와 다른 부분이 있다. 굳이 말하자면 나보다 떨어지는 편이다. 그러나 나와는 다른 자식들을 책망하며 내 생각대로 되라고 자식들에게 강요한다면 내가 억지를 부리는 것이다. 내 생각대로 되라고 강요해도 될 수 없는 자식은, 아무리 해도 안 된다. 그런데도 굳이 강요해서 자식들을 모두 내 생각대로 만들려고 한다면 자식들은 아버지 기대에 부응하지 못한다는 사실만으로도 이미 불효자가 되어버린 셈이다. 내 생각대로 되지 않는다고 해서 자식들을 불효자로 만든다는 것은 있을 수 없는 일이다.

따라서 나는 자식들에게 효를 요구하지 않는다. 부모가 효를 행할 수 있도록 해주어야 한다는 근본 사상으로 자식들을 대하고 있으며, 자녀들이 내 생각대로 되지 않는다고 해서 불효자라고 생각하지 않으려 애쓰고 있다.

좋은 스승을 만나는 즐거움
_옛사람들은 자신을 위해, 요즘 사람들은 인정받기 위해 공부한다

예전의 젊은이와 지금의 젊은이는 옛 사회와 지금의 사회가 다른 것처럼 큰 차이가 있다. 내가 스물너덧 살 무렵이던 메이지유신 이전의 젊은이와 지금의 젊은이는 처한 환경도 다르고 받은 교육도 전혀 다르기 때문에 어느 쪽이 뛰어나고 어느 쪽이 뒤떨어진다고는 한마디로 단정지을 수 없다.

그런데 일부 사람들은 "예전의 청년들은 기개가 있고 포부도 있어 지금의 청년들보다 훨씬 더 훌륭했다" "지금의 청년은 경박하고 씩씩하지 못하다"라고 말한다. 하지만 전부 싸잡아서 그렇게 말할 수 있는 문제만은 아니다. 무엇보다 몇몇 훌륭했던 예전 젊은이들과 지금의 보통 젊은이들을 비교하여 이러쿵저러쿵한다는 것은 잘못이라고 생각한다. 지금의 젊은이들 중에도 훌륭한 사람이 있는가 하면 예전 젊은이들 중에도 뒤처진 사람이 있었다.

메이지유신 이전에는 사농공상의 계급 구분이 매우 엄격했다. 무사

중에도 상급무사와 하급무사 같은 계급이 있었고, 농민이나 서민이라 할지라도 논과 대대로 물려받은 약간의 토지를 소유한 마을 유지와 일반 서민들 사이에는 그 기풍과 교육에서 자연히 다른 면이 있었다. 이와 같은 상황이었기 때문에 옛 젊은이라 해도 무사 혹은 상류층 백성과 일반 백성 사이에는 교육에 차이가 있었다.

옛날 무사와 상류층 백성들은 청년 시절에 대부분 한자 교육을 받았는데 처음에는 〈소학小學〉이나 〈효경孝經〉이나 〈근사록近思錄〉을 배웠고, 더 지나면 〈논어〉〈대학〉〈맹자〉등을 익혔다. 한편으로는 신체를 단련함으로써 사무라이 정신을 고취시켰다.

그런데 일반 농민이나 상인 출신 젊은이들은 매우 낮은 수준의 〈실어교實語敎〉(아동용 교훈서)나 〈정훈왕래〉(庭訓往來, 어휘 습득을 위한 책) 그리고 덧셈, 뺄셈, 곱셈, 구구단 정도를 배웠을 뿐이었다. 따라서 고상한 한자 교육을 받은 무사는 이상이 높고 식견도 있었지만, 일반 백성은 통속적인 교육밖에 받지 못했기 때문에 대부분이 무학無學이나 다를 바 없었다.

그러나 지금은 사농공상의 계급도 없어지고 평등해져서 빈부귀천과 상관없이 모두가 교육을 받게 되었다. 부자의 자식도 가난한 집 자식도 모두 똑같은 교육을 받고 있다. 그러다보니 그 수많은 청년들 중에서 품성이 떨어지거나 학문에 뒤처지는 청년이 있는 것은 어쩔 수 없는 사실이다. 따라서 지금의 일반 청년과 소수의 옛 무사 계급의 청년을 단순 비교하여 이러쿵저러쿵 비난한다는 것은 적절하지 못하다.

지금도 고등교육을 받은 젊은이 중에는 예전의 젊은이와 비교해서 추호도 손색 없는 사람들이 얼마든지 있다. 예전에는 소수의 인재를 찾아내어 훌륭한 사람을 만들어 내는 천재교육이 방침라면, 지금은 다수의 사람을 평등하게 계발하는 상식적인 교육이 되었다.

예전의 청년들은 좋은 스승을 얻기 위해 상당히 고심했었다. 유명한 구마자와 반잔(熊澤蕃山, 1619~1691, 일본 철학자. 일본 양명학의 대표 인물)은 나카에 도주(中江藤樹, 1608~1648, 에도 시대 유학자, 일본 양명학의 아버지)를 찾아가서 문하생으로 삼아 달라고 청했지만 받아 주지 않자 3일 동안이나 그 처마 밑을 떠나지 않았다. 도주가 그 열의에 감동하여 결국 문하생으로 삼았을 정도다.

그 외에도 기노시타 준안(木下順庵, 1621~1698, 에도 시대 주자학자, 교육가)에게서 배운 아라이 하쿠세키(新井白石)와 후지와라 세이카(藤原惺窩)에게서 배운 하야시 라잔(林羅山, 1583~1657, 에도 시대의 유학자. 주자의 사상을 도쿠가와 막부의 통치 이념으로 확립했다)도 모두 좋은 스승을 선택해 학문을 배우고 덕을 닦은 경우이다.

그런데 오늘날 젊은이와 스승과의 관계는 완전히 흐트러져서, 사제지간의 정의(情誼)마저 사라져가고 있다. 참으로 한심스런 일이다. 요즘 청년들은 자신의 스승을 존경하지 않는다. 학생들은 자신들의 교사를 마치 만담가나 이야기꾼처럼 여기며 강의가 서툴다는 둥, 해석이 졸렬하다는 둥 학생으로서 해서는 안 될 말을 한다. 어느 면에서 보면 요즘의 학과 제도는 옛날과 달라서 많은 교사들을 접하기 때문일 수도 있다. 하지만 지금의 모든 사제관계는 어지러워진 것만은 사실이다. 동시에 교사들도 역시 자신들의 제자를 사랑하지 않는 듯한 느낌이 들기도 한다.

요컨대 청년은 좋은 스승을 얻어 자신의 품성을 갈고닦아야 한다.

옛날의 학생과 지금의 학생을 비교해보면 옛날에는 정신적인 학문에 힘을 쏟았지만 지금은 지식을 얻는 것에만 힘을 기울인다. 옛날에는 읽는 책 그 자체가 전부 정신수양을 이야기했기 때문에 자연스럽게 그것을 실천하게 된 것이다. 수신제가修身齊家도, 치국평천하治國平天下도 모두 사람으로서의 도리와 큰 뜻을 가르친 것이다.

〈논어〉에 "그 사람됨이 부모에게 효도하고 어른에게 공경스러우면서 윗사람 해치기를 좋아하는 사람은 드물다. 윗사람 해치기를 좋아하지 않으면서 질서를 어지럽히기를 좋아하는 사람은 없다其爲人也孝弟, 而好犯上者鮮矣, 不好犯上, 而好作亂者, 未之有也"[1]라고 했다.

"몸을 다하여 임금을 섬긴다事君能致其身"라고 하여 충효주의를 이야기했다. 또 인의예지신仁義禮智信의 교훈을 설명하고 더불어 동정심과 부끄러움을 아는 염치심을 환기시켰다. 그리고 예절과 근검생활을 가르쳤기 때문에 옛날의 청년들은 몸을 수양함과 동시에 자연히 천하, 국가의 일을 근심했으며 소박함과 착실함, 염치를 중히 여겼으며 신의를 귀히 여기는 기풍이 있었다.

이에 비해 지금의 교육은 지식을 기르는 일에만 치중한 결과, 초등학교 시절부터 이미 여러 과목을 배우며 중학교에서 대학으로 진학함에 따라 더욱 많은 지식을 배운다. 하지만 정신수양을 소홀히 하여 마음을 닦는 학문에 힘을 쏟지 않기 때문에 젊은이들의 인성에 심히 걱정스러운 부분이 있다.

대체로 오늘날의 젊은이들은 학문을 닦는 목적을 잘못 생각하고 있다. 〈논어〉에서도 "옛날에 공부하는 사람들은 자신을 위해서 했는데,

---

1) 〈논어〉 학이 2장

요즘 공부하는 사람들은 남에게 인정받기 위해서 한다古之學者爲己, 今之學者爲人"[1]라며 한탄했다.

이 말은 오늘날에도 적용된다. 지금의 청년들은 단지 학문을 위한 학문을 하고 있다. 처음부터 확고한 목적 없이 막연하게 학문을 한 결과, 실제 사회에 나간 뒤 "나는 무엇 때문에 공부했을까?"하는 의문을 품게 되는 청년들이 종종 나타난다. 그 이유는 "공부를 하다보면 훌륭한 사람이 되겠지…" 하는 일종의 막연한 믿음 때문이다. 그래서 자신의 처지나 생활을 고려하지 않은 채 분에 넘치게 공부를 한 결과 후회하는 경우가 생기는 것이다.

따라서 평범한 젊은이들은 자신의 능력에 맞게 초등학교를 졸업하면 각자 전문교육을 받아 실제로 쓸 수 있는 기술을 연마하도록 해야 한다. 또한 고등교육을 받을 사람도 중학교 시절에 장차 어떤 전공을 선택할 것인지 확고한 목적을 정해둘 필요가 있다. 얄팍한 허영심 때문에 잘못 공부하면 이는 실로 청년 자신을 망치는 것일 뿐만 아니라 국운의 쇠퇴를 초래하는 원인이 되기도 한다.

---

1) 〈논어〉 헌문 25장

여성들에게
교육을 허許하라
_위인들과 어머니

과거 봉건시대처럼 여자에게는 교육을 시키지 않고 어리석은 존재로 살게 하는 것이 좋을까. 아니면 여성들도 상당한 교육을 받게 해서 수신제가修身齊家의 도를 가르쳐야만 하는 것일까? 이는 두 말할 필요도 없는 명확한 문제다. 설령 여자라 해도 결코 교육을 소홀히 해서는 안 된다. 그와 관련해서 우선 여자들의 천직인 자녀 양육이라는 일에 대해 약간 생각해볼 필요가 있다.

어머니와 자식 사이에는 어떠한 상관관계가 있을까? 이에 대한 연구를 통계적으로 보면 "선량한 어머니에게서 선량한 아이가 많이 나오고, 현명한 어머니의 교육에 의해서 우수한 인재가 만들어진다"는 결론이다. 어쩌면 당연한 말 같지만, 국가와 사회를 위해서 아주 중요한 의미를 갖는다고 할 수 있다.

그 가장 적절한 예가 바로 맹자의 어머니, 미국의 조지 워싱턴의 어머니라고 할 수 있다. 일본에서는 구스노키 마사쓰라(楠木正行,

1326~1348)의 어머니, 나카에 도주(中江藤樹, 1608~1648, 에도 시대의 유학자)의 어머니가 모두 현명한 어머니로 알려져 있다. 최근에는 이토 히로부미(伊藤博文, 1841~1909) 공과 가쓰라桂의 어머니도 현모였다고 알려져 있다. 어쨌든 우수한 인재는 현명한 어머니에 의해 길러진 경우가 매우 많다.

위인이 태어나고 현명하고 어진 사람이 세상에 나오는 것은 어머니의 영향이 크다는 말은 나 혼자만의 주장이 아니다. 많은 사람들이 그렇게 생각하고 있고, 비단 위인이 아니더라도 실제로 주변에서 그런 사례를 많이 볼 수 있다.

그렇다면 여성을 교육하여 지혜와 재능을 계발하고 덕을 기르는 것은 오직 교육받은 여성 한 사람만을 위한 것이 아니라 길게 보면 선량한 국민을 양성하는 길이다. 이런 점에서 여성의 교육은 결코 소홀히 할 수 없는 문제이다. 여성의 교육이 중요한 이유가 이것뿐만은 아니다. 여성의 교육이 필요한 이유가 또 있다.

메이지 시대 이전 일본의 여성 교육은 오로지 중국 사상에서 영향을 받았다. 그런데 중국의 여성관은 여자는 정조를 지켜야 한다, 순종적이어야 한다, 세밀해야 한다, 우아하고 아름다워야 한다, 인내해야 한다고 가르쳤다. 이렇게 정신적 교육에만 중점을 두었을 뿐, 지혜나 학문, 이론 등과 같은 방면의 지식에 대해서는 장려하지도 않았고 가르치지도 않았다.

막부시대의 일본 여성도 주로 이러한 사상 밑에서 교육을 받았는데, 가이바라 에키켄(貝原益軒, 1630~1714, 에도 시대 유학자)의 〈여대학女大學〉이 당시 유일한 최고의 교과서였다. 다시 말해서 지혜라는 면은 도외시하고, 소극적으로 여성 자신의 몸을 조신하게 삼가는 것에만 중점을 두었던 것이다. 그러한 교육을 받은 여성들이 지금 일본 사회의 대다수를 차지하고 있다.

메이지 시대에 들어서면서 근대화가 이루어지고 사회 전반에 획기적인 변화를 가져왔다. 여성 교육도 많이 진보했다고는 하지만 신식 교육을 받은 여성의 영향력은 여전히 미미하다. 아직까지 사회에서 여성의 존재는 〈여대학〉 이상을 넘어설 수 없다고 해도 과언이 아닐 것이다. 따라서 지금은 여성 교육이 활발하게 행해지고 있다고는 하지만 아직은 사회에서 여성들이 큰 활약을 보이지 못하고 있다. 말하자면 여성 교육의 과도기라고도 할 수 있다. 그 방면에 종사하고 있는 사람들은 여성 교육의 중요성을 잘 판단하여 깊이 살펴야 할 것이다. 더군다나 '어머니의 배를 잠시 빌린 것'이라는 등 여성을 비하하는 말은 입에 담을 수도 없고, 해서도 안 되는 요즘이니 여자를 옛날처럼 멸시하고 조롱하는 것은 있을 수 없는 일이다.

"남자의 갈비뼈로 만들었다"는 기독교에서 보는 여성에 대한 시각은 차치하고라도, 인간의 도리에 견주어보아 여자를 도구시해도 좋은 것일까? 인류 사회에서 남자를 중시해야 한다면 여자도 역시 사회를 조직하는 데 있어서 그 절반을 차지하고 있으니 남자와 마찬가지로 중히 여겨야 하는 것이 아닐까? 중국의 선현도 이미 "남녀가 함께 사는 것은 사람의 큰 도덕이다"라고 말했다.

말할 필요도 없이 여자도 사회의 일원이며 국가의 한 구성원이다. 따라서 여자에 대한 이전까지의 멸시하는 생각을 버리고 여자도 남자와 마찬가지로 국민으로서의 재능과 지혜를 키운다면 지금까지는

5천만 국민 중에서 2천 5백만 명밖에 활용하지 못했던 것을 2천 5백만 명 더 활용할 수 있게 되지 않겠는가? 이것이 바로 내가 여성의 교육을 강조하는 근본 이유이다.

공자의 사제지간
_아름다운 사제지간의 모습이 그립다

　　　　　　　　　　사제지간은 정의情誼가 깊고 서로 돈독해야 하는데, 다른 지방의 학교에서는 어떨지 모르겠지만 내가 들은 바에 의하면 도쿄와 그 인근 학교에서는 이런 사제관계를 찾아보기가 매우 어렵다. 스승과 사제가 마치 만담을 듣기 위해 모여든 청중들처럼 보인다. 저 사람의 강의는 지루하다거나, 저 사람은 시간이 길다거나, 심지어는 좋지 않은 버릇을 찾아내서 그것을 비웃기까지 한다는 소리를 들었다.

　물론 옛날이라고 해서 사제지간의 정이 모두 깊었다고는 말할 수 없다. 예를 들어 공자에게는 3천 명의 제자가 있었는데 이들 모두와 자주 얼굴을 대면하고 대화를 나눴던 것은 아니었을 것이다. 제자들의 얼굴을 다 알기나 할까 싶기도 하다.

　그러나 그 중에서 육예六藝[1]에 정통했던 72명의 제자들은 평상시

---

1) 고대 중국 교육의 여섯 가지 과목. 예(禮), 악(樂:음악), 사(射:활쏘기), 어(御:말 부리는 기술), 서(書:서도), 수(數:수학)

공자와 자주 이야기를 나누며 그들 모두가 공자의 인격에 큰 감화를 받은 듯하다.

공자와 그 제자지간의 관계를 예로 들어 말하는 것은 너무 지나친 감도 없지 않아 있다. 또 지금의 중국의 상황을 보면 그렇게까지 모범적이라고도 말할 수 없다. 그러나 지금의 중국이 좋지 않다고 해서 공자의 덕德까지 변하는 것은 아니다. 중국의 나라 사정이 어렵게 변했다고 해서 공자를 가볍게 보아서는 안 된다. 중국이 좋은 상태에 있다 할지라도 걸桀(하夏나라의 폭군)과 주紂(은殷나라의 폭군)를 훌륭하다고 할 수는 없는 법이다. 따라서 공자가 제자를 이끈 모습은 사제의 관계로써 본보기로 삼아야 할 좋은 사례이다.

지금 우리의 교육 현장에서 공자와 제자들 관계와 같은 모습을 기대한다는 것은 무리겠지만, 막부 시대까지만 해도 사제 간의 감화력이 강했고 정의도 깊었다. 굳이 예를 들지 않더라도 구마자와 반잔熊澤蕃山이 나카에 도주中江藤樹에게 사사한 모습으로도 알 수 있다.

반잔은 기품이 높은 사람이어서 어떤 압력과 무력에도 굴복하지 않았고 부귀하면서도 방탕하지 않았다고 한다. 천하의 제후는 거들떠 보지도 않고 비젠備前, 옛 나라 이름 중 하나)의 군주 한 사람만을 섬겼는데, 스승으로서 존경을 받으며 정치를 행했을 정도로 식견이 높은 사람이었다. 그런 반잔이지만 나카에 도주 앞에서는 어린아이 같아서 사흘 동안 기다리며 제자가 될 것을 허락받았다. 그 사제지간의 정이 이토록 깊었던 것은 무릇 나카에 도주의 덕망이 사람을 감화시켰기 때문일 것이다.

또한 아라이 하쿠세키 역시 고집이 있으며 지략과 재능, 기개 모든 면에서 참으로 보기 드문 인재였다. 그런데 기노시타 준안(木下順庵, 1621~1698, 에도 시대 중기의 유학자)에게는 언제나 복종을 했다고 한다. 근래에는 사토 이치사이(佐藤一齋, 1772~1859)라는 사람도 제자들을 감화시켰고, 또 히로세 단소(廣瀬淡窓, 1782~1856)도 마찬가지였다.

내가 알고 있는 것은 한학자들뿐이지만 그들의 사제지간은 온몸을 다해 친밀하게 지내던 사이였다.

그런데 지금의 사제 관계는 거의 만담이라도 들으러 온 듯한 양상을 띠고 있으니 걱정이 아닐 수 없다. 이는 분명 스승이라는 사람들에게 잘못이 있다고 할 수 있다. 덕망, 재능, 학문, 인격이 한층 더 높아지지 않는다면 제자들로 하여금 존경하는 마음을 품게 하지 못할 것이다.

그러나 제자들의 마음가짐도 좋지는 않다. 일반적인 분위기를 살펴보면 스승에 대한 존경심이 적다.

다른 나라들의 사정은 잘 모르겠지만 영국 등은 사제 관계가 지금의 일본과 같지는 않은 것 같다. 물론 일본에도 훌륭한 스승들이 있고, 일부 학생들이 보여주는 불경한 모습으로 전체가 그렇다고 단정지을 수는 없다. 어떤 면에서는 잘 알려지지 않았지만 나카에 도주와 기노시타 준안 같은 스승도 있을 것이다. 그렇지만 그 수가 매우 적다는 게 문제다.

불행하게도 지금은 정치, 교육, 사회 전반에 걸쳐 과도기이기 때문에 급히 양성된 교사들이 많아서 자연히 그와 같은 폐해가 일어난 것이라고 변명할 수도 있다. 그렇다 하더라도 스승이 된 이상 스스로를 돌아보고 신중하게 행동하는 한편, 스스로 정성스런 마음으로 사제 간의 정을 키워 갔으면 하는 바람이다. 일본의 교사 모두가 항상 이러한 마음가짐으로 학생을 대한다면 바쁜 풍습 전부를 바로잡을 수는 없을지라도, 최소한 최악의 사태를 막는 정도의 일은 반드시 가능할 것이라 생각된다.

이론과 실천
_자유로운 사고를 가져라

　　　　　　　오늘날 일반적으로 행해지고 있는 교육방법, 특히 중등교육에 커다란 병폐가 있다고 생각한다. 단순히 지식을 전달하는 일에만 너무 중점을 두고 있다. 다시 말해 덕을 기른다는 면에서 분명히 결핍되어 있다. 요즘 학생들의 기풍을 살펴보면 옛날 청년들의 기풍과 비교해 보아도 패기와 용기, 성실성과 자각 정신이 결여되어 있다.

　　이렇게 말한다고 해서 "우리가 젊었을 땐 이렇지 않았는데…"하고 말하려는 것이 결코 아니다. 지금의 교육에는 학과 과목이 너무 많아, 이것도 해야 하고 저것도 해야 하기 때문에 학생들은 학과 과목의 진도 나가기에도 급급하다. 하루가 부족할 정도로 다른 것을 돌아볼 여유가 없다. 독서를 하거나 상식이나 인격 수양에는 마음을 쓸 여유가 없는 것도 당연하다. 참으로 안타까운 일이다.

　　이미 사회인이 된 사람들이야 어쩔 수 없다 하더라도, 지금부터 사회로 진출해 큰 몫을 하겠다고 생각하는 사람들은 이 점을 마음에 잘 새기기 바란다.

그런데 나와 가장 관계가 깊은 경제계 쪽의 교육을 살펴보면 옛날에는 실업實業 교육이라고 할 만한 것조차 없었다. 메이지유신 이후에도 1880년대 초반까지는 실업 교육은 어떤 발전도 이루지 못했다. 상업학교가 생긴 것도 겨우 최근 20년 동안의 일이다.

문명의 진보란 정치, 경제, 군사, 상공업, 학술 등 모든 방면이 함께 발달해야만 비로소 가능하다. 그 중에서 어느 한 분야만 부족해도 완전한 문명의 진보를 이룰 수 없다. 그런데 일본에서는 문명의 중요한 요소 중 하나인 상공업이 오랫동안 홀대를 받았다. 서구 열강들을 살펴보면 물론 다방면으로 진보하고 있지만 그 중에서도 특히 발전하고 있는 것이 경제 방면이다. 즉 상공업 분야이다.

일본에서도 최근에는 실업 교육에 주목하여 조금씩 나아가고는 있지만 아직도 갈 길이 멀다. 안타깝게도 그 실업 교육 방법은 다른 방면의 교육 방법과 마찬가지로 초조함과 조급함에 내몰려 지식을 배우는 데만 치중되어 있다. 사회의 도리라든가 인격, 도덕 같은 것은 터럭만큼도 찾아볼 수가 없다. 세상의 추세이니 어쩔 수 없다고는 하지만 참으로 한탄스러운 일이다.

군인 사회를 살펴보면, 그 직업의 특성상 그런 것인지는 몰라도 그 교육 방법이 일반적으로 통일, 규율, 복종, 명령 등에서 질서정연하고 엄격하게 행해지고 있다. 군사 교육면에서 참으로 바람직한 일이다. 훌륭한 인격을 갖춘 군인을 보면 매우 듬직하다는 생각이 든다.

그런데 경제계에 종사하는 사람은 군인과 같은 절제된 자질과 함께 한 가지 더 갖춰야 할 중요한 것이 있다. 그것은 바로 '자유로운 사고思考'

이다. 경제 방면에서는 군사 업무에서처럼 일일이 상관의 명령을 기다렸다가는 좋은 기회를 놓쳐 버리고 만다. 의사결정 단계가 많고 복잡해서 그때마다 일일이 명령을 받아 움직여서는 좋은 기회를 놓쳐버리고 발전을 기대하기도 어렵다.

그래서 도덕 교육을 도외시한 채 오로지 지식 습득에만 몰두하다 보면 단지 자신의 이익만을 좇는 사람만을 양산量産해내는 격이 된다. 그렇게 되면 경제계는 자신의 이익만을 챙기려고 드는 모리배들의 활개터가 되고, 맹자가 말한 대로 "윗사람과 아랫사람이 서로 이익을 취하기만 한다면 나라가 위태로워질 것"이 뻔하다.

어떻게 해서든 이와 같은 최악의 상황에까지는 이르지 않도록 막아야 한다. 그러기 위해서 나는 실업實業 교육에서도 지식교육과 더불어 도덕교육을 병행해 나가려고 여러 해 동안 애쓰고 있는 것이다.

참된 효孝란
자연스런 마음을 갖는 것
_효는 천하의 근본

　　　　　도쿠가와 막부 중엽 이후부터 신도(神道, 일본 고유의 종교), 유교, 불교 세 종교의 정신을 통합하여 새로운 가르침이 탄생되었는데, 쉬운 용어로 매우 통속적인 비유를 들어 도덕의 실천을 강조한 '심학心學'이 그것이다. 이 심학은 8대 쇼군將軍 요시무네吉宗 시절, 이시다 바이간(石田梅巖, 1685~1744, 에도 중기의 심학자)이 처음 주창했다. 그 유명한 〈구옹도화鳩翁道話〉도 이 심학파에 의해서 저술된 것이며, 바이간의 문하에서 데지마 도안(手島堵庵, 1718~1786), 나카자와 도니(中澤道二, 1718~1803) 같은 명사가 나와, 이 두 사람의 노력으로 심학이 널리 보급되었다.

　나는 이 두 사람 중 나카자와 도니 옹이 저술한 〈도이옹도화道二翁道話〉라는 제목의 책을 예전에 읽은 적이 있다. 그 안에 실려 있는 오우미近江의 효자와 시나노信濃의 효자 이야기는 지금도 생생하게 기억할 정도로 감명 깊고 재미있는 이야기였다. 아마 〈효자수행孝子修行〉이라는 제목이었던 것으로 기억된다.

　주인공 이름은 분명하게 기억하지 못하지만 오우미에 한 유명한 효자가 있었다. 그 효자는 "효는 천하의 근본으로, 모든 행동은 효에서 나온다"라는 말을 좌우명으로 삼았는데, 다만 자신의 효성이 거기에 미치지 못함을 근심했다. 오우미의 효자는 시나노에 유명한 효자가 있다는 소문을 듣고 "어떻게 해야 부모에게 최고의 효를 다할 수 있을지 그 방법을 한번 듣고 싶다"는 생각에서 그 효자를 직접 찾아가 만나기로 했다. 그리고 산 넘고 물 건너 멀리 시나노까지 효를 찾아 떠나는 고행길에 올랐다.

　사람들에게 물어물어 효자의 집에 간신히 도착한 것은 정오가 막 지났을 무렵이었다. 집 안에는 노모 혼자 있을 뿐 적적했다. "아드님은 어디 가셨나요?"라고 물었더니 "일하러 산에 갔다"는 대답이 돌아왔다. 오우미의 효자는 자신이 찾아온 자세한 사정을 그 어미에게 밝혔다. 그 어미가 "저녁에는 틀림없이 돌아올 테니 일단 들어와서 기다리시게"라고 말해 오우미의 효자는 사양하지 않고 방으로 들어가 기다렸다.

　저녁이 되자 시나노의 효자라고 평판이 높은 아들이 산에서 해온 땔감을 한 짐 짊어지고 집으로 돌아왔다. 오우미의 효자는 이제부터 크게 배울 점이 많겠구나 싶어 방 안에서 바깥을 엿보았다. 그런데 시나노의 효자는 장작을 짊어진 채 마루에 털썩 주저앉더니 짐이 무거워서 움직일 수가 없으니 도와달라며 노모에게 땔감 나무 내리는 일을 거들게 했다. 오우미의 효자는 이상하게 생각했지만 시나노의 효자는 다른 사람이 엿보고 있다는 사실도 모른 채 이번에는 발이 더러워졌으니 깨끗한 물을 떠오라는 둥, 발을 닦아 달라는 둥 제멋대로 노모를 부려먹었다. 그런데도 노모는 기쁘다는 듯이 얼굴 가득 웃음을 지으며 시나노의 효자가 시키는 대로 아들의 뒷바라지를 하는 것이었다.

오우미의 효자는 이상한 일도 다 있다며 놀랐다. 시나노의 효자는 집 안으로 들어와 앉더니 이번에는 노모에게 다리를 뻗으며 주물러 달라고 청했다. 노모는 그래도 싫은 내색 하지 않고 아들의 다리를 주물러주다가 문득 "멀리 오우미에서 손님이 오셔서 안쪽 방에 계신다"라고 말했다. 시나노의 효자는 그럼 만나 봐야겠다며 자리에서 일어나 오우미의 효자가 기다리고 있는 방으로 성큼성큼 걸어왔다.

오우미의 효자는 인사를 한 뒤 "효를 배우기 위해 찾아왔다"며 사정을 밝힌 뒤 한참 동안 이런저런 이야기를 나누었다. 그 사이 저녁때가 되었고 시나노의 효자는 노모에게 저녁상을 준비해서 손님을 대접하라고 이르더니 밥상이 나올 때까지 어머니를 도울 생각도 하지 않았다.

밥상이 나온 후에도 그는 노모에게 시중을 들게 했을 뿐만 아니라 국이 짜서 못 먹겠다는 둥, 밥이 어떻다는 둥 잔소리만 해댔다. 이에 오우미의 효자는 더 이상 참지 못하고 "저는 당신이 천하에 이름 높은 효자라는 소리를 듣고 멀리 오우미에서 효를 배우기 위해 찾아왔는데 아까부터 당신의 모습을 지켜보니 참으로 뜻밖의 일들뿐이었습니다. 노모를 정성껏 돌보는 모습은 조금도 없을 뿐만 아니라 노모를 야단치다니 어떻게 된 일입니까? 당신이 효자라니, 당신 같은 불효자도 없을 겁니다"라고 한껏 소리를 높여 질책했다. 이에 대한 시나노 효자의 대답이 참으로 재미있다.

"효행, 효행이라… 물론 효행이 모든 행동의 근본임에는 틀림없지만 효행을 해야겠다고 마음먹고 하는 효행은 참된 효행이라고 할 수 없습니다. 자연스런 효행이 참된 효행입니다. 제가 노모에게 이것저것 일을 시키고 다리를 주물러 달라고 하고 국과 밥을 놓고 잔소리를 한 이유는, 어머니는 자식이 산에서 땔감을 해갖고 오면 자식이 피곤할 것이라 생각하고 친절하고 다정하게 돌봐주고 싶어하기 때문에 그 호의를 저버리지 않기 위해 다리를 주물러 달라고 한 것입니다. 또 손님을 대접할 때는 틀림없이 부족한 부분이 있어서 아들이 불만을 품을 것이라고 생각할 것이라 여겨 그 배려를 헛되이 하지 않기 위해서 밥과 국을 놓고 잔소리를 한 것입니다. 이 모든 것을 자연스럽게 어머니의 생각대로 하는 것뿐인데, 그것이 세상 사람들이 나더러 효자라고 떠들어대는 이유일지는 모르겠습니다."

이를 듣고 오우미의 효자는 크게 깨달았다. '효의 근본은 무슨 일이든 억지로 하지 않고 자연스러움에 맡기는 데 있다. 효행을 위한 효행에 힘써 온 내게는 아직 부족한 점이 많다'라고 깨닫게 되었다.

이 단순한 이야기 속에 효행 수행의 교훈이 들어 있었다.

사장이 될 인물, 심부름꾼이 될 인물
_인력 수급의 어려움

경제에 수요와 공급의 원칙이 있는 것처럼 실제 사회에서 활동하고 있는 사람들에게도 역시 이 원칙을 적용할 수 있을 듯하다. 사업에는 일정 범위 내에서 필요한 만큼의 인력을 고용하고 나면 그 이상은 필요가 없어진다. 그런데 해마다 한쪽에서는 많은 학교에서 배출된 인력이 사회로 나오고 있는 한편, 아직 완전하게 발달하지 못한 경제계에서는 그들을 전부 만족시킬 수 있을 만큼 고용하고 있지 못하는 상황이다.

특히 요즘에는 고등교육을 받은 인력 공급이 과잉이다. 학생들은 일반적으로 고등교육을 받아 고상한 직업에 종사하고 싶다는 생각을 가지고 있기 때문에 곧 공급 과잉이 발생할 수밖에 없다. "좋은 일자리를 구해 돈도 벌고 출세를 하고 싶다", 그와 같은 희망을 품는다는 것은 그 사람 개인적으로는 바람직한 자세이지만 이것을 사회의 입장에서 보거나 국가적 타산이라는 면에서 생각해본다면 어떨까? 나는 반드시 기뻐해야 할 현상이라고만은 보지 않는다.

사회는 천편일률적이지 않고 복잡다단複雜多端하다. 따라서 사회가 필요로 하는 인물에도 한 가지 종류만 있는 게 아니다. 한 회사의 사장이 될 인물이 있는가 하면, 단순 심부름을 하는 사람도 필요하다. 고용자 쪽은 소수인 반면, 피고용인에 대한 수요는 무한하다. 따라서 학생들이 일자리 수요가 많은 곳, 즉 다른 사람 밑에서 일하는 인물이 되겠다고 마음먹는다면 오늘날의 사회라 할지라도 인력이 한곳으로 과잉 공급되는 일은 없을 것이다.

그런데 오늘날의 학생들은 대체로 소수의 인력만 필요로 하는 고용주가 되어야겠다고 마음먹고 있다. 즉 학문을 통해서 고상한 논리를 배워왔기 때문에 다른 사람 밑에서 일하는 것은 한심하다고 생각하는 것이다. 교육 방침에서도 인재 양성의 의미를 잘못 이해한 부분이 있었다. 그저 주입식으로 지식 교육만 하면 충분하다고 생각하고 있기 때문에 똑같은 유형의 인물들만 양산되고, 정신의 수양을 등한시한 결과 고개를 숙일 줄 모르고 그저 잘난 척하는 인물만 배출되는 것이다. 이러니 인력의 공급 과잉이 당연한 일이 아니겠는가?

어떤 면에선 인물 양성이라는 점에서는 미흡하나마 옛날의 교육 방식이 더 좋았다. 오늘날에 비하면 교육 방법은 극히 단순했다. 교과서라고 해봐야 사서오경에 〈팔대가문八代家文〉 정도가 고작이었지만 그래도 양성된 인물은 결코 비슷비슷한 유형의 인물들이 아니었다. 그것은 물론 교육 방침이 전혀 달랐기 때문이기도 하지만 학생들 각자가 자신들의 장점을 알고 그것에 집중해 매진한 결과, 다양한 재능을 가진 인재가 되어 나타났다. 예를 들어 수재는 점점 성장하여 고상한 일을 하게 되고, 우둔한 자는 낙담하지 않고 비천한 일에 안주하는 식이었기 때문에 인력 운용에 골머리를 썩을 염려는 없었다.

오늘날의 교육 방법이 새로운 지식을 다양하게 가르친다는 점에서는 매우 좋기는 하지만 학생들은 그 정신을 오해하고 있다. 그래서 자신의 재능과 적성은 무시한 채 "저 사람도 사람이고 나도 사람이다. 저 사람과 똑같은 교육을 받았으니 저 사람이 하는 일 정도는 나도 할 수 있다"는 자부심만 앞세운다. 그래서 사회적 지위가 낮은 일에 종사하려는 사람이 부족한 것이다.

이는 옛날의 교육 방침이 백 명 중에서 한 명의 수재를 배출하는 데 있다면 오늘날의 교육 방법은 99명의 평범한 인물을 만들겠다는 것이다. 장점이기는 하지만 유감스럽게도 그 정신을 오해하여 결국에는 지금 나타나는 현상처럼 중간 이상 되는 어중간한 인물의 공급과잉을 맞이하게 된 것이다.

그런데 같은 교육 방침을 채택하고 있는 서구 선진국들의 모습을 보면 교육으로 인해 발생하는 그러한 폐해가 적은 듯 느껴진다. 특히 영국은 우리나라의 지금 상태와는 달리 상식의 발달에 충분히 신경을 써서 인격을 갖춘 인물을 만드는 데 집중하고 있는 것 같다.

나 같은 문외한이 교육 방침에 쉽게 참견할 문제는 아니지만 대체적으로 봐서 오늘날과 같은 결과를 얻은 교육은 그다지 성공한 것이 아니라고 말할 수밖에 없겠다.

제10장

성패(成敗)와 운명

성공과 실패에 대해 옳고 그름을 논하기보다 우선은 성실하게 노력해야 한다. 그러면 하늘이 공평무사(公平無私)한 하늘이 그 사람에게 반드시 복을 주고 운명을 개척할 수 있도록 해주는 법이다. 일의 성패를 초월하여 사람의 도리를 지킨다면 성공과 실패는 그리 중요치 않다.

세상에서 말하는
성공과 실패
_최선을 다하고 신념을 지켰다면 실패가 아니다

중국의 성현이라고 하면 우선 떠오르는 것이 요堯임금, 순舜임금에서 시작하여 우禹왕과 탕湯왕, 문왕文王과 무왕武王, 주공周公, 그리고 공자로 이어진다. 요순이나 우와 탕, 문왕과 무왕, 주공 등은 모두 당대에 성공한 인물들이다. 생전에 이미 눈부신 치적을 쌓아 세상 사람들의 존경과 숭배를 받다가 세상을 떠났다. 이에 비해 공자는 지금의 세상에서 말하는 '성공'한 사람이라고 할 수 없는 인물이다. 생전에 무고한 죄를 뒤집어쓰고 진채(陣蔡, 진나라와 채나라) 벌판에서 고통을 당하기도 하는 등 온갖 역경逆境만을 맛봐 왔으며, 사회적으로도 이렇다 할 만큼 눈에 띄는 공적을 남긴 것도 아니다.

그런데 오랜 세월이 흘러 오늘날에 이르고 보니, 생전에 치적을 쌓고 성공한 인물인 요순, 우탕, 문무, 주공보다도 전 생애가 실패로 점철된 것처럼 여겨졌던 공자를 숭배하는 사람들이 오히려 더 많아졌다. 성현 중에서도 공자가 가장 많은 존경과 숭배를 받고 있다.

내가 의아하게 생각하고 있는 점 하나는, 중국이라는 나라의 민족 기질 중에는 이해할 수 없는 부분이 한 가지 있다. 영웅호걸의 분묘를 허술하게 방치해 놓고 아무렇지도 않게 생각한다는 점이다.

그런데 중국 사정에 정통한 친구 시라이와白岩가 들려준 이야기도 있고, 또 그의 책 〈마음의 꽃〉에 실린 기행문 등을 읽어보면 곡부曲阜에 있는 공자의 묘만은 중국인들도 매우 정중하게 보존한다고 한다. 또 공묘孔廟의 외관도 아름답고 화려하며 공자의 후손들 역시 일반 사람들로부터 상당한 존경을 받고 있다는 것이다.

공자는 생전에 요순, 우탕, 문무, 주공처럼 정치에서 뛰어난 공적을 세워 높은 지위에 오르지도 못하고, 큰 부富를 얻지도 못해 오늘날 기준으로 보면 '성공'을 거두지 못한 사람이다. 그렇지만 결코 실패한 인생이 아니다. 오히려 참된 성공이라고 해야 할 것이다.

눈앞에 드러난 성과만을 근거로 성공이냐 실패냐를 논한다면, 미나토가와湊川에서 화살이 동나고 칼이 부러져 전사한 구스노키 마사시게(楠正成, 1294~1336, 다카우지와 전투를 벌인 장수)는 실패한 사람이며, 세이타이쇼군征夷大將軍의 지위에까지 올라 세력이 사해에 미쳤던 아시카가 다카우지(足利尊氏, 1338년 무로마치 막부를 연 무장)는 틀림없이 성공한 사람이라고 볼 수 있다. 그러나 오늘날 다카우지를 숭배하는 사람은 아무도 없지만 마사시게를 존경하고 숭배하는 사람들은 끊이질 않는다. 살아서 성공을 거뒀던 다카우지는 영원한 실패자이며, 살아서 실패자였던 마사시게는 영원한 성공자인 것이다.

스가와라 미치자네(菅原道眞, 845~903, 헤이안 시대의 관료, 문인)와 후지와라 도키히라(藤原時平, 871~909, 헤이안 시대의 관료)를 비교해봐도 도키히라는 당시의 성공자였으며, 미치자네는 다자이후(大宰府, 지방 관청 중에 가장 큰 기관)에 의해 아무런 죄도 없이 쫓겨간, 당시로서는 실패자였음에 분명하다. 하지만 지금은 누구 한 사람도 도키히라를 존경하지 않는다. 반대로 미치자네는 학문의 신으로 숭배되어 전국 방방곡곡에서 그를 기리고 있다. 미치자네의 실패는 결코 실패가 아니라 진정한 성공인 것이다.

이런 사실들로 미루어 생각해봐도 "세상에서 말하는 성공이 반드시 성공은 아니며, 세상에서 말하는 실패가 반드시 실패는 아니다"라는 진리가 매우 분명해진다.

회사나 일반 영리사업처럼 금전적인 이익을 올리는 것을 목적으로 하는 사람은 만약 실패를 하면 투자자나 그 외의 여러 사람들에게까지 피해가 미쳐 수많은 손해를 입히게 되니 무슨 일이 있어도 성공하도록 노력해야 한다. 하지만 정신적인 사업에서는 눈앞의 성공만을 생각하는 얕은 꾀로 임하면 세상의 오물을 먹는 것과 같은 폐해에 빠져버리게 된다. 그러면 명예를 남기기는커녕 사회에 공헌도 하지 못하고 영원한 실패로 끝나 버리게 되는 법이다.

예를 들어서 신문, 잡지와 같은 언론계에 종사하며 사람들을 일깨우기 위해서 시류를 거슬러 비평한다면 때로는 뜻밖의 필화(筆禍)를 겪기도 한다. 세상에서 말하는 실패에 빠지는 쓸쓸한 경험을 맛봐야 하는 경우가 생길지도 모른다. 그러나 그것을 결코 실패가 아니다. 가령 일시적으로는 실패한 것처럼 보인다 할지라도 오랜 시간이 흐르고 나면 그 노력한 공을 인정받게 될 것이다. 사회에 공헌을 하게 된 것이고 그 사람은 오랜 세월을 기다리지 않더라도 10년, 20년 혹은 수십 년이 지나면 반드시 그 공적을 인정받게 될 것이다. 문필, 언론이나 정신적 분야에 종사하는 사람이 생전에 성공을 거두려고 발버둥치면 오히려 시류에 아부하게 되고, 결국 사회에는 아무런 공헌도 하지 못하게 된다.

그러나 제아무리 정신적인 사업이라 할지라도 사업을 운영해나가기 위한 최소한의 경영 능력은 있어야 한다. 오로지 큰소리만 치고 인생의 근본을 잊고 허황된 계획만 세워 노력하지 않는다면, 제아무리 오랜 세월이 흘러도, 가령 황하의 물이 맑아질 때가 온다 할지라도 결국 실패로 끝날 수밖에 없다.

최선을 다해 노력했고, 한점 부끄럼이 없도록 자신의 신념을 지켰다면 정신 사업의 실패는 결코 실패가 아니다. 마치 공자의 유업遺業이 지금 세상의 수많은 사람들에게 편안하게 발붙이고 살 수 있는 초석을 마련해주었던 것처럼, 후세에 이바지하고 사람의 마음을 얻고 그리고 사회에 공헌할 수 있게 되는 법이다.

진인사대천명盡人事待天命
_도리를 다한 후에 하늘의 뜻을 기다린다

"하늘天이란 과연 무엇인가?"라는 문제는 내가 참여하고 있는 귀일협회歸一協會의 모임에서도 종종 논의되고 있는 주제이다. 어떤 종교인들 중에는 하늘을 영적 생명체로 해석하여, 마치 인간처럼 손발을 움직여서 사람에게 행복을 주기도 하고 불행을 내리기도 한다고 믿는다. 그래서 기도하거나 도움을 청하면 하늘이 그것을 듣고 목숨을 두어 개로 만들어 주기라도 하는 것처럼 생각하는 사람도 있다.

그러나 하늘은 이들 종교인들이 생각하는 것처럼 인격이나 인체를 가지고 있거나, 기도를 하고 안 하고에 따라 사람의 운명 위에 행복이나 불행을 얹어주는 성질의 것이 아니다. 천명天命은 사람이 그것을 알지도 못하고 느끼지도 못하는 사이에 저절로 이루어지는 것이다.

이것이 천명일까, 저것이 천명일까, 하는 것도 사람들이 각자 제멋대로 결정한 것이지 정작 하늘과는 조금도 관계가 없다.

따라서 인간은 천명을 두려워하며 사람의 힘으로는 어떻게 해볼 수 없는 어떤 위대한 힘의 존재를 인정하는 것이다. 그런데 한 가지 명심할 점은, 최선을 다하기만 하면 억지스런 일도 부자연스런 일도 반드시 관철시킬 수 있다는 생각을 버려야 한다. 그리고 공경하고, 경외하며, 믿음으로 하늘을 대해야 한다.

메이지 천황의 교육칙어敎育勅語[1]에 나오는 말처럼 "고금을 통하여 잘못을 범하지 말고, 세상에 베풀되 도리에 어긋나지 않도록 한다. 탄탄하고 평안한 곳으로 통하는 큰 뜻을 좇아 걸어가며, 사람의 힘으로 어쩔 수 없는 일을 무리해서 하거나 자연스럽지 못한 행위를 하지 않는다"라는 가르침은 바람직한 일이다. 다만 하늘이라든지 신, 혹은 부처가 인간의 감정을 좌지우지하는 것처럼 생각하는 것은 잘못된 관념이다.

하늘의 명[天命]이란 인간이 그것을 의식하든, 의식하지 않든 순리에 따라 사계절이 흘러가듯 삼라만상 안에서 행해지는 법이다. 이러한 사실을 깨닫고 하늘에 대해 공경, 경외, 믿음을 갖고 있다면 '진인사대천명盡人事待天命'이라는 말 속에 들어 있는 깊은 의미를 비로소 깨닫게 될 수 있을 것이다.

따라서 우리가 세상을 살아감에 있어서 "하늘을 어떻게 이해해야 할 것인가"하는 문제에 대해서는, 공자가 이해하고 있었던 '정도正道를 가는 것'이 최선의 답이라 생각한다.

하늘을 인격을 갖춘 영적 생명체로 생각하지 말고, 천지간天地間에 발생하는 모든 인과응보因果應報의 법칙을 우연히 일어나는 일이라고

---

[1] 1890년 선포되고 1945년 폐지될 때까지 국민 교육의 이념을 밝힌 천황의 칙어.

치부하지도 말고, 이를 천명이라 여겨 공경, 경외, 믿음의 마음으로 대하는 것이 가장 온당한 생각이다.

악비岳飛와 진회秦檜
_성공과 실패는 죽은 후에 판가름 난다

　다이쇼 3년(1914년) 봄에 중국을 여행한 적이 있었다. 5월 6일 상하이上海를 거쳐 이튿날 철도로 항저우杭州로 갔다. 항저우에는 경치가 빼어난 시후西湖라는 유명한 호수가 있는데 그 호숫가에 악비(岳飛, 1103~1142)의 돌비석이 있다. 그 비석에서 약 10미터쯤 떨어진 곳에 당시의 권신이었던 진회(秦檜, 1090~1155)의 동상이 서로 묘한 대조를 이루고 세워져 있다.
　당시 송나라와 금나라 사이에는 전쟁이 잦았는데 악비는 송나라 말기의 명장이었다. 송나라는 금나라에게 연경(燕京, 현재의 베이징)을 빼앗기고 남쪽으로 밀려나 남송南宋이라고 칭했다.
　악비가 조정의 명을 받들어 출정하여 금나라의 대군을 무찌르고 막 연경을 수복하려던 순간, 금나라로부터 뇌물을 받은 간신 진회가 악비의 지휘권을 박탈하고 전장에서 철수시켰다. 악비는 진회의 간사함을 알고 "신이 10년 동안 쌓은 공이 하루아침에 무너졌다. 신이 직분을 다하지 못했음이 아니다. 진회는 실로 황제를 망칠 것이다"라고 탄식했다. 악비는 결국 중상모략에 의해 목숨을 잃고 말았다.

이처럼 충성스러웠던 악비와 간악했던 진회가 지금은 몇 걸음을 사이에 두고 서 있다. 참으로 묘하기 그지없다. 오늘날 악비의 묘를 보러 간 사람들은 대부분 관례에 따라서 악비의 비석을 향해 눈물을 흘린다. 그리고 돌아서서는 진회의 동상에 소변을 본 뒤 돌아온다고 한다. 사후에 충신과 간신이 명확해졌으니 실로 통쾌한 일이다.

오늘날의 중국에도 악비와 같은 사람도 있을 것이고, 또한 진회와 같은 사람도 있을 것이다. 사람들이 악비의 비석에 절하고 진회의 동상에 소변을 본다니 이것이야말로 맹자가 말한 "인간의 본성은 선하다"는 것을 보여주는 것이 아닐까?

하늘에까지 통하는 악비의 충심은 사람들의 마음에 깊이 스며들어 오랜 세월이 지난 뒤에도 그 덕을 더욱 흠모하게 되는 것이다. 이것만 봐도 "사람의 성공과 실패는 죽은 뒤가 아니면 판단할 수 없다"는 것을 알 수 있다. 두 사람의 비석을 보고 참으로 깊은 감회를 느꼈다.

순경順境과 역경逆境
_인생에는 순탄한 길도 험난한 길도 없다

　여기에 두 사람이 있다. 그 중 한 사람은 지위도 없고 재산도 없으며 뒤를 밀어줄 선배도 없다. 다시 말해 출세할 만한 조건이 극히 빈약하지만 간신히 세상에 나설 수 있을 만큼의 학문을 닦고 세상에 나왔다고 하자. 그런데 그 사람에게는 비범한 능력이 있고 심신이 건강하고 무엇이든 열심히 배우려는 장점이 있다. 게다가 행실까지 반듯해서 무슨 일을 시켜도 윗사람이 마음에 들게끔 일을 잘해낼 뿐만 아니라 오히려 윗사람의 예상보다 훨씬 더 잘한다면 많은 사람들이 그를 칭찬할 것이다.
　따라서 그 사람이 공직에 있든 기업에 있든 상관없이 반드시 탁월한 실적을 이루어 결국에는 부와 명예를 얻게 될 것이다. 세상 사람들은 그 사람의 신분과 지위를 보며 순탄한 길을 달리는 사람이라고 생각할 것이다.
　하지만 사실은 순탄한 길과 험난한 길이 따로 있는 것이 아니다.

그 사람 스스로 자신의 길을 만들어낸 것이다.

그리고 또 다른 한 사람이 있다. 천성적으로 게으르고 학생 시절에는 낙제만 하다가 간신히 졸업을 했다. 배운 학식으로 세상에 나가야 하지만 품성이 미욱하고 또 공부하기를 싫어해 직장에 들어가서도 윗사람으로부터 지시받을 일을 제대로 해내는 것이 없다.

그런데도 마음속으로 불평불만이 쌓이고 일도 열심히 하지 않아 윗사람의 눈 밖에 나서 결국에는 회사에서 쫓겨나게 된다. 집에 돌아가도 부모형제가 냉랭하게 대한다. 가정에서조차 신용이 없을 정도이니 동네 사람들에게도 신용이 없다.

이렇게 되면 불평불만이 더욱 커지고 시간이 지남에 따라 자포자기하게 된다. 그 틈을 노려 나쁜 친구가 유혹하면 자신도 모르게 자연히 나쁜 길로 접어들게 된다. 이렇듯 바른 길은 한 번도 구경도 못하고 결국은 방황만 하다가 인생을 끝내게 된다. 세상 사람들은 그를 역경에 처한 사람이라고 말하고, 어쨌든 참으로 역경인 것처럼 보인다. 그러나 사실은 그렇지 않다. 그 스스로가 자초한 것이다.

당나라 시인 한유(韓愈, 768~824)가 자신의 아들을 격려한 시 〈부독서성남符讀書城南〉에 다음 같은 구절이 있다.

"나무가 둥글고 모나게 깎이는 것은, 목수에게 달렸고, 사람이 사람다울 수 있는 것은 내면에 있는 시와 글에 달렸다. 시와 글은 부지런하면 얻을 수 있고, 부지런하지 않으면 내면이 빈다. 배움의 힘을 알고 싶다면, 현명한 자도 어리석은 자도 처음에 같았다는 것을 깨달으면 된다. 배우지 못해, 들어가는 곳이 마침내는 달라진다.

두 집에서 각기 아들을 낳았어도, 두세 살 때는 재주가 서로 엇비슷하고, 조금 자라서 모여 놀 때도, 같은 무리의 물고기처럼 비슷비슷하다. 열두어 살이 되면, 두각을 나타냄이 약간 달라지고, 스무 살이 되면 점점 더 격차가 벌어진다. 맑은 냇물이 더러운 도랑물에 비치듯이, 서른 살에 골격이 굳어지면, 하나는 용, 하나는 돼지로 변한다.

학문을 이룬 용은 훨훨 나는데, 학문을 못 이룬 두꺼비는 돌아볼 재주조차 없다. 한 명은 말[馬] 앞의 졸개가 되어 채찍 맞은 등에는 구더기가 생기고, 다른 한 명은 재상이 되어, 고래등 같은 집에 산다. 그래서 묻노니 어찌 해야 하는가. 배워야 하겠는가? 배우지 말아야 하겠는가?"

<small>木之就規矩, 在梓匠輪輿, 人之能爲人, 由腹有詩書, 詩書勤乃有, 不勤腹空虛, 欲知學之力, 賢愚同一初, 由其不能學, 所以遂異閭, 兩家各生子, 提孩巧相如, 少長聚嬉戲, 不殊同隊魚, 年至十二三, 頭角稍相疎, 二十漸乖張, 淸溝映汚渠, 三十骨骼成, 乃一龍一豬, 飛黃騰踏去, 不能顧蟾蜍, 一爲馬前卒, 鞭背生蟲蛆, 一爲公與相, 潭潭府中君, 問之何因爾, 學與不學歟</small>

이 시는 주로 학문을 닦는 것에 대해 이야기하고 있지만 순경順境과 역경逆境이 어디에서 갈라지는가를 잘 보여준다. 다시 말해서 올바르지 못한 사람은 가르쳐도 소용이 없고 올바른 사람은 가르치지 않아도 스스로 방법을 알고 있어서 자연히 그 운명을 만들어내는 법이다. 엄밀하게 얘기하자면 이 세상에는 순경도 없고 역경도 없다고 할 수 있다.

만약 그 사람에게 뛰어난 지혜와 재능이 있고, 게다가 끊임없이 공부를 해나간다면 그는 결코 역경에 빠지지 않는다. 역경이 없다면 순경이라는 말도 사라지게 된다. 스스로 역경이라는 결과를 초래한 사람이 있기 때문에 반대 의미로 순경이라는 말도 생기는 것이다.

예를 들어 몸이 약한 사람이 날씨가 추워 감기에 걸렸다고 탓하거나, 더운 날씨로 식중독에 걸려 복통을 일으켰다고 말하는 격이다. 자신의 체질이 나쁘다는 점에 대해서는 말하지 않는다. 만약 감기나 복통이 오기 전에 몸을 튼튼히 해두었다면 날씨 때문에 병에 걸릴 일도 없을 텐데 평소 조심을 하지 않아 병을 얻은 것이다. 따라서 병에 걸렸다고 해서 스스로를 탓하지 않고 오히려 날씨 탓을 하는 사람은 역경을 자초한 죄를 하늘에 돌리고 탓하는 사람이다.

맹자가 양梁나라 혜왕惠王에게 "왕이 흉년을 탓하지 않으면 천하의 백성이 왕에게로 모일 것입니다王無罪歲, 其天下之民至焉"[1]라고 말한 것도 같은 의미이다. "정치를 잘못한 것을 탓하지 않고 백성이 굶주리는 이유를 흉년 탓으로 돌린다면 큰 잘못"이라는 뜻이다.

만약 백성이 왕에게 복종하기를 바라지 않는다면 풍년, 흉년을 따질 필요도 없다. 통치자의 덕이 어떠한가 하는 점이다. 백성이 따르지 않는 이유를 흉년 탓으로 돌려 자신의 덕이 부족함을 돌아보지 않는다면 스스로 역경을 만들어 놓고도 그 죄를 하늘에 물으려는 것과 같은 생각이다.

이렇듯 대부분의 세상 사람들은 자신의 지식, 능력, 노력과 상관없이 역경이 온 것처럼 이야기하는 경향이 있다. 그것은 어리석은 생각이다. 나는 사람들이 자신의 지식과 능력에 덧붙여 노력을 하면 세상 사람들이 말하는 역경 따위는 결코 찾아오지 않을 것이라고 믿는다.

나는 "역경은 없다!"고 단언하고 싶지만 그렇게까지 잘라 말할

---

1) 〈맹자〉 양혜왕 상

수 없는 경우도 있다. 그것은 머리도 좋고 재주가 출중한 데다, 공부에도 힘써 사람들의 존경을 한몸에 받는 인물이라 해도 정치계에서든 경제계에서든 순탄하게 뜻을 펼쳐나가는 사람이 있는가 하면, 반대로 무슨 일에나 차질을 빚어 역경에 빠지는 사람이 있다. 후자의 경우, 이런 사람의 역경이야말로 진짜 역경이라는 말을 사용하고 싶다.

하늘은
공평무사_{公平無私}하다
_성공과 실패란 최선을 다한 사람의 몸에 남는 찌꺼기

세상에는 악업_{惡業}을 일삼아도 운이 강해서 성공한 것처럼 보이는 사람들도 있다. 하지만 그 사람의 품격_{品格}을 판단함에 있어서 단지 성공과 실패만을 기준으로 삼는 것은 근본적으로 잘못이다.

사람은 자신에게 맡겨진 직분을 기준으로 삼아 나아갈 방향을 정해야만 한다. 이른바 실패나 성공은 중요한 문제가 아니다. 가령 나쁜 짓을 일삼아온 사람이 운이 강해 성공했다 해도, 반대로 선량한 사람이 운이 없어 실패한 경우가 있다 해도 그것을 보고 실망하거나 비관할 필요는 없다. 성공이나 실패란 단지 진력_{盡力}을 다해 노력한 사람의 몸에 남는 찌꺼기와 같은 것이다.

현대인들은 단지 성공이냐 실패냐에만 주목할 뿐, 그것보다 훨씬 더 중요한 천지간_{天地間}의 이치를 보지 못한다. 그들은 본질적인 것은 생명처럼 아끼지 못하고, 단지 찌꺼기에 불과한 금전이나 재물만을 중요시하는 것이다. 사람은 자신이 맡은 직무에 충실하면서 책무를 완수했을 때 비로소 안도감을 느끼는 존재이다.

이 세상에는 꼭 성공해야 할 것 같은 일이 실패하는 경우가 많이 있다. 지혜로운 사람은 스스로 운명을 만든다고 한다. 하지만 운명만이 인생을 지배하는 것은 아니다. 거기에 지혜가 수반되어야만 비로소 운명을 개척할 수 있다. 제아무리 선량한 군자라 할지라도 지혜가 부족해서 결정적인 순간에 기회를 놓친다면 성공할 수 없다.

도쿠가와 이에야스(1542~1616)와 도요토미 히데요시(1536~1598)가 이 사실을 잘 증명해 준다. 가령 히데요시가 80세까지 장수하고, 이에야스가 60세에 일찍 세상을 떠났다면 천하는 어떻게 되었을까? 천하는 이에야스의 손에 들어가지 않고 오히려 히데요시가 천하를 잡았을지도 모른다. 그러나 운명은 도쿠가와의 손을 들어주었고, 도요토미에게는 화禍를 주었다.

도요토미 히데요시에게 재앙이 닥친 것은 그의 죽음이 너무 빨랐기 때문만은 아니다. 도쿠가와에게는 명장과 지혜로운 신하들이 구름처럼 몰려들었지만, 도요토미는 요도기미淀君라는 애첩의 손에 정권을 쥐게 하고 제멋대로 휘두르게 했다. 그 결과 충성스러운 가쓰모토且元를 내치고 오히려 오노大野 부자를 중용했다. 뿐만 아니라 이시다 미쓰나리 石田三成[1]를 출정시킨 간토關東 정벌은 도요토미 가의 자멸을 재촉하는 결정적인 계기가 되고 말았다.

그렇다면 도요토미는 어리석었고, 도쿠가와는 현명했던 것일까?

---

[1] 도요토미 히데요시가 죽은 후인 1600년, 이시다 미쓰나리는 서군을 이끌고 이에야스가 이끄는 동군과 세키가하라 전투를 벌였으나 참패한 후, 붙잡혀 처형되었다.

나는 도쿠가와 이에야스가 300년 태평의 패업을 이룰 수 있었던 것은 오히려 운명이었다고 생각한다. 그러나 그 운명이라는 것을 두 손에 움켜잡고 마음대로 조정하기란 매우 어렵다. 보통 사람들은 매순간 찾아오는 운명을 이용할 만큼 지혜가 없지만, 이에야스는 그와 같은 지혜가 있어 때를 잘 파악하고 운명을 스스로 만들어간 것이다.

어쨌든 사람은 성실하게 노력하고 공부하여 스스로 운명을 개척해야 한다. 그렇게 해서 만약 실패했다면 자신의 지혜가 부족함을 깨닫고 포기할 것이며, 또 성공했다면 지혜가 활용되었다고 생각하고 성패에 관계없이 하늘의 뜻에 맡겨야 한다. 성공을 하든 실패를 하든, 끊임없이 공부한다면 언젠가는 다시 좋은 기회가 온다.

인생의 행로는 참으로 다양하다. 때로는 선인이 악인에게 패한 것처럼 보일 때도 있지만, 오랜 시간이 흐르면 분명하게 선악의 구별이 드러난다. 따라서 성공과 실패에 관한 시비선악을 논하기보다 우선은 성실하게 노력하는 게 중요하다. 그러면 공평무사公平無私한 하늘이 그 사람에게 반드시 복을 주고 운명을 개척할 수 있도록 해주는 법이다.

도리란 하늘에 떠 있는 해와 달처럼 언젠가는 세상 일의 실상을 환하게 드러나게 하지, 흐리게 가려두지 않는다. 때문에 도리에 따르는 사람은 반드시 흥하고, 도리에 거스르는 일을 꾸미는 사람은 반드시 망할 것이다.

긴 인생 속에서 일시적인 성공과 실패는 작은 거품과도 같다. 따라서 이 거품 같은 것을 동경하여 눈앞의 성패만을 추구하는 사람이 많다면 국가의 앞날이 어두워진다. 부디 그와 같은 천박한 생각을 떨쳐버리고, 일의 성패를 초월하여 초연히 도리에 맡게 처신한다면 성공과 실패는 하찮은 것이며, 그 이상의 가치 있는 생애를 보낼 수 있게 될 것이다. 또한 성공은 사람으로서의 책무를 완수했을 때 생기는 찌꺼기에 불과하니 그것은 더더욱 연연해 할 필요가 없는 것 아니겠는가?

부록

시부사와 에이치의 생애와 사상

상인의 집안에서 태어나다

시부사와 에이치는 1840년 2월 13일, 무사시노쿠니武藏國(지금의 사이타마 현) 한자와 군榛澤郡(지금의 후카야 시) 지아라이지마血洗島 마을에서 아버지 이치로우에몬市郎右衛門과 어머니 에이의 장남으로 태어났다. 어릴 적 이름은 이치사부로市三郞였다.

시부사와 가家는 아이타마(藍玉, 쪽잎을 찧어 만든 염료)를 제조·판매하면서 동시에 누에를 치고 쌀, 보리, 채소도 생산하는 대농가였다. 다른 농가가 주로 농사만 짓는 데 비해, 시부사와 가는 염색 원료의 매입과 염료 판매를 했기에 수입, 지출, 원가계산 등 항상 주판을 튕겨야 하는 상업적인 재능이 요구되었다.

어린 에이치도 아버지를 따라 다니며 신슈(信州, 지금의 나가노 현)와 조슈(上州, 지금의 야마구치 현)까지 염료를 팔러 다녔으며 쪽잎을 매입하는 작업도 했다. 14세 때부터는 혼자 쪽잎 매입을 위해 나서게 됐는데 이때의 경험 덕분에 상인의 감각에 눈을 뜨게 되었다.

이때의 경험은 훗날 파리에 체류할 때 접한 유럽의 경제 시스템을 쉽게 받아들일 수 있었으며 이후의 현실주의적인 합리주의사상으로 연결되었다.

에도 막부의 막신幕臣이 되다

막부 시대는 사농공상의 신분계급이 엄격한 시대로, 상인이 신분의 벽을 뛰어넘어 무사계급이 된다는 것은 생각할 수도 없었다. 학문이 거의 무사계급의 전유물처럼 여겨지던 시절이었지만 시부사와의 아버지는 아들을 엄격하게 교육시켰다. 5세 무렵부터 아버지로부터 책읽기를 배웠으며 7세 때에는 사촌형인 오다카 아쓰타다尾高惇忠에게서 〈대학〉〈논어〉〈맹자〉〈중용〉 등 사서四書와, 〈시경〉〈서경〉〈예기〉〈주역〉〈춘추〉 등 오경五經을 배웠다. 그리고 에도 시대 후기의 역사가인 라이산요우(賴山陽, 1780~1832)에 의해 쓰여진 〈일본외사日本外史〉를 공부했다. 한창 흡수성과 감수성이 강한 나이에 읽은 이러한 책들은 시부사와의 가치관을 정립하는 데 큰 영향을 끼쳤다. 실제로 그는 훗날 그때의 독서 경험에서 느낀 감정을 밝히기도 했다.

"어렸을 때 한자를 배웠는데 〈일본외사〉 등을 읽으며 일본의 정권이 어떻게 천황의 조정朝廷에서 무사들의 막부로 넘어가게 됐는지 그 경위를 자세히 알게 된 후에는 더욱 비분강개悲憤慷慨하지 않을 수 없었다. 농민이나 상인으로 살아보았자 비천한 인간으로 취급받으며 일생을 마감할 것이 너무나 서럽게 느껴져서 무사가 되겠다는 각오를 한층 다지게 되었다."

무예를 단련하는 데도 게을리 하지 않아 사촌동생인 신자부로新三郎에게서 검술을 배웠다. 18세 때(1858)에는 아쓰타다의 여동생인 지요千代와 결혼했다. 1861년 에도로 나와 가이호 교손(海保漁村, 1789~1866, 에도 시대 후기 유학자)의 문하생이 되었다. 또한 호쿠신잇토류北辰一刀流(검술의 한 유파)를 따르는 지바千葉 에이지로榮次郎 도장에 입문하여 검술 수행을 하는 한편 근왕양이勤王攘夷를 내세우는 지사志士들과도 가까이 지냈다. 그 영향으로 막부를 타도하자는 토막파討幕派에 가담하여 1863년, 다카사키高崎 성을 빼앗고 요코하마橫浜를 불태워서 막부를 쓰러뜨릴 계획을 세운다. 그러나 아쓰타다의 동생인 나가시치로長七郎의 설득으로 거사를 포기했다. 그러나 막부 관료에 의해 수배를 받게 되자 교토京都로 몸을 피신했다.

교토에 가서 히토쓰바시一橋 가의 가신인 히라오카 엔시로(平岡円四郎, 1822~1864, 막부 말의 막신)의 추천으로 히토쓰바시 요시노부(一橋慶喜, 1837~1913, 나중에 15대 쇼군 도쿠가와 요시노부가 된다)를 섬기게 된다. 그 동안에는 히토쓰바시 가의 영내를 순회하며 농병 모집에 관여했다.

1866년 주군인 요시노부가 쇼군이 됨에 따라서 막부의 신하[幕臣]로 들어갔다. 이듬해 1867년 파리 만국박람회에 쇼군을 대신해 요시노부의 동생 도쿠가와 아키다케德川昭武가 파견되자 사절단 일원으로 프랑스를 방문하게 되었는데, 이것이 시부사와가 27세의 일로써 그의 일생에 있어서 일대 전환점이 된 경험이었다.

1867년 1월, 프랑스 우편선을 타고 요코하마 항구를 출발한 일행은 55일 만에 파리에 도착할 수 있었다. 시부사와는 그때의 놀라운 경험을 생생하게 적고 있다.

"당시 우리 일행은 요코하마橫浜에서 프랑스의 우편선을 타고 인도양 및 홍해를 거쳐 수에즈 지협에 이르렀다. 프랑스인 레셉스(F. d. Lesseps, 1805~1894) 씨가 경영에 관여하여 운하를 뚫는 대공사가 이미 시작된 상태였다. 그러나 아직 완공 전이라 일행은 배에서 내려 지협地峽으로 올라가 철도로 갈아탔다. 기차는 이집트를 횡단하여 카이로를 거쳐서 알렉산드리아에 도착했고, 거기서 다시 배를 타고 지중해를 항해하여 비로소 프랑스의 마르세유에 도착할 수 있었다. 요코하마를 떠난 지 55일 만의 일이었다."

파리 만국박람회를 시찰한 외에도 시부사와는 아키다케를 수행하여 유럽 각국을 방문하면서 각국의 자본주의의 현장을 눈으로 보고 몸으로 직접 체험했다. 파리 만국박람회와 유럽 각국 방문을 마친 후, 아키타케는 파리에서 유학하기를 희망했다. 하지만 갑자기 막부가 무너지고 대정봉환(大政奉還, 1867년 11월 9일, 에도 막부가 권력을 천황에게 넘겨준 사건)이 이루어짐에 따라 메이지 신정부는 그에게 급거 귀국하기를 명령했다. 1867년 12월 시부사와도 함께 귀국했다.

재무성 관료 시절(29세~33세)

프랑스에서 돌아와 보니, 세상은 이미 완전히 뒤바뀌어 있었다. 300년 동안 일본을 지탱해왔던 막부체제가 무너지고 천황을 중심으로 한 정치 개혁을 통해 중앙집권제를 공고히 하는 개혁이 진행되고 있었다. 이미 도쿠가와 막부의 신하라는 시부사와의 역할도 사라지고 없었다.

시부사와는 옛 히토쓰바시 가의 주군이자 마지막 쇼군 자리에서 물러난 도쿠가와 요시노부를 찾아갔다. 요시노부는 메이지 천황에게 권력을 넘겨준 뒤 쇼군 자리에서 물러나 시즈오카靜岡에서 근신중이었다. 시부사와는 요시노부의 명으로 시즈오카 번靜岡藩에 머물렀다. 그러나 프랑스에서 배운 주식회사제도를 실천하기 위해 1869년 1월에 시즈오카 상법회소靜岡商法會所를 설립하여, 금융업과 상업을 결합한 새로운 형태의 조직을 만들었다.

하지만 오쿠마 시게노부大隈重信의 설득으로 그해 10월 29세의 나이로 대장성에 관료로 입성한다. 대장성에서 개정괘(改正掛, 메이지 신정부의 개혁을 담당한 부서)를 책임 통솔하며 개혁안을 입안하는 일에 온힘을 쏟았다. 도량형과 국립은행 조례 제정에 관여했고, 1871년 막부의 행정제도인 번藩을 폐지하고 중앙정부의 관리하에 두는 현縣으로 바꾸는 이른바 폐번치현廢藩置縣의 기획안을 기초했다. 그러나 시부사와는 예산 편성을 둘러싸고 오쿠보 도시미치大久保利通, 오쿠마 시게노부와 갈등을 겪다가 결국 1873년 대장성 대보大輔인 이노우에 가오루井上馨와 함께 관직에서 물러났다. 이때 그의 나이 33세였다.

기업인으로 변신하다

33세의 시부사와는 관직에서 물러난 지 얼마 되지 않아, 관료 시절에 설립을 지도했던 제일국립은행(第一國立銀行, 현 미즈호 은행)의 행장으로 취임하면서 실업계로 들어섰다. 또한 제일국립은행뿐만 아니라 칠십칠국립은행七十七國立銀行 등 많은 지방은행 설립을 지도했다.

제일국립은행 외에 도쿄 가스, 도쿄 해상화재보험, 오지 제지, 지치부秩父 시멘트(현 다이헤이요 시멘트), 제국 호텔, 지치부 철도, 게이한京坂 전기철도, 도쿄 증권거래소, 기린맥주, 삿포로 맥주 등 다양한 기업의 설립에 관여했는데 그 수는 500개가 넘었다. 그리고 민간외교에도 힘써 미국과 중국, 프랑스 등과의 경제협력·문화 교류를 위한 노력을 아끼지 않았다.

한때 '일본인 이민 배척운동' 등으로 미일 관계가 악화되었을 때는 일본에 대한 이해를 돕기 위해 미국의 언론기관에 일본에 관한 뉴스를 보내는 통신사를 세워 성공을 거두었는데, 이것이 지금의 시사통신사와 공동통신사의 기원이 됐다.

시부사와 에이치가 미쓰이 다카요시三井高福나 이와사키 야타로(岩崎弥太郎, 미쓰비시三菱 창업자), 스미토모 도모이토住友友純 등과 같은 다른 메이지 재벌 창시자들과 크게 달랐던 점은 '시부사와 재벌'을 만들이 않았다는 점에 있다.

시부사와는 "개인의 이익을 좇지 않고 국가와 사회에 이익이 되겠다"는 생각을 일생토록 견지했는데 후계자인 손자 시부사와 게이조(澁澤敬三, 1896~1963, 시부사와 에이치의 적손자로, 아버지가 폐적廢嫡[1] 당하자 상속을 받음. 일본은행 총재, 대장대신을 지냈다)에게도 이것을 엄격히 가르쳤다. 또한 다른 재벌들은 전부 남작에 그쳤던 데 반해서 시부사와만은 자작子爵을 받을 수 있었던 것도 이와 같은 사회에 대한 공헌과 봉사활동에 대해 높이 평가받았기 때문이다.

---

1) 폐적(廢嫡)은 적자의 지위와 상속권을 폐하는 것으로, 그 이유로는 소행불량, 부자(父子) 대립, 적국과의 내통, 병약, 무능, 실자(實子) 탄생 등이 있다.

사회에 공헌하는 길

시부사와 에이치는 76세에 제일은행 은행장에서 물러나면서 대부분의 공직에서 은퇴했는데, 이후부터 소외된 사람들을 위한 사업사업을 활발히 하기 시작했다. 기업인 중에서도 사회활동을 가장 열심히 했는데, 그 대부분은 자신의 명예를 높이기 위한 일이 아닌, 사회에 공헌하는 일들이었다. 도쿄시의 요청을 받아 고아원 원장으로 근무했고, 도쿄 자혜회慈惠會, 일본 적십자사, 나병 예방협회 설립 등에 관여했으며 재단법인 성 누가 국제병원 초대 이사장, 재단법인 다키노가와瀧乃川 학원 초대 이사장, YMCA 환태평양 연락회의의 일본 측 의장 등을 역임했다.

시부사와가 상업을 통해 경제 부흥을 꾀한 것 이상으로 중요하게 생각한 것이 인재 양성이었다. 당시는 상인에게 고등교육은 필요 없다는 생각이 지배적이었지만 상업교육에도 힘써 현재의 히토쓰바시一橋 대학, 도쿄 경제대학, 와세다 대학, 도시샤 대학의 설립에 관여하거나 기부금 모금에 기여했다.

또한 "훌륭한 어머니 밑에서 훌륭한 인재가 나온다"라며 여성 교육의 필요성을 역설했다. 그래서 이토 히로부미(伊藤博文,1841~1909), 가쓰 가이슈(勝海舟, 1823~1899)[1] 등과 여자 교육장려회를 설립, 나루세 진조(成瀬仁藏, 1858~1919, 일본 여성 교육 개척의 선구자) 등과 함께 일본 여자대학

---

[1] 막부 시대 말기의 개화파로서, 1860년 미·일 통상수호조약 비준 사절을 수행하여 미국으로 건너갔다. 귀국 후 미국의 근대식 해군을 본떠 해군 재건에 힘썼다. 메이지 신정부파와 막부파가 대결한 보신전쟁에서 중개 역할을 맡아, 신정부파의 사이고 다카모리와 협상을 하여 에도 무혈 입성을 성립시켰다. 메이지유신 이후 법무성 대신을 거쳐 추밀원 고문관 등을 역임했다.

교를, 이토 히로부미와의 관계로 도쿄 여학관東京女學官의 설립에 관여했다.

〈논어〉를 평생의 수양과 경영의 지침으로 삼다

시부사와는 〈논어와 주판〉을 저술 '도덕과 경제 합일설'이라는 이념을 명확히 했다. 유소년기에 배운 〈논어〉를 바탕으로 윤리와 이익의 양립을 표방, 경제를 발전 시켜 이익을 독점하는 것이 아니라 나라 전체를 풍족하게 하기 위해 부는 전체가 공유해야 하는 것으로 사회로 환원할 것을 주장함과 동시에 자신도 그렇게 다짐했다. 또한 막부 말기에 시부사와 에이치와 같은 관점에서 빗추마쓰야마 번備中松山藩의 번정개혁藩政改革에 착수한 양명학자 야마다 호고쿠山田方谷의 문하생으로 '의리합일론(義利合一論, 윤리와 이익의 합일론)'을 주장한 미시마 주슈(三島中洲, 1831~1919)와 알게 되었는데 두 사람은 의기투합, 깊은 교분을 나누게 된다. 시부사와는 미시마 사후에는 그가 창립한 니쇼가쿠샤二松學舍 대학의 경영에 깊이 관여하게 된다.

시부사와는 일본사상 대표적인 경제인으로서 또한 초대 지폐장(紙幣頭, 후의 인쇄국장)으로서 일본 지폐의 초상 후보자로 과거 몇 번이나 거론되었지만 실현되지는 못했다. 특히 일본 은행권 천엔권(1963년 11월 1일 발행 개시)의 초상 후보자로 최종 심사에 올랐지만 결국 이토 히로부미가 채용되었다. 당시는 위조 방지를 위해 초상에 수염이 있는 인물이 쓰였기 때문이었다.

일본에서는 시부사와의 초상을 넣은 지폐는 발행되지 않았지만,

1902~1904년에 대한제국에서 발행된 초기의 제일은행권 1엔, 5엔, 10엔권에는 당시의 경영자였던 시부사와의 초상이 그려져 있었다.

시부사와는 만년을 가와고에 시川越市에서 보내다가 1931년 11월 11일 91세를 일기로 생을 마감했다.

후카야 시深谷市에서는 매년 11월을 '시부사와 에이치 기념의 달'로 지정해 해마다 행사를 열고 있다. 현재 사이타마 현에서는 시부사와의 공적을 기려, 건전한 기업 활동과 사회공헌을 하고 있는 전국의 기업 경영자에게 '시부사와 에이치 상'을 수여하고 있다.

옮긴이 안수경

서울에서 태어나 중앙대학교 일어일문과를 졸업했다.
출판 기획자로 일했고, 현재는 전문 번역가로 활동하고 있다.
옮긴 책으로는 〈오륜서〉〈상하이人 홍콩人 베이징人〉
〈역마차와 푸른 지폐〉〈우아하고 잔혹한 악녀들〉
〈나는 명품이 좋다〉〈아이를 지혜롭게 꾸짖는 비결 99〉 등 다수.

한손에는 논어를 한손에는 주판을

1판 1쇄 발행 2009년 11월 25일
1판 6쇄 발행 2018년 05월 25일

지은이 시부사와 에이치
옮긴이 안수경
펴낸곳 도서출판 사과나무
펴낸이 권정자
등록번호 1996년 9월 30일(제11-123)
주소 경기도 고양시 덕양구 충장로 123번길 26, 301-1208

전화 (031) 978-3436
팩스 (031) 978-2835
이메일 bookpd@hanmail.net

값 13,000원

ISBN 978-89-87162-90-4 03320

항우처럼 일어나서 유방처럼 승리하라

네이버 '오늘의 책' 선정!

"내가 천하를 얻을 수 있었던 것은 한신, 장량, 소하 이 세 사람을 참모로 얻어 잘 쓸 수가 있었기 때문이다. 그러나 항우는 단 한 사람의 범증조차도 쓰지를 못했다. 이것이 내게 패한 이유이다."
- 유방이 항우를 물리치고 천하를 제패한 뒤 했던 말

유방은 항우에 비해 보잘 것 없는 사람이었다. 항우가 명문 귀족 출신인 데 비해 유방은 빈농의 자식이었다. 가문도 별볼일없고 돈도 없고 학식과 지식도 부족했던 유방이 어떻게 천하를 통일하고 한(漢)제국의 황제에 오를 수 있었을까.
항우가 직선적이고 독단적인 반면 유방은 남의 말을 경청하는 열린 성품을 가졌다. 그런 유방에게는 인재들이 모여들었고 유방은 그들을 적재적소에 기용하여 재능을 발휘할 수 있게 해주었다. 수많은 전쟁에서 위기를 극복해 가며 항우를 멸망시키는 데 결정적인 역할을 해준 장량, 한신, 소하가 바로 유방의 일급 참모들이었다.

이시야마 다카시 지음 | 이강희 옮김 | 값 13,000원

에드거 케이시가 남긴 최고의 영적 유산!

미국의 종교 사상가이자 '20세기 최고의 예언자'로 불리는 에드거 케이시(1877~1945)는 만년에 누군가로부터 "당신의 최대 업적은 무엇입니까?"라는 질문을 받았을 때, 주저하지 않고 "신을 찾아서(A Search for God)라는 텍스트를 이 세상에 남긴 일입니다"라고 대답했다. 케이시가 그의 생애에서 가장 큰 심혈을 기울여 완성한 〈A Search for God〉이 한국어판으로 번역되어 〈신을 찾아서〉〈신과 함께〉 두 권으로 출간되었다. 영성을 추구하는 많은 사람들에게 "어떻게 살아야 하는가"하는 삶의 올바른 길을 제시해준다.

〈나는 잠자는 예언자〉는 '미국에서 가장 불가사의한 인물' 에드거 케이시의 유일한 자서전이다. 케이시는 24세때 갑자기 목소리가 나오지 않는 실성증에 걸려 그때부터 자신의 영능력을 발견하게 되었다. 케이시는 더 높은 영성의 지식을 얻고자 한다면 온전한 선(good), 즉 신(GOD)이 함께 해야 한다고 강조한다. 대우주의 커다란 영(靈)과 통하게 된 케이시는 지상의 인간에게 신의 목적을 이해시키는 채널로써의 역할을 자신의 인생의 대명제로 생각했다.

〈신을 찾아서〉 에드거 케이시 지음 | 김진언 옮김 | 값 14,000원
〈신과 함께〉 에드거 케이시 지음 | 김진언 옮김 | 값 13,000원
〈나는 잠자는 예언자〉 에드거 케이시 자서전 | 신선해 옮김 | 값 14,000원

수학적 사고법
끈질기게 생각하고, 명쾌하게 설명하라

삼성·현대차 시험, 수학 어려워 진땀 뺐네

수학 문제로 종합적 정보 처리 능력 평가

(……)국내 대졸 취업 시장의 '쌍벽(雙璧)'인 삼성과 현대차의 인·적성 검사 당락은 '수학'에서 나뉠 것으로 보인다. 응시자들은 공통적으로 HMAT의 '공간지각', SSAT의 '시각적 사고' 분야가 가장 어려웠다고 말했다.(……)

삼성 관계자는 "이 같은 문제는 다양한 정보를 머릿속에서 취합한 후 종합적으로 사고하는 수학적 논리력을 측정하는 것"이라며 "기출 문제를 달달 외우는 식으로 준비한 학생들은 어려웠을 것"이라고 말했다.

— 2015년 4월 13일자 〈조선일보〉 기사 중에서

업무에서나 일상에서 어떤 일에 부닥쳤을 때 문제해결을 위해서는 분석하고 시행착오를 거쳐 해결방법을 찾아가야 한다. 그 과정에서 수학적 사고가 중요한 역할을 한다.

요시자와 미쓰오 지음 | 박현석 옮김 | 값 11,800원